江苏省教育科学"十二五"规划2011年度重点自筹课题
"生命关怀下小学生人格养成教育的整体建构研究"
（课题编号：B-b/2011/02/077）研究成果

徐顺湘 著

儿童，一粒生长的种子
生命关怀下小学生人格养成教育的整体建构

南京师范大学出版社
NANJING NORMAL UNIVERSITY PRESS

图书在版编目(CIP)数据

儿童,一粒生长的种子:生命关怀下小学生人格养成教育的整体建构/徐顺湘著. —— 南京:南京师范大学出版社,2016.12
ISBN 978-7-5651-3057-1

Ⅰ.①儿… Ⅱ.①徐… Ⅲ.①小学生－人格－素质教育 Ⅳ.①G621.6

中国版本图书馆 CIP 数据核字(2016)第 293144 号

书　　名	儿童,一粒生长的种子——生命关怀下小学生人格养成教育的整体建构
作　　者	徐顺湘
责任编辑	王　艳
出版发行	南京师范大学出版社
地　　址	江苏省南京市宁海路 122 号(邮编:210097)
电　　话	(025)83598919(总编办)　83598412(营销部)　83598297(邮购部)
网　　址	http://www.njnup.com
电子信箱	nspzbb@163.com
照　　排	南京理工大学资产经营有限公司
印　　刷	
开　　本	787 毫米×960 毫米　1/16
印　　张	14.25
字　　数	240 千
版　　次	2016 年 12 月第 1 版　2016 年 12 月第 1 次印刷
书　　号	ISBN 978-7-5651-3057-1
定　　价	35.00 元

出 版 人　彭志斌

南京师大版图书若有印装问题请与销售商调换
版权所有　侵犯必究

大选择与"大实践"

无法掩饰我读了《儿童,一粒生长的种子——生命关怀下小学生人格养成教育的整体建构》的喜悦之情。因为,这是一本真正的专著,而这本专著是一所小学、一个小学教师研究团队的研究成果,其思考的深度、实践的深入、梳理的清晰、阐释的准确、表达的新意,是我没有想到的。实事求是地说,给这本专著写序是一件很难的事,不过,这也是我一次非常好的学习机会。这又一次证明了一个见解:写序其实是写读后感。以下就是我的读后感。

说到人格、人格教育,自然想起陶行知先生的论述:教育要筑起人格的长城。把人格比作长城,足见人格、人格教育的重要性,人格长城让我们看到了一个民族,尤其是中华民族坚挺的脊梁、绵延不断的民族血脉。同时,还想起余秋雨在《君子之道》里论述的,"人格养成是文化的最后一级台阶","文化的终极成果,是人格"。不难理解,教育也应有最后一级台阶,那是学生人格的养成,教育的终极成果是人格。晨光实验小学选择人格养成教育加以研究,这是一种大选择。

如同人有选择一样,教育总是在选择。其实,教育的选择,说到底是关于人——培养什么样的人、怎样培养人的选择。选择有大小之分,教育同样如此,也有小选择与大选择。不同的选择,有不同的价值、意义,当然也就有了不同的视野,形成了不同的格局。无疑,人格养成教育研究是大选择。从专著来看,晨光实验小学的视野是开阔的,格局是大的,追求是高的。这样的大选择,晨光实小首先将其置于大背景——从应试教育转向素质教育之下。他们说,这是价值审视,是价值审视后的价值澄清,是价值澄清后的价值选择与定位。显然,人格养成与教育思想、价值选择、教育方向有关,人格养成教育是对应试教育的反叛,是对素质教育的坚守。课题研究推动着学校教育的转向。

话说回来,选择的大或小,固然和命题的大小有关,更与命题论述的深度有关。晨光实小将儿童的人格养成教育与生命关怀结合起来。"生命关怀下小学生人格养成教育",题意非常明确,人格养成需要生命关怀的理念,需要生命关怀的方式,甚或可以认定,人格养成的实质是一种生命关怀。进而,他们又论及另一命题：人文关怀。人文关怀指向生命关怀，用人文的方式关怀生命，并以人文关怀为重点进行了逻辑架构：关怀的起点——现实的人；关怀的目标——人的自由而全面的发展；关怀的途径——以科学实践观为基础。

问题讨论在继续。晨光实小又将人格养成与核心素养的发展相呼应、相契合。这是自然的深入。可贵的是，他们不是赶时髦，而是一种自觉：人格养成怎能不关涉人发展的核心素养呢？可贵的是，他们就核心素养共通的国际经验和不同的表达做了文献搜索和梳理，在第八章《一段人格之旅：从荒芜到扎根、拔节、开花、结果》中，对人格养成中的儿童发展核心素养做了一个校本化的表达，从"思想：在人格养成教育中润泽""素养：在人格养成教育中提升""情感：在人格养成教育中催生"等几个角度做了分析。而且，我以为，他们关于人格养成教育特征的概括，即基点、支点、动点，正是核心素养发展的三个要点：基点，核心素养发展要立足于平等双主的师生关系；支点，核心素养发展要用开放有度的课程内容来支撑；动点，核心素养要在互动生成的教学活动中孕育、生成、发展。当然，素养与思想、情感的关系还应再斟酌。

理性思考的深入带来了实践的深入。他们坚定地认为人格养成教育是教育实践，应以科学实践观为基础，第三章起，他们从环境建设、礼仪教育、生活指导、课堂教学等方面做了整体性建构。而且每一个方面的实践都是有理念指导的，一个个关键词正是他们理念的抽象与呈现。其中，"生活指导"这一维度本身就有新意；关于教师人格魅力的实践、阐释与学生人格养成相呼应、相照应。我把晨光实小这样的整体建构，把他们的实践叫作"大实践"。"大实践"是深实践，是理念引领下的实践，是从实践中可以抽象出理念的实践。"大实践"映照的正是大选择。假若大选择没有"大实践"做支撑，大选择是落空的；同样，"大实践"没有大选择的引领，"大实践"很可能是肤浅的，甚至是盲目的。而大选择、"大实践"折射出高价值。

"儿童，一粒生长的种子"，书中并没有多次出现，可我却一次次地感受到这粒种子在生长，这粒种子的名字叫人格。儿童、种子，以及要长成的大树，都是一种隐喻，形成了一种意象。我们都很喜欢。

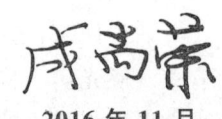

2016 年 11 月

（作者系原江苏省教科所所长、国家督学、著名教育专家）

目 录

大选择与"大实践"　成尚荣　1

第一章　价值审视:消弭矮化"应试教育"存在的操控　1

　第一节　国际教育的本义与坚守　1
　　一、"人本主义"的坚守　1
　　二、"人文关怀"的昂扬　4
　第二节　当下教育的缺失与检视　9
　　一、应试教育的猖獗　9
　　二、应试教育的危害　11
　第三节　核心素养的呼应与契合　15
　　一、核心素养的应然回归　15
　　二、核心素养的悄然澄清　20
　第四节　课题研究的回顾与发展　24
　　一、人格养成教育的研究本源　24
　　二、人格养成教育的研究历程　26

第二章　意蕴解读:澄澈彰显"素质教育"立场的回归　30

　第一节　基本认识:生命关怀与人格养成的内涵探寻　30
　　一、国内外相关研究成果的理性思考　30
　　二、多年校本研究形成的本土化理解　34
　第二节　内在关联:生命关怀与人格养成的关系梳理　37
　　一、本质的遥相呼应　37

二、成效的互生互长 41
　第三节　实践构想:生命关怀下人格养成教育的操作途径 43
　　一、在校园环境中濡染与熏陶 43
　　二、在校本课程中浸润与蓄积 46
　　三、在课堂教学中升腾与生长 52
　　四、在引领供养中跨越与聚变 55

第三章　环境建设:小学生人格养成的广袤土壤 58

　第一节　环境建设的意义与内涵 58
　　一、"孟母三迁"带来的启示和思考 58
　　二、环境的分类和作用 59
　第二节　环境建设的策略与效果 61
　　一、在学校环境中陶冶性情 61
　　二、在班级环境中张扬个性 66
　　三、在家庭环境中涵养素质 71

第四章　礼仪教育:小学生人格养成的清新空气 79

　第一节　课堂训练:让礼仪规范逐步养成 79
　　一、上好礼仪训练课,逐渐掌握礼仪知识 79
　　二、注重方法的指导,逐渐习得礼仪规范 82
　第二节　活动渗透:让礼仪训练生动活泼 88
　　一、课间活动"玩"礼仪 88
　　二、主题活动"学"礼仪 92
　第三节　拓展延伸:让礼仪之花尽情开放 95
　　一、向家庭延伸,父母子女共读礼仪之书 95
　　二、向社会延伸,社区群众齐做礼仪之事 96

第五章 生活指导:小学生人格养成的源头活水 100

第一节 生成背景:小学生生活指导课程简介 100
一、课程缘起:立足校本,追求多元 100
二、课程目标:健全学生人格,促进生命成长 101
三、课程内容:学习自主,心理自控,交往自如,生活自立 103

第二节 行动路径:小学生生活指导课程实施 107
一、低年段:童趣引领,开启生活之门 108
二、中年段:情趣相伴,踏上生活之旅 111
三、高年段:理趣励志,走进生活殿堂 116

第三节 检测标准:小学生生活指导课程评价 120
一、课堂评价:导入快速,讲解实在,拓展巧妙 120
二、学生评价:依据学情,分段检测,和谐对接 124

第六章 课堂教学:小学生人格养成的肥美养分 128

第一节 敬畏生命:生命关怀下小学生人格养成教育的课堂基本特征 128
一、氛围:自在 128
二、学习:自主 130
三、思想:自由 132

第二节 崇尚自主:生命关怀下小学生人格养成教育的课堂实践探索 133
一、情感:积极参与 133
二、方式:有效互动 139
三、能力:主动提问 147

第三节 立足生长:生命关怀下小学生人格养成教育的课堂评价标准 151
一、课堂:关注当下,指向远方 151
二、学生:语言在拔节,思维在拓展,精神在成长 156
三、教师:理念在孕育,风格在酝酿,智慧在锤炼 161

第七章　教师人格魅力:小学生人格养成的璀璨阳光　167

第一节　亲和:带给儿童亲情式的情感滋养　167
一、蹲下身子观察　167
二、竖起耳朵倾听　171

第二节　尊重:促使儿童获得精神上的依托　175
一、师生平等,搭建尊重的平台　175
二、公平公正,架起沟通的桥梁　176
三、因材施教,铺设成长的道路　177

第三节　赞赏:促进儿童得到心灵上的归属　182
一、指向要明确　182
二、语言要恰当　185

第八章　一段人格之旅:从荒芜到扎根、拔节、开花、结果　190

第一节　经验积淀:生命关怀下小学生人格养成教育的特征表述　190
一、基点:平等双主的师生关系　190
二、支点:开放有度的教学内容　194
三、动点:互动生成的教学活动　198

第二节　未来展望:生命关怀下小学生人格养成教育的发展蓝图　202
一、思想:在人格养成教育中润泽　202
二、素养:在人格养成教育中提升　205
三、情感:在人格养成教育中催生　209

主要参考文献　213

后　记　215

第一章 价值审视：消弭矮化"应试教育"存在的操控

长期以来，过分强调科学给社会带来的变革，导致我们接受的是一种以科技、智育为主导的教育。具体来说就是重理轻文，重学科成绩，轻个人素养，是"一俊遮百丑"的教育。本章试图从国际教育的本义与坚守、当下教育的缺失与检视、核心素养的呼应与契合、课题研究的回顾与发展这四个维度进行全方位、多角度的审视、分析和探讨，意在竭力消弭矮化"应试教育"存在的操控，让教育回归常识，回归人性，使教育成其为教育。

第一节 国际教育的本义与坚守

一、"人本主义"的坚守

人本主义是 20 世纪五六十年代在美国兴起的一种心理学思潮，对教育、管理、社会文化等产生了广泛而深刻的影响。这一理论的特征是"以人性为本位"，注重人的潜能的开发、身心与情感的发展和自我实现。以罗杰斯为代表的人本主义心理学家在阐述自己涉及学习的理论观点时，强调学习过程中必须尊重学习者，认为任何正常的学习活动都是主动的，应重视学习者的意愿、情感、需要和价值观，相信任何正常的学习者都能通过教育发展自己的潜能，并最终达到"自我实现"。其学习理论主要以自由学习、有意义学习等内容为支撑，深刻影响了世界范围内的教育教学改革。

（一）人本主义学习理论的基本要义

人本主义学习理论经过半个世纪的发展，形成了自己独特的理论体系，罗杰斯把"以人为中心"作为该理论的核心与基础。

首先，人本主义学习理论强调以学生为中心的学习理念。它将学生视为学习的中心，认为学校为学生而设，教师为学生而教，应充分尊重学生的本性，力争学生潜能的最大发挥,真正体现了人本主义的精神内涵。

其次,人本主义学习理论坚持以自由为基础、以人为中心、以过程为定向的学习方式。当然,学习者也要遵守相关的规则。

最后,人本主义学习理论重视情感、态度、价值观等因素在学习中的作用。它认为在学生的学习过程中,要引导他们形成积极向上的自我概念、价值观和态度体系,从而使学习者自己教育自己,最终成为能够充分发挥作用的人。

(二)人本主义学习理论的主要观点

人本主义学习理论主要包含五大观点:潜能观、创造观、师生观、情感因素观与自我实现观。

1. 潜能观

人本主义理论认为,在学习与工作上人人都有潜在能力,遗憾的是这种潜能没有充分释放出来。教育的本义就是要努力去发掘学生的潜在能力。从这个观点出发,人本主义一方面强调学习要以学生为主体,另一方面也应重视教师在学习过程中的主导作用,这个主导作用就在于怎样去发掘学生的潜能。

2. 创造观

人本主义与建构主义一样崇尚学生能力的培养,并把创造力作为教学的核心目标。罗杰斯指出:人人有创造力,至少有创造的潜能,人应该主动地发展这些潜能。而布鲁姆也认为应该研究大多数人的潜能和创造力。

3. 师生观

人本主义提倡教师应该由主宰者、权威变成学生的指导者和朋友,由教变成导,平等地对待每一个学生,尊重学生的个体差异,相信学生,在教学过程中努力构建民主、平等、和谐的师生关系,使学生在学习中没有负担,让学生在学习中真正做到主动积极、生动活泼。

4. 情感因素观

人本主义坚信个人对学习的整体投入,不但涉及认知能力,而且涉及情感、行为等因素。学习是学生个人主动发起的,不是被动地等待刺激。学生的学习兴趣浓厚,目标明确,是学习十分重要的情感因素。教师必须为学生创设良好的学习环境,积极引导,不断鼓励,把学生吸引到学习的情境中来,并长期坚持下去。

5. 自我实现观

人本主义理论高度重视学生的个性差异和个人价值观,强调学生的自我实现(发展),把学生的自我实现(发展)作为教学的终极目标。但由于人的知识水平、接受能力、兴趣爱好、学习方法和学习习惯不同,因而存在个性差异,教师在教学中,应根据每个学生的个性差异,因材施教,为不同学生创设不同的学习条件,满足不同的个性需求,让学生认清自身价值,促进身心和谐发展。

(三)人本主义学习理论的实践应用

人本主义学习理论体现在教育教学实践中,主要表现为要求教师"抓住一项重点""围绕一个主体""扮演两种角色",这实质上也是罗杰斯提出的非指导性教学理论的要义。

1. 抓住一项重点

"一项重点"就是倡导"有意义学习"。所谓有意义学习,是一种使个体的行为、态度、个性以及在未来选择行动方针时发生重大变化的学习。有意义学习能把逻辑与直觉、理智与情感、概念与经验、观念与意义等结合在一起。人本主义认为学习并非强迫学生学习,而是引导学生在动力驱使下去吸收任何自己觉得有兴趣和有需要的知识。

就目前我国的人才培养过程来看,大都停留在无意义学习这个水平。学生主要从书本上获取知识,然而这些知识已是陈旧过时的知识,根本无法满足学生的社会需要。教师一味地灌输,很少给学生实践、交流的机会。同时,传统的培养模式强制学生适应学校,重视智育,忽视个性的差异和情感的培养,造成了不少学生的心理扭曲。因此,在教育教学过程中,我们更应推崇有意义学习,最大限度地调动学生学习的积极性和主动性。

2. 围绕一个主体

"一个主体"即在教育教学过程中要凸显"以学生为主体"这一基本原则,充分尊重学生的个性,了解学生的差异,着眼于学生个体的全面、和谐发展。

在传统人才培养模式中,教师是知识的拥有者,而学生只是被动的接受者,学生没有权利选择自己喜欢的材料,即不管知识适不适合自己学习,都得被动地接受。这种师生关系必定会严重阻碍学生的有意义学习和压抑其个性发展。因此,我们更要强调学习者是学习活动全过程的中心,教师应充分尊重学生,认可每个学生都是具有他自身价值的一个独立个体,彰显学生学习的主体地位和作用。

3. 扮演两种角色

"两种角色",一是促进者,二是提问者。在教育教学过程中,学生该如何知觉和认识自己是十分重要的,教育的基础目标之一就是帮助学生发展积极的自我概念,因此当好教育教学的促进者是教师的首要任务。另外,教师要根据学生的心理特点和知识水平,善于提出各种问题,扮演好提问者的角色,引导学生自由探索,充分发挥学生的主体性,让学生真正实现"自我",体验到学习的快乐。

概言之,人本主义学习理论的主要贡献在于它首先突破了传统教育模式和现存教育制度的束缚,把尊重人、理解人、相信人提到了教育的首位,促进了当代教育改革运动的发展。同时,它也一改长期以来行为主义和认知心理学主要对动物学习进行实验研究的偏向,直接进行人的学习理论的建构,从突出学习主体的地位和作用、提倡学会适应变化和学会学习的思想、倡导内在学习与有意义学习、强调非智力因素的动力功能、注重创造力的培养、建立民主平等的师生关系和创造最佳的教学心理氛围等方面为教育带来一股新鲜的空气,并从根本上改变了人的学习理论方面的观念。

二、"人文关怀"的昂扬

"人文关怀"是引自国外学术界的一个概念。它最初是针对科学技术发展导致人的精神关怀有所失落,即"物质丰裕,精神家园荒凉"而提出的。客观地讲,就关注人的价值、人的尊严,关注人本身这一点而言,人文关怀与历史上的人文主义是一脉相承的。"人文主义的范畴与内涵随时代、地域而不断发展,但始终坚持两个核心不变。第一,人文主义以人和人的经验为关注对象;第二,人文主义尊重人的尊严。"[1]从这个角度来看,如果说人文主义强烈呼唤的是把人的本性从神权的蹂躏下解救出来,那么,当代的人文关怀则是呼唤把人的本性从金钱和物欲的枷锁中解救出来。人文关怀既包含了物质关怀,也包

---

[1] 阿伦·布洛克.西方人文主义传统[M].董东山,译.北京:生活·读书·新知三联书店,1997.

含了精神关怀,即为人寻找精神的家园。

（一）人文关怀的内涵解读

人文关怀也是马克思哲学的基本维度之一。在马克思的学说中,对人的问题的关注、对人的本质的探讨与对人类解放的追求,始终占据重要的地位。马克思哲学的人文关怀至少包含了以下两层含义。

第一,人文关怀是物质关怀与精神关怀的统一。人文关怀的核心是以人为本,而人的需求是多元的、多层次的,既包括物质需求,又包括精神需求。无论何时,人的现实的物质存在都是人得以繁衍延续的根本基础,生存的本能和对物质的掌握和改善是任何时代都不可回避的。所以,人文关怀在当代应关注人的生存和安全,关注人的生活追求和实践活动,肯定人的物质需求的正当性和合理性。与此同时,人文关怀也是指从精神文明的角度、从道德与知识的层面上体现对人的关怀,从文化的角度、从思想与情感的层面体现出深刻的关怀。

第二,人文关怀是现实关怀与终极关怀的统一。一方面,从现实层面上说,人文关怀就是满足人的物质需求,实现人的自由和平等,维护人的尊严和价值,着眼培养人开拓进取的人生态度,庄严崇高的道德感和社会责任感,鲜明的个性意识和集体主义风格,以及健康开放的文化心态和精神风貌。由此,人文关怀具有强烈的"现实关怀"的特点。另一方面,人文关怀又富有强烈的超越和改造现实的"理想色彩",即体现在它的终极目标上,即实现人的自由而全面的发展。可见,现实关怀的最根本目标与终极关怀是有机统一的。这个统一的过程就是一个不断提升真、善、美人生境界的过程。① "真"是人对宇宙人生的正确认识;"善"是人的行为方式与社会利益目标相契合;"美"是具体形象或实践活动引起人的情感愉悦。真、善、美既是人的活动的衡量尺度,又是人的活动的追求目标。

（二）人文关怀的基本特征

马克思哲学的人文关怀不同于传统的西方人文主义,它从全人类的现实命运出发,在实践理论的基础上正确阐释了人与自然、人与社会、人与自由的关系,勾画了未来人类社会的美好愿景,实现了真正意义上的哲学变革,彰显

---

① 卞敏.论马克思主义哲学的终极关怀功能[J].江苏社会科学,2006(5).

出独具魅力的人文关怀。它具有以下三个基本特征。

首先,在人与自然的关系中,彰显对自然的人文关怀。马克思以其唯物论的立场、辩证法的方法和前瞻性的眼光,阐明了人与自然双向依赖和双重建构的对立统一关系。在马克思的视野里,人本身是自然界长期发展的产物,是能动性与受动性的统一:一方面,人属于自然,受自然法则的支配;另一方面,人又具有能动性,并不是屈从于自然的奴隶,人可以通过实践有效地改变环境,同时在改变环境时改变人类本身。尊重自然、善待自然,"必须像好家长那样,把土地改良后传给后代"[①],是马克思对后人的谆谆教诲,也是马克思在人与自然关系上体现的人文情怀。

其次,在人与社会的关系中,重视对社会的人文关怀。马克思主张人是社会实践的主体,社会实践是人的存在方式,人只有通过合理的实践活动,才能处理好人与自然、人与社会以及人与人的关系。人类社会、人类历史本身就是人的活动过程和活动留下的结果,而非某种抽象的外在实体。

最后,在人与自由的关系中,凸显对人的终极关怀。自由是马克思哲学人文关怀的核心问题。马克思认为,自由存在于人类劳动中,劳动是人类自由的源泉。自由不但来源于实践,而且必须在劳动中才能实现。人通过自己的现实本质力量改造客观世界,使人的活动和本质力量外化,创造出能够满足人的物质和精神需要并体现和确证人的本质力量的对象化世界。同时,人在这样的活动中自我实现,自我创造,最终获得自由。

马克思哲学的人文关怀这三个层面的特征,不仅揭示出人类要注重人与自然、人与社会、人与人之间的互动共赢的关系,而且揭示出人类要关注自然、社会与人之间的协调平衡和可持续发展,在理论诉求与目标建构上提倡以人为本。以人为本是对人的主体地位的合理肯定,是把尊重人、解放人、为了人的价值取向落实到实践中。所以,我们在分析、思考、解决教育教学中遇到的问题时,都应以人为出发点,以人为归宿点。

(三)人文关怀的逻辑架构

人文关怀是对人的生存状态的关注、对人的尊严与符合人性的生活条件的肯定和对人类的解放与自由的追求,它体现的是一种人文精神。

---

① 方世南.马克思的环境意识与当代发展观的转换[J].马克思主义研究,2002(3).

1. 关怀的起点——现实的个人

马克思哲学关注的是人的现实生存状态,要达到的是人的解放。现实的个人是马克思唯物史观的出发点,也是马克思哲学不同于传统形而上学的起点所在,其具有以下几种特征。

其一,"现实的个人"是有生命的个人。强调个人不是神,不是天使,不是思辨中的"理念人",而是有自然生命并同特定的自然环境相关联的人。

其二,"现实的个人"是从事感性活动的人。感性活动包含物质基础,同时又有着精神的作用,是具体的,也是现实的。现实的个人的感性活动构成了人的活生生的现实世界。

其三,"现实的个人"是一种社会存在。人在实践活动中形成了包括家庭关系、政治关系、伦理关系等的社会关系,人不能离开这些关系而存在。

其四,"现实的个人"是有思想、有观念、有意识的人。马克思并非完全抛弃黑格尔的"自我意识",而是为它找到了现实的基础。"现实的个人"也因为有了这些丰富的属性而更加具体和真实。

2. 关怀的目标——人的自由而全面的发展

人的自由而全面的发展是一个非常古老而又常提常新的问题,不同时代的思想家、哲学家对其进行了不懈的追问和探索。在马克思的理论中,强调的是每个人的全面而自由的发展。这个"每"字并不是可有可无的,而是体现了马克思自由个性理论的根本点和核心思想。"每个人""全面""自由"这三部分缺一不可,它们是相互依赖、相互联系的有机整体,随意更换或割舍其中的任何一部分,都会损害其意义。①

另外,人的全面发展和人的自由发展是互为前提、相互制约、相互促进的。首先,"人的全面发展"和"人的自由发展"是有机联系的统一体。一方面,"人的全面发展"是"人的自由发展"的逻辑前提。人只有得到全面的普遍的发展,才会消除狭隘视野,形成多方面的能力,才能为自由发展提供多种可能的空间。另一方面,"人的自由发展"又制约和规定着"人的全面发展"。只有在"人的自由发展"的基础上,即在获得广阔的自由发展的空间和条件的人按照自己的兴趣和爱

---

① 刘忠世."每个人"及其发展——马克思关于未来社会的"基本原则"释义之一[J]. 北方论丛,2003(2).

好来发展自己的基础上,"人的全面发展"才能成为现实。其次,"人的全面发展"和"人的自由发展"不仅是相互联系和相互转化的,也是相互渗透的。"人的全面发展"本身就包含着"人的自由发展"的因素和成分,如人的体力、个性、智力、品质和各方面能力的协调发展蕴含着人的主动性、爱好、兴趣等因素,否则,"协调发展"就是不可想象的了;"人的自由发展"本身也包含着"人的全面发展"的因素和成分,如"人的自由发展"蕴含着全面发展的个性、智力、能力等因素,不然,"人的自由发展"永远只能存在于彼岸世界。

3. 关怀的途径——以科学实践观为基础

实践观是马克思哲学的核心和基础,马克思把自己的哲学称为实践的唯物主义。马克思哲学的实践无论是认识活动,还是交往或其他活动,都有一个价值指向,即对人的自由和解放的追求。

首先,实践是人区别于动物的特有的存在方式。马克思指出:"一个种的整体特性,种的类特性就在于生命活动的性质。"[①]也就是说一个物种的存在方式就是看其生命活动的形式。动物是在消极地适应自然过程中维持自己生存的,其存在方式就是其本能活动。而自由自觉的活动则是人的类特性。

其次,实践决定着人的生存。人首先是作为一种生命体而存在着的,因此,他必须有维持自身生命存在的物质生活资料。但是,物质生活资料是外在于人的,它不能从人自身中提取,只能向自然界去摄取。而自然界是不会自动满足人的,它只给人提供可能形态的摄取对象。要把这种可能形态的摄取对象变为现实的对象,并从中获得人必需的物质生活资料,就得依靠人的创造性实践活动。在此意义上来说,实践活动,就是创造人的生命的活动。

最后,实践决定着人的发展和进步。人的发展,离不开教育、文化和社会交往等条件,这些只能通过实践的创造活动获得。实践活动在创造物质财富的同时也创造了精神财富,丰富和发展着人的生活。同时,实践过程也是人的自我发展过程。

简言之,实践是人的根本存在方式,人以及人的一切都是由实践活动创造的。

---

① 马克思.1844年经济学哲学手稿[M].北京:人民出版社,2000.

第二节 当下教育的缺失与检视

一、应试教育的猖獗

目前,我国中小学由应试教育向素质教育转轨已走过了一段艰辛的路程,取得了一定的成绩。表现为素质教育已从单纯的理论探讨逐渐明晰为一种教育思想,同时,明确了素质教育的宗旨、任务和目标,提出了工作思路和措施。但是,由于传统教育思想的影响根深蒂固,当前应试教育的倾向仍很严重,人们对素质教育意义的认识尚待提高,有关素质教育的实践亟待深化。

那么,应试教育为何会如此肆意猖獗?

从表面看,应试教育的盛行是激烈的升学竞争引起的,但是,从根本上去分析,应试教育的存在与迟迟不能退出历史舞台是有其深刻的社会原因的。经考察分析认为,在应试教育的背后有着传统的求学观念、以学历用人的就业形势和为高等学府选拔精英的高考制度作为支撑。这也就是应试教育得以苟延残喘的三大支柱。我们如果不从这三个方面进行反思和改变,只在表面上做文章,既不能改变应试教育,也不能彻底推行素质教育。

(一)中国人传统的求学观念

中国两千多年的封建社会,支配人们思想的主要是儒家思想。儒家思想是中国文化的核心,是长达两千多年中国社会的统治思想。儒学在中国历史中的沉浮兴替,跟古代人才选拔制度的发展演变是同步进行的。西汉董仲舒"罢黜百家,独尊儒术"的主张,就是应汉武帝察举考试的策问时提出来的;而魏晋南北朝时期则是儒学的中衰期;中唐时期,以韩愈为首的古文运动、以白居易为首的新乐府运动,掀起了儒学复兴的浪潮;到北宋,儒学复兴运动获得全面胜利,儒学开始向自己的新发展阶段——理学转化,当科举考试采用"经义"的形式后,理学通过科举对后期封建社会实现了更权威的统治。

由于科举制度将权力、财富、地位与学识结合起来,这就造成了中华民族极端重视教育,刻苦勤奋读书的传统素质。美籍学者丁肇中博士在谈及中国留学生普遍成绩优秀时开玩笑说:"因为中国自古以来就是一个考试的社会。"可以说,科举制度在一定程度上冲击了封建社会旧有的官僚制度,使中下层的子弟能够通过教育的途径入仕。以一定的教育标准来挑选人才,对改变和提高官吏素质,确实有些积极意义,然而它也催生了读书为官论,"学而优则仕"的传统观念就像遗传因子一样代代相传。由于今天的高考依然把职业、财富、地位与学识联结起来,因此,人们对读书的重视与对高考的期待使应试教育得到了最有力的支撑。

(二)以学历用人的就业形势

一位高中生曾撰文说:"农民子弟想进城、工人由蓝领变白领都是要靠文凭。而当前中国人口众多,竞争异常激烈,学历高、好学校毕业的人当然在竞争中占有优势。"[1]这句话道出了实情。在我国,各类企事业单位在聘用人才时偏重于以学历取人,高学历者更能够得到升迁和重用。这样必然加剧了高考的竞争和学历的竞争。劳动力市场建立以后,学历更是作为一项硬指标。在这种情势下,求职者为了争取更多更好的就业机会,就只有上大学这一条出路,上了大学的又决定攻读比原计划更高的学位。在所有条件都相等的情况下,求职者的确期望就业市场会优先考虑高等学历者的就业需求,并能为他们安排较理想的职业岗位。

面对如此现状,高考就成为获得理想职业的保障。于是,大学为了满足市场经济发展对高级人才的需要,现在逐年扩招。由于大学招生比例扩大,近年来引起普高升温,而普通高中扩展的速度远远低于初中毕业生增长的速度,所以又开始加剧了"中考"乃至"小升初""幼升小"的竞争。在这种情况下,应试教育愈演愈烈。尽管应试教育不断地受到社会各界强烈的批评和谴责,但人们依然无法改变它,因为在它的背后还有以学历用人的就业形势在强有力地支撑着。

(三)以选拔精英为目的的高考制度

我们的高考制度是一种什么样的制度?它为什么会成为应试教育的支柱?首先,我们来了解一下高考制度。据《中国大百科全书(教育)》记载:"中华人民共和国于1952年建立了全国统一招收高等学校新生考试制度。这一制度在1966—1976年'文化大革命'期间中断。1977年起恢复高等学

---

[1] 姜颖健.一个高中生的素质教育观[J].语文世界,2000(5).

校统一招生、择优录取新生的办法……中国高等学校招生考试由教育部每年组织高等学校招生委员会主持有关工作。各省、市、自治区则由常设的高等学校考试招生办公室负责办理每年的高等学校招生事宜。"这种高考制度详细地规定了高考的学科内容和形式,使学校必须围绕这些科目进行教学和考试。

还有,我们的高考制度是靠一次考试决定胜负,一考定终身,没有可供选择的余地。考试形式只有一种:笔试。内容只有一种:文化考核。这样的考试必然存在以下问题:其一,升学标准单一。高考的试卷统一,各校按统一的分数线录取新生。这种升学考试制度严重制约了中小学的特色化发展,导致了目前千校一面、千人一书的局面。其二,把升学的选择性考试成绩当成评价基础教育的唯一标准,忽视了学生的全面发展,这种标准只能使教育面向少数人。其三,单一文化考试的局限,这样必然放松了对学生综合素质和能力的培养。在这样的制度下,高考是检验学校教学质量、选拔优秀学生的唯一标准。所以,我们说高考制度是应试教育的"指挥棒",同时也是应试教育背后最关键的支撑者。

二、应试教育的危害

在以应试教育为主的学校制度里,学校分为"重点校""一般校"和"垃圾校",学生被分为"优等生""中等生"和"差生"。这种单以考试成绩为标准对学生进行分类,严重地扼杀了许多有特殊才能的学生,泯灭了大多数学生学习求知的热情,使受过教育的大多数人在比他们受过更好教育的人面前感到自卑。教育成了少数人的事,因为高考将淘汰绝大多数的学生,这些被淘汰的学生是应试教育的牺牲品,以应试教育为主的学校没有教给他们谋生的本领和学会生存的智慧。即使是那些得益于教育的少数人,进入高等学府后也依然摆脱不了应试教育对他们的影响,我们常常听说"高分低能"者对各种考试信手拈来,却缺乏最起码的人格修养或适应社会的综合素质。

从教育学的角度来看,应试教育是指脱离社会经济和人的发展需要,以应付升学考试为目的,违反教育学规律的一种教育模式。它究竟以什么形式影响或危害学生?具体来说,归纳为如下几个方面。

（一）重视智育，轻视德育、体育、美育和劳动技术教育，造成学生的片面与畸形发展

德育、智育、体育、美育和劳动技术教育是教育的重要组成部分。这五部分是相互联系、相辅相成、不可分割的。其中，每一"育"都立足于学生的全面发展，并使学生整体素质在其实施中得到升华和提高。舍去任何一部分都不能实现社会主义的教育目的，培养出高素质的人才。但是，在应试教育思想影响下，五育的辩证统一关系被割裂，出现了片面重视智育，轻视德育、体育、美育和劳动技术教育的现象。从上级领导和教研部门来说，对智育高度重视，措施具体，管理力度大，研究比较深入，并不断总结和推广经验。而对其他几"育"，则往往停留在一般号召和例行公事的布置上，既缺乏实施和管理措施，也缺乏宏观调控，以至于在不少地方造成了"一手软、一手硬"的局面。

有的学校公然提出了"升学率是学校的生命线"的口号。于是乎，为了提高升学率，这些学校的领导和教师就拼命抓智育。为了抓智育，把必要的德育活动给挤掉，连思想品德课也"唯升学是瞻"，紧紧围绕着考试的"指挥棒"转。为了抓智育，还超出国家规定，大量延长学生学习的时间。因而，学生视力减退、肺活量下降、神经衰弱等身体素质欠佳的现象已成为突出问题。至于美育和劳动技术教育，因其与考试关系不大，许多学校更不重视。除智育以外的四育，没有专门教师，不具备起码的教学条件和设备，具体的教育教学活动难以开展。这样做的结果必然导致学生道德滑坡，人文精神失落，理想和信念萎缩，身体素质下降，造就出的只能是畸形发展的人。

（二）注重应考学科，肢解课程体系的科学性和完整性，导致学生的知识与能力结构的残缺不全

国家对学生的培养目标主要是通过学校设置一定的课程体系来实现的，学校的教育目标也主要是通过各门学科的教学活动来完成的。我国社会主义的教育目的是造就全面和谐发展的人，使学生在思想道德、文化科学、劳动技能、身体心理素质等方面都适应现有社会的要求。而要培养这样的人则需要实施全面发展的教育。为此，在我国中小学普遍设置了与全面发展教育各构成要素相对应的德育、智育、体育、美育和劳动技术教育学科。这些学科一方面相互联系、相互依存，构成了一个科学的、完整的课程结构体系；另一方面它

们又有各自独特的作用和功能,相互独立而不能彼此替代。

但是,在应试教育思想影响下,人们对中小学开设的这些课程的态度和重视程度却大不一样。必考的学科被称为"主科",在学校里普遍受到重视,在教学条件、师资配备、课程设置、课时安排,甚至在课程表的编排等方面都优先考虑。而不考的科目,则被称为"副科"或"小学科"而惨遭冷遇。一些学校为了应付升学考试,断然取消了音乐课、美术课、劳动技术课等。一些学校迫于会考和上级检查的压力,虽在课程表上安排了这些课程,但实际上却未能予以应有的重视。

除对开设课程的态度和重视程度大不一样之外,这种对应考学科的重视,其本身偏重的也是知识的传授和学习,学生智力和其他能力的发展只在知识的学习与掌握中附带地进行,因而大大抑制了学生能力的发展。从以上分析可知,这种注重应考课程,忽略甚至取消非应考课程的做法极大地破坏了中小学课程结构体系的科学性和完整性,造成了学生认知结构、知识结构和能力结构的残缺不全及构成要素的严重失调。

(三)教学模式和教学方法单一呆板,扼杀学生个性与创造力的发展

我们面临的是经济和高科技迅速发展的社会,也是竞争激烈的社会。时代需要的新型人才不再是单纯的知识型人才,而是全面发展的高素质人才。这些人才除应具备思想道德、文化科学、审美情趣、劳动技能等素质外,还应具备强烈的竞争意识、较好的心理承受能力、较强的社交能力等个性心理品质。没有个性即没有人才。学校是培养人才的场所。担负基础教育任务的中小学就应把个性培养纳入培养目标且贯穿于各项工作的始终,从而为造就大批富有朝气和创新精神的跨世纪人才打下坚实的基础。

然而,在应试教育思想影响下,教学组织形式和教学方法的采用却有悖于个性品质的培养。到目前为止,各中小学教学的组织形式基本上是班级授课制。这种教学模式具有集体化、同步化和标准化的特点,它要求教师和学生在同一时间内按照同一进度讲授和学习同一教学内容。教学的进度、教学内容的深度和广度等从大多数学生的知识基础和接受能力出发,很难顾及学生中客观存在的差异,根本无法实现真正意义上的因材施教,这便严重阻碍了学生个性、志趣的发展。有人批评这种制度是运用"传送带"固定模式、采用"大批量生产"的方式来培养学生,这种观点颇有见地。

另外,在应试教育思想影响下,教学以教师为中心,教学方式的突出特点是注入式和满堂灌。教师把教科书上的内容凭主观臆测传授给学生,考试强调的是答案的唯一正确性,因此,学生只能生吞活剥、死记硬背现成的结论。这无形中也剥夺了学生思维的独立性、批判性和各种想象能力的发展,限制了学生主体意识和创造精神的昂扬。还有,应试教育只注重学生各种应试能力的培养,而忽视其他基础能力的发展,造就出的往往是墨守成规、应变能力差、动手能力欠缺的书呆子或低能儿。

(四)加重课业负担,阻碍学生生动活泼、自由主动地发展

知识经济时代的到来呼唤新生一代尽快成才,而大多数家长也望子成龙心切。社会和家长对学校的期望值越来越高,学校和老师承受的压力越来越大,片面追求升学率的现象愈演愈烈。于是,升学率是学校追求的最高目标,分数是衡量一切的法宝。为了在考试中获胜,无论是教师的教还是学生的学都存在着许多违背教育规律和青少年身心健康的做法。重灌输、轻启发,重记忆、轻理解,重理论、轻实践,其结果造成学生对所学知识的一知半解。教师还利用课余时间补课,甚至假期亦如此。不言而喻,这无形中增加了学生的负担。

同时,由于满堂灌的教学效果欠佳,教师在课外就企图用"题海战术"去加深学生对所学知识的理解,致使学生的书包越背越重,作业越做越多。还有,各种教学参考书、复习资料和习题集种类繁多,让人眼花缭乱、应接不暇,学生更加不堪重负。这样一来,学生的课外阅读、科技活动、文体活动、社会公益活动等全被挤掉,甚至连睡眠也得不到充分的保证。单调的、快节奏的学习生活令人乏味,焦虑、不安、彷徨、失落随之而来,生动活泼、自由主动地发展成为一纸空谈。诚然,学校应该讲求升学率,因为升学率毕竟是目前衡量学校办学水平的一项指标。但问题在于,应试教育把它作为选拔人才唯一的标准,并通过转嫁社会和家长对学校的压力去加重学生的课业负担来追求升学率,这种做法无疑是应该完全摒弃的。

(五)着眼少数学生,忽视大多数学生的发展,形成教育的失衡倾斜

应试教育属于选拔性的精英教育的范畴。在应试教育体制下,表面上看一个班所有的学生都在上同样的课,接受同一个教师同样的教育和影响,

似乎他们享有同等的受教育的机会和权利。但实际上,在教育和教学过程中,教师的注意力总是集中在少数成绩优异、反应敏捷的学生身上,并给他们以很高的期望和较多的关爱。比如,讲课时,教师热情的目光总在他们身上停留,并从这些学生表情、动作、身姿的变化上掌握其对教学内容的理解程度;提问时,中间生能解答的问题也总爱拿来提问尖子生,使尖子生通过积极的思考和丰富的联想去获取新知或加深对旧知识的领会与巩固;课外辅导时,常给尖子生"开小灶",以开阔其视野,抑或布置综合性习题,培养其解决复杂问题的能力。而对中间生和差生,总缺乏主动关心,在一定程度上把他们给忽略了。在思想品德教育时,老师们见到尖子生总是面上含笑,很容易发现他们的优点,一旦发现其微小的进步,便大力表扬,对其缺点和错误,往往也比较冷静,能以其易于接受的方式去解决;而对处于中间沉默层的大多数学生,老师们似乎忘却了他们的存在;至于那些差生,只要不惹是生非,一般不会引起老师过多的注意,即使有些许闪光点,往往也不像尖子生那样能引起老师足够的重视,但对他们与尖子生犯的同样的过错,老师的态度和处理方式总有些不一样,甚至差别很大。

心理学研究表明:教师对学生的热情期待可以转化成推动学生努力进取的强大动力,并导致学生学业的成功和良好思想品德的形成与发展。因而,教师对这三类学生截然不同的态度实际上就造成了他们接受教育机会的不均等,加剧了他们学业成绩和思想品德等方面的分化,并最终形成学生发展上的"马太效应"(优生越优,差生越差)。这种貌似公平的教育实际上是不公平的。它只能使少数学生成为佼佼者,而使大多数学生沦为失败者。这不仅是教育不民主、不公平的突出表现,而且造成了人才资源的极大浪费。

第三节 核心素养的呼应与契合

一、核心素养的应然回归

当下是个大时代,信息化、全球化、知识经济纷至沓来。在这样风起云涌的时代,需要学生学会什么,养成什么样的品质,才能满足个体生活、国家发展与社会进步的需求,这是全球所面临的共同挑战。自20世纪90年代以来,核心素养就成为全球范围内教育政策、教育实践、教育研究领域的重要议题,国际组织与许多国家或地区相继构建学生核心素养框架。核心素养成为一个统帅各国教育改革的上位概念,引领并拉动课程教材改革、教学方式变革、教师专业发展、教学质量评价等关键教育活动。

(一)国外学生核心素养框架举隅

自1997年以来,国际经济合作与发展组织(OECD)、联合国教科文组织(UNESCO)、欧盟(EU)等国际组织先后开展关于核心素养的研究。受其影响,美国、英国、法国、德国、芬兰、日本、新加坡等也积极开发核心素养框架。下面主要介绍几个代表性国际组织和美国(西方国家代表)、新加坡(亚洲国家代表,与我国具有同样的儒家文化背景)两国所开发的核心素养框架。

1. 三个国际组织的学生核心素养框架

1997年12月,OECD启动了"素养的界定与遴选:理论和概念基础"项目,确定了三个维度、九项素养。① 能互动地使用工具。包括三项素养:互动地使用语言、符号和文本;互动地使用知识和信息;互动地使用(新)技术。② 能在异质群体中进行互动。包括三项素养:了解所处的外部环境,预料自己的具体行动;形成并执行个人计划或生活规划;知道自己的权利和义务,能保护及维护权利,也知道自己的局限与不足。③ 能自律自主地行动。包括三项素养:与他人建立良好的关系;团队合作;管理与解决冲突。该框架对于PISA测试具有直接影响,进而对许多国家和地区开发的核心素养框架产生了重要影响。

2006年12月,EU通过了关于核心素养的建议案,核心素养包括母语、外语、数学与科学技术素养、信息素养、学习能力、公民与社会素养、创业精神以及艺术素养共计八个领域,每个领域均由知识、技能和态度三个维度构成。这些核心素养作为统领欧盟教育和培训系统的总体目标体系,其核心理念是全体欧盟公民具备终身学习能力,从而在全球化浪潮和知识经济的挑战中能够实现个人成功与社会经济发展的理想。

2013年2月,UNESCO发布报告《走向终身学习——每位儿童应该学什么》。该报告基于人本主义的思想提出核心素养,即从"工具性目标"(把学生培养成提高生产率的工具)转变为"人本性目标",使人的情感、智力、身体、心理诸方面的潜能和素质都能通过学习得以发展。在基础教育阶段尤其重视身体健康、社会情绪、文化艺术、文字沟通、学习方法与认知、数字与数学、科学与技术等七个维度的核心素养。

2. 美国的学生核心素养框架

2002年美国制定了"21世纪素养"框架,2007年发布了该框架的更新版本,全面、清晰地将各种素养以及它们之间的相互关系呈现出来(见图1-1)。

美国"21世纪素养"框架以核心学科为载体,确立了三项技能领域,每项技能领域下包含若干素养要求。① 学习与创新技能。包括批判性思维和问题解决能力、创造性和创新能力、交流与合作能力。② 信息、媒体与技术技能。包括信息素养、媒体素养、信息交流和科技素养。③ 生活与职业技能。包括灵活性和适应性、主动性和自我指导、社会和跨文化技能、工作效率和胜任工作的能力、领导能力和责任能力。①

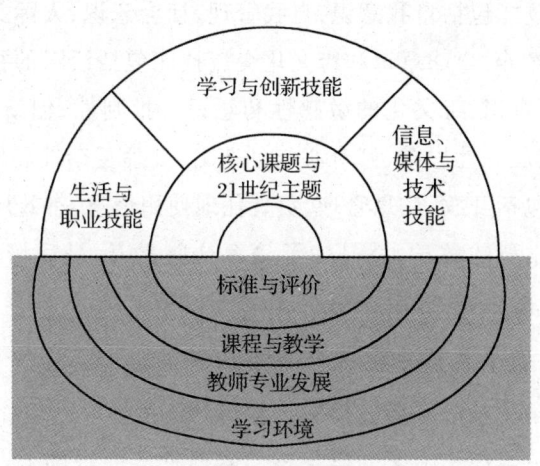

图1-1 美国"21世纪素养"框架

3. 新加坡的学生核心素养框架

2010年3月,新加坡教育部颁布了新加坡学生的"21世纪素养"框架(见图1-2)。其中,核心价值观包括尊重、负责、正直、关爱、坚毅不屈、和谐。社

---

① 张义兵.美国的"21世纪技能"内涵解读——兼析对我国基础教育改革的启示[J].比较教育研究,2012(5).

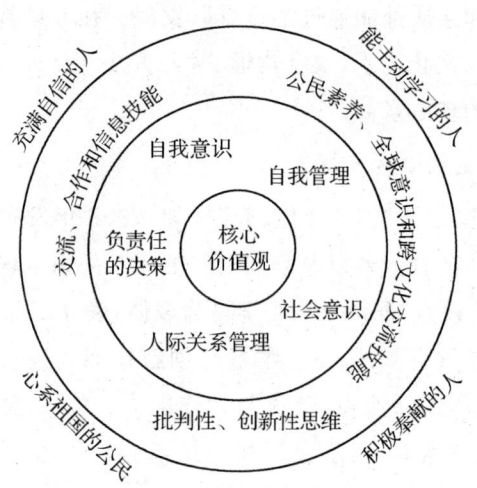

图1-2 新加坡"21世纪素养"框架

交与情绪管理技能包括自我意识、自我管理、社会意识、人际关系管理、负责任的决策。公民素养、全球意识和跨文化交流技能包括活跃的社区生活、国家与文化认同、全球意识、跨文化的敏感性和意识。批判性、创新性思维包括合理的推理与决策、反思性思维、好奇心与创造力、处理复杂性和模糊性。交流、合作和信息技能包括开放、信息管理、负责任地使用信息、有效地交流。

学校所有学科的教学,就是为了培育这些素养,最后培养出充满自信的人、能主动学习的人、积极奉献的人、心系祖国的公民。

(二)我国学生核心素养框架依据

确定我国学生核心素养的框架结构与具体指标,是一项浩大的研究工程。在借鉴上述国际组织和国家的学生核心素养框架的基础上,我们努力坚持以下原则。

1. 根据人与社会发展的要求确定核心素养

《国家中长期教育改革和发展规划纲要(2010—2020年)》提出要"树立科学的质量观,把促进人的全面发展、适应社会需要作为衡量教育质量的根本标准"。同样,促进人的全面发展,使其适应社会需要也应该作为开发学生核心素养框架的标准。

核心素养是个人终身发展、融入主流社会和充分就业所必需的素养的集合,这些素养是在现代民主社会中,为儿童和成人过上有责任感和成功的生活所需要,也为社会应对当前和未来技术变革与全球化挑战所需要。开发核心素养的目的在于培养具有 21 世纪工作技能及核心竞争能力的人,确保学生在校所学的技能能够充分满足后续大学深造或社会就业的需求,成为 21 世纪称职的社会公民、员工及领导者。

2. 聚焦并凸显"关键少数"素养

国外的诸多核心素养框架不尽相同,有的走的是"全面路线",几乎把学生的所有素养都包括在内;有的走的是"简约路线",只涉及一些关键的、高层级的素养。对于我国而言,可能后者更合适。

之所以称为"核心素养",就在于这些素养具有以下三个特性:一是不可补偿性,在终身学习体系中,大量知识、技能甚至一些素养允许暂时缺失,因为还有机会与可能得到补偿,但有一些错失后却无法弥补,如身体的素养,应该成为所有素养最核心的部分;二是不可替代性,人一辈子不可能什么都拥有,但那些基本的与生存、工作、生活紧密相关的技能与素养却往往不可替代,如规避危险的能力、基本的方法论、基础的审美素养等;三是可迁移性,任何核心素养必然会对人的全面发展有潜移默化的促进作用,如阅读素养、科学素养等早已经超越了语文、数学、科学等的学科概念,因为它们在人解决问题的过程中以及人的发展中发挥着综合作用。

3. 将核心素养细化为针对不同学段学生的具体素质发展的阶段性要求

核心素养不应该只是一个抽象的、理论性的框架,而要根据学生发展的连续性和阶段性特点,细化为不同教育阶段的培养目标。新加坡在此方面做得很好,值得我们借鉴。下表是新加坡规定的主要教育阶段的"学习成果",即学生核心素养的具体发展要求(见表 1-1)。

表 1-1 新加坡各教育阶段学生核心素养发展目标

在小学毕业时	在中学毕业时	在中学后教育毕业时
能够分辨是非	刚正不阿	有道德勇气,捍卫正义
知道自己的优点和发展领域	相信自己的才能,能适应变化	面对逆境不屈不挠

(续表)

在小学毕业时	在中学毕业时	在中学后教育毕业时
能够合作、分享、关心他人	能够从事团队工作,同情他人	能够进行跨文化合作,富有社会责任感
对事物怀有强烈的好奇心	有创造力,善于探索	富有创新精神和创业精神
能够独立思考,自信地表达自己的见解	能够欣赏不同的观点,并进行有效的交流	能够批判性地思考,并进行有说服力的交流
为自己的学习感到骄傲	对自己的学习负责任	坚定地追求卓越
养成好习惯,对艺术感兴趣	喜欢体育运动,欣赏艺术	追求健康的生活方式,能够欣赏美
了解并热爱新加坡	对新加坡有信心,知道新加坡的切身利益	为自己是新加坡人感到自豪,知道新加坡与世界的关系

二、核心素养的悄然澄清

在新一轮基础教育课程改革中,迎接课堂转型的挑战难以绕过"核心素养"这一重要问题。因为学校教育是面向未来的事业,国民核心素养的培育是至高无上的课题,核心素养指导、引领着中小学课程教学改革实践。没有核心素养,改革就缺失了灵魂。那么,核心素养到底是什么?有何特定内涵?又该如何培育?

(一)核心素养的内涵特征与价值

整体上看,国内学者关于核心素养认识的方法和风格,与OECD、欧盟如出一辙。在关于"双基"、跨学科性、功能指向(问题解决指向)等方面,国内学者对核心素养的认识基本上是对OECD和欧盟观点的进一步解读或是简单翻版,并无太多新意。

1. 核心素养的内涵

对核心素养的认识比较有代表性的是辛涛等人的观点。他们认为,核心素养就其内涵而言,应当以个体在现在及未来社会中应该具备的关键能力、知识技能及态度情感等为重点;就学科属性而言,核心素养并不指向某一学科知识,并不针对具体领域的具体问题,而是强调个体能够积极主动并且具备一定的方法获得知识和技能；从人的成长发展与适应未来社会的角度出发，核心素养跨学科跨情境地规定了对每一个人都具有重要意义的素养；就功能指向而言，核心素养的功能超出了职业和学校的范畴，不仅满足基本生活和工作需要，更有助于使学生发展成为更为健全的个体，能够更好地适应未来社会的发展变化，能够达到促进社会良好运行的目的。①

另有一些论述也值得借鉴，如：核心素养是一种跨学科素养，它强调各学科都可以发展的、对学生最有用的东西是知识、技能、态度的综合表现；核心素养不只是适用于特定情境、特定学科或特定人群的特殊素养，而是适用于一切情境和所有人的普遍素养，这就是"核心"的含义。② 又如：素养是个体在特定的情境下能成功地满足情境的复杂要求与挑战，它是在个体与情境的有效互动中生成的；素养与知识（或认知）、能力（或技能）、态度（或情意）等概念的不同在于，它强调知识、能力、态度的统整。③

一言以蔽之，核心素养是个体适应社会需要、获得全面发展、提高生存能力的必备素养，是个体满足终身学习的基本条件，提高个性的核心素养是提升国民素质的重要保障。

2. 核心素养的内在特征

理解核心素养的本质，重在把握其内在特征。核心素养的内在特征主要体现在以下几个方面。

一是关键性和普遍性。"素养"一词内涵丰富，覆盖面较广，如果我们想通过有限的学校教育获得全面培养，恐怕难以尽善尽美，有所取舍才能缓减"有限"与"无限"之间的矛盾，发挥教育的理想功效。而核心素养重视个体适应未来社会生活和终身发展所必须具备的关键素养，其本质上应是一般素养的精髓和灵魂，在数量上则应该追求少而精。因此，关键性或必备性应该是核心素养的首要特征。另外，核心素养不是只适用于特定情境、特定学科或特定人群，而是适用于所有情境，也是所有公民都应获得的素养，这才能体现"核心"

---

① 辛涛,姜宇,刘霞.我国义务教育阶段学生核心素养模型的构建[J].北京师范大学学报(社会科学版),2013(1).
② 施久铭.核心素养:为了培养"全面发展的人"[J].人民教育,2014(10).
③ 柳夕浪.从"素质"到"核心素养"——关于"培养什么样的人"的进一步追问[J].教育科学研究,2014(3).

的普遍价值。

二是广泛性和融合性。核心素养的内涵比"能力""技能"等更加广泛,它是知识、能力、态度和情感的融合,不仅包含学生的认知发展,也包括学生的非认知发展,如我国提出的"社会关爱、家国情怀"等,更加侧重学生的品行修养、态度养成和情感发展。这一超越知识和技能的内涵,可以矫正过去重知识、轻能力、忽略情感态度价值观的教育偏颇,更加完善和系统地反映教育目标和素质教育理念。另外,核心素养并不指向某一特定学科,而是个体全面发展、适应生活所必需的综合素养,具备一定的学科融合性。

三是个体性和生长性。核心素养具有普遍性的同时表现出个性化的特征,如"个性修养、自主发展"等内容是学生共同发展、普遍发展中的个性发展,富有一定的自我性和排他性,能够弥补现有教育内容的缺失。还有,核心素养总是在特定的情境和需要中反映出来,需要不同教育阶段的长期培养,具有一定的生长性。从纵向发展上看,学生核心素养的获得是一个循序渐进、不断深化的过程,需要教育的连续培养;从横向发展上看,核心素养是学生踏入社会后能够不断延伸、拓展和生长的开放体系,随着社会经验的丰富、个体发展需求的增加,素养的内涵会得到充实和完善。

3. 核心素养的价值定位

核心素养提出的根本目的是落实我国的教育宗旨,提升国民综合素质。经比较,我们发现核心素养的内涵已经表现出较高的国际化趋势,且有共同的价值取向。

一是适应社会发展与技术进步。教育通过培养人才来促进社会发展,反过来,社会的发展与进步也必然带来教育变革。因此,国家层面的教育决策要符合社会需求,体现时代发展对人才培养的要求。国际教育核心素养体系中重点关注信息素养、科学技术素养、创新素养等内容,反映出知识经济时代的发展动态,体现出科学技术进步对人才素质的新要求。而我国核心素养的提出正是在国际趋势下,聚焦人才培养的创新模式,顺应时代的要求,使得我们培养的人在创新精神、实践能力、社会责任感等方面,都能有显著的提升。

二是关注全面发展与终身发展。全面发展与终身发展是素质教育的根本宗旨,是各国制定核心素养的基本价值取向。国际组织及世界各国对核心素养的甄选都涉及学生全面发展及终身发展所需要的知识、技能、态度和价值观等方面,如学会学习、语言交往能力、问题解决能力、合作能力、数学素养、表达能力等,这些素养关乎学生的自我发展、社会价值及个人竞争力,关乎适应现在及未来社会发展的素质。

三是重视生活品质与生存质量。核心素养就像是房屋的地基,其稳固程度决定了楼房的高度与坚韧度,而核心素养的培育对人的终身发展具有重要的导向作用,关系到个体的生活品质和生存质量。当前国际上的核心素养体系,除了生存必备的能力之外,还涉及文化意识、环境保护、个体职业发展、生活规则、管理与解决冲突等。这些指标涵盖学生的个人品质、文化素养和精神境界,影响着他们与社会、自然的相处和互动方式,也决定着日常生活的品位和品质,真正体现以人为本的教育思想。

(二)核心素养的培育途径与策略

目前,关于核心素养的培育路径主要有两个方面:一是以核心素养为起点,通过研制课程标准,构建与实施有别于传统的新课程体系;二是改革和优化现有课程的教学内容和教学方法,通过培养学科关键能力,从而达到提升学生核心素养的目的。一般来说,第一种路径是国家的顶层设计,第二种则是广大一线教师都可以积极探索与尝试的培育路径。

1. 基于核心素养优化教学内容

王荣生教授指出:"一堂语文课,如果教学内容有问题,那么教师的教学再精致、再精彩,价值都极为有限。"所以,在某种程度上,"教什么"比"怎么教"更重要。方法是为内容服务的,在"教什么"都没弄明白的情况下,试图通过研究"怎么教"来提高教学效益或者效率,必然事倍功半,甚至无功而返。因此,研制基于核心素养的教学内容,是实现教学改革的首要问题。

2. 围绕核心素养改进教学方法

核心素养的培育,要求改进教学方法。死记硬背、题海战术是难以培育出核心素养的。我们在教学改革中,需要把握三个着力点:一是由"抽象知识"转向"具体情境",注重营造学习情境的真实性;二是由"知识中心"转向"能力(素养)中心",培养学生形成高于学科知识的学科素养;三是由"教师中心"转向"学生中心",促进学生主动学习和合作学习的意识与能力。

3. 通过评价改革提升学生核心素养

核心素养所具有的整合性、跨学科性及生长性等特征,尤其是其所包含的大量隐性知识和态度层面的要素,给评价带来极大挑战。我们的评价重点需要由分科知识的评价转向基于核心素养领域的评价,评价方法则要求多元化。需要选取有代表性的关键指标探索建立测评技术方法与标准体系,形成一套"抽象概念—工具测量—实证数据"的核心素养指标研究流程和范式。

第四节 课题研究的回顾与发展

一、人格养成教育的研究本源

人格养成教育是以培养和发展学生的健全人格为目标导向和价值追求的教育,其基本要义有:人格养成教育是以"人"为中心的教育,人格养成教育是发现人的价值的教育,人格养成教育是发掘人的潜能的教育,人格养成教育是发展人的个性的教育。它与传统教育之间的差异主要表现在教育目标、施教者和受教者的关系、教育内容和教育方式等方面。具体而言,人格养成教育注重发展学生的公民意识、社会意识、现代意识,充分发挥受教者的主体性和自主性,让学生主动地、自由地获取知识、探究知识、锻炼能力,从而使学生逐渐形成健全的人格,从而愉快地、高质量地生活,享受人生。

(一)正本清源:对人格教育的多角度探析

1. 人格教育是素质教育的本质内核

首先,人格成长是素质教育的逻辑起点。每个人生来都具有一定的甚至优秀的潜能,教育的真正意义在于不断地发掘人的潜能;每个人都有自己的需要、兴趣、独特的智能与性格,教育的作用就在于不断发展人的个性。总之,教育就是要关怀人格、促成人格的成长。在这样的背景下,中共中央、国务院颁发的《关于深化教育改革 全面推进素质教育的决定》可谓是水到渠成。因此,素质教育是以发展人的整个心智系统——人格作为逻辑起点的。

其次,健全人格是素质教育的终极目标。20世纪末,中国教育终于摸索出了自己正确的价值取向:时任国家教委副主任的柳斌指出,素质教育"以提高全体国民的素质为目标"。不久,中共中央、国务院在《关于深化教育改革 全面推进素质教育的决定》(以下简称《决定》)中明文规定"以提高国民素质为根本宗旨"。如果光看基础教育这个学段,那么,"提高国民素质"就是提高学生的素质,因此《决定》中又说素质教育"以培养学生的创新精神和实践能力为重点,造就'有理想、有道德、有文化、有纪律'的德、智、体、美等全面发展的社会主义事业的建设者和接班人"。中国教育的目光终于由社会需要转向对人的关注。同时,健全人格和"全面发展"在本质上的一致性表明了素质教育的终极目标是培育健全的人格。

2. 科学与人文融合是人格教育的课程文化观

科学精神与人文精神在本质上是相通的,都是形成人的思想情操、聪明才智的重要基础。两者不仅在理论上不是对立的,在实践中更是相容的。人格教育就是把科学精神和人文精神统一起来,注重学生素质的深层建构和整体提高,变"教书"为"铸魂";教师要善于化知识为智慧,变"行为"为"素养",积"文化"为"品格",才能塑造人类完整的灵魂,才能把人培养成为完整而非单维度的人。和平与发展是世界潮流最为基本的原则,只有把科学精神和人文精神统一起来的教育,才能培养出创造财富并维持和懂得享受它的人。

3. 对话与互动密合是人格教育的课程实施观

课程实施过程是教师的教和学生的学的统一、相互促进、共同发展的过程,这种统一的根本实质是对话与互动。基于此,人格教育把课程实施看成是积极的师生交往、对话互动以求共同发展的过程。没有对话、没有互动,就不存在或没有发生教学,而只有教学的形式表现,没有实质性对话发生的"教学"是假教学。把课程实施过程的本质定位为对话与互动,是对教学过程的正本清源,也是符合新课程理念要求的,这也是对教学的传统认识——"教学是教师有目的、有计划、有组织地向学生传授知识、训练技能、发展智力、培养能力、陶冶品德的过程"的重大突破。

(二)继往开来:对我校教育的全方位畅想

1. 基于学校教育改革的需要

华东师范大学教育学博士李家成认为当代中国学校教育的变革,需要重新认识学校教育的价值,思考学校教育的价值取向。他指出:学校教育对于人之生命成长具有重要而内在的价值,当代中国学校教育需要走向一种"关怀生命"的教育。由此,我们觉得"生命关怀"已不是一般意义上的生命教育:它意味着学校教育以培育具有积极的生存方式、富有生命活力的健康个体为己任;它意味着学校教育以"生命"为本体性前提,以积极的关怀作为基本的行为方式;它意味着学校教育要以整体的、深层次的眼光进行自我改造,以建设性的方式促进生命的成长。

2. 基于学生未来发展的需要

当今我国未成年人的人格发展总体上比较健全,有关研究表明我国90%的青少年儿童心理、人格是健康的。但由于受应试教育的影响、市场经济大潮和价值观念多元化的冲击,教育的功利性越来越突出,片面强调知识教育,忽视人格教育,不把学生当成活生生的人,当成鲜活的生命,生命的生长需求屡屡遭到遗忘和忽视,生命个体的自觉性、主体性没有得到充分彰显和释放。生命的成长是被动的、外发的,是缺少内在的欢乐体验的。因此,开展"生命关怀下小学生人格养成教育的整体建构"研究,是解决学生人格缺陷问题的客观要求,更是学生从"被发展"转向主动发展,从依赖走向独立、自主的必然趋势。

3. 基于教师专业发展的需要

长期以来,我们的教师早已习惯了等、靠、要:他们总是被动地等待学校布置任务,亦步亦趋地跟着领导要求走,没有自觉学习、自主发展的内在需要和行动;习惯于等着别人给自己展示的机会,而不去主动争取和创造……陷于"被管理""被规划""被研究""被读书""被写作"的泥潭而无法自拔。我们期待通过研究能够促使教师将"以人为本""以儿童为中心"的当代教育主流价值取向内化于心,并自觉地从生命关怀的角度研究学生和发现学生,从而把教育的过程变成培育学生生命和自我生命的过程,变成滋养学生生命和自我生命的过程,实现教师个体生命价值和职业价值的统一。

二、人格养成教育的研究历程

开展扎实有效的人格养成教育的序列研究,是江阴市晨光实验小学(原江阴市西郊实验小学,2006年更名)从"八五"到"十二五"课题实施的轨迹。近20年来,我们继往开来,不断深化教育改革,从规范学生日常行为起步,从优化师资队伍和加强教育管理入手,开展人格养成的教育实验,经历试点、延伸和拓展,直至立项为江苏省教育科学"九五"(人格养成教育研究)、"十五"(创造性人格养成教育研究)、"十一五"(创造性人格基础养成机制研究)、"十二五"(生命关怀下小学生人格养成教育的整体建构研究)系列科研课题。其间,我们把人格养成由德育涵盖到其他四育,又从课外活动聚焦到课堂教学,再从课内延伸到课外,坚持以"人格养成教育"为主线,在学校教育教学工作中扎根开花,促进校风校貌和师生精神境界的全面提升。

(一)"八五"时期——行为规范教育起步研究

我校地处城乡接合部,大多数学生来自农村,卫生习惯比较差,日常行为比较随意,普遍缺乏文明素养,因此我们开展了"农村小学生行为规范教育研究"。在省内率先提出"以养成教育为主线,全面育人"的培养目标,根据知、情、意、行相结合的原则来抓行规教育,并通过构建纵向、横向、交叉的全方位目标管理体系,采取导读、导学、导思、导行、导评等养成方法,持之以恒,长抓不懈,行规教育取得了丰硕的成果。原江苏省教育科学研究所所长成尚荣先生说:"江阴市晨光实验小学,曾经为全省推进素质教育提供过示范、做出过贡献,这所学校的常规管理、小学生日常行为习惯的养成以及道德教育的经验,在全省产生过很大的影响,成为全省小学教育的一面旗帜。这些,我们至今都没有忘记,也不会忘记。"

在总结了前阶段的经验以后,我们觉得原先单纯的德育实践虽然做了很多事,但由于缺乏理性的思考、理论的支撑,还显得比较肤浅,而且教育要适应时代、社会发展的需要,满足学生及家庭的需求。因此,我们的行规教育应由机械呆板的行动向理性的实践——"人格养成教育"转变。

(二)"九五"时期——小学生人格养成教育研究

借助课题,学校将德育工作内容系列化,途径网络化,方法多样化,校内校外一体化,在"人格养成"的目标体系下开展教育教学实践。在此期间,我们基本明晰了人格、小学生人格的校本化理解,以及养成的基本方式与方法:通过人本化的教育活动体验、课堂教学活动渗透来逐步养成。

不过,研究中我们发现,课堂教学作为学校教育生活的主要阵地,"人格教育"的渗透不是很清晰,操作过程中难以找到具体、明确的落脚点。虽然在课程目标乃至教学目标方面有所凸显,但成效不大。结合经济的迅猛发展以及对于创造力、创新能力的日渐重视,我们把目光投向了创造性人格研究,试图构建课堂教学、教育活动与校本课程(生活指导)三位一体的模式,促进小学生创造性人格的养成。

(三)"十五"时期——创造性人格养成教育研究

实践中,我们基本明确了小学生创造性人格基础的养成目标,摸索到了三种有效的养成途径与策略:创造性的问题解决、积极的自我表现、合作学习。以上三种途径是相互交融、协同作用于整个创造性人格基础养成过程的,三者之间不好割裂开来。而且这些都跟课堂教学和学生的学习生活紧密结合,课题研究进入了全方位、多角度育人的"快车道"。

同时,我们产生了一定的困惑:根据所观察到的现象(部分学生在问题解决、自我表现和合作学习过程中的外显行为)做出的推断,有时候与学生的学习心理活动可能并不完全一致,这就为鉴别和评价学生的真实参与度,以及究竟在何种维度上促进了哪些创造性人格基础的养成带来了很大的困难。如果对课堂教学中三种养成途径的内在联系有一个更清晰的认识和把握,提升到"机制"的高度,那么就有可能找到更多提高养成效度的途径与方法。

(四)"十一五"时期——创造性人格基础养成机制研究

研究过程中,我们基本形成了三个主要观点。其一,课堂教学中小学生创造性人格基础养成机制研究的实际意义是对传统课堂教学大角度地向知识技能和应试能力倾斜的颠覆,是对教师传统教学方式(注入式、教条式、理性泛化式、苛严管束式)的否定,也是对现时和未来教学的探索。其二,小学生创造性人格基础养成机制,另一重要内容是对小学生童心的呵护。孩子们天生有好奇心、创造性,以及学习的强烈需求。这些人类"集体人格"本能的遗传,必然对课堂教学提出疑问,课堂教学中如何让孩子们维持这种需要,保持孩子们的童真、童趣与童心,保护孩子们的天生人格基础不至于被教学的教条和严苛管束所泯灭。其三,从研究的操作性出发,我们认为可以将"小学生创造性人格基础养成"作为研究的逻辑起点,以"高效能"课堂教学为研究平台展开实施。传递文化而不用现成的模式去压抑,努力保持每个孩子在解决问题时的首创精神和创造力量,鼓励每个孩子发挥其天生的、有创造力的和个性的表达方式,同时又不助长他的个人主义。

随着人格教育研究的逐渐深入和社会的日益复杂化对小学生人格养成发展的巨大冲击,我们在不断地反思:教育改革到底应该从哪里做起?改革的前提和起点到底是什么?"生命关怀"理论,可能成为人格教育新的生长点。借助"生命关怀",可以在"人格教育"与"生命教育"之间打开一条"绿色通道",从而使我校的"人格教育"进一步焕发出时代的气息与生命的活力。

（五）"十二五"时期——生命关怀下小学生人格养成教育的整体建构研究

"十二五"期间,我们把人格教育由德育涵盖到智育、体育、美育和劳动技术教育,从课外活动回归到课堂教学,再从课内拓展到课外,从身心关怀上升到生命关怀。我们坚信并倡导:作为学校与教师,应该关注生命,重视个体生命特别是精神生命的成长,尊重个体生命的独特性、多样性,强调个体生命在自我教育中的主观能动作用。鲜活的生命是人格教育的原点与核心,是素质教育的出发点与终极情怀。通过五年的实践,我们初步厘清了核心概念之间,即生命关怀与人格养成教育的关系,初步弥补了课堂教学中"人格"渗透模糊的缺憾,基本明确了生命关怀下小学生人格养成教育的课堂特征及具体要求。另外,初步形成了整体的实施框架,主要从校园环境、礼仪教育、生活指导、课堂教学和师德师风五方面来建构并实践。从研究的轨迹及取得的成果来看,可以真切地感受到我校正坚守人格养成教育,把教育的触角伸向学生内心品质的培养及价值观念的引领,努力让学生成为鲜活的、完整的、发展的人。南京师范大学教育心理学教授、博士生导师,发展与教育心理研究所所长谭顶良先生认为,晨光实验小学用生命关怀的理念来烛照人格养成教育,从整体建构的角度来推进人格养成教育,设想好,点子新,时代气息浓。

当然,我们也发现了自身研究的不足:生命关怀下小学生人格养成教育的目标、课程的整体规划与设计思路等还需进一步清晰化、具体化。

第二章 意蕴解读:澄澈彰显"素质教育"立场的回归

对于教育教学研究来说,概念辨析不是抽象的思想游戏,不是远离鲜活实践的邈远之物,而是内置于教育教学研究的"核心"。任何教育教学的研究者和实践者必须要做的功课,就是回答:你这项研究的内涵是什么?价值何在?你有没有建构出属于自己的对这项研究本质与意义的理解,以及将此理解转化为教育教学实践的独特过程和路径?对概念的不同解读,必然导致不同的实践。本章就尝试从以上三大问题来诠释我校课题研究的内涵、价值及操作途径,以澄澈彰显"素质教育"立场的回归,继而怀着悲悯之心,思考教育和做研究;怀着关怀之情,看待生命并促其成长。

第一节 基本认识:生命关怀与人格养成的内涵探寻

一、国内外相关研究成果的理性思考

通过"中国知网"检索国内外发表的相关研究论文,我们发现,关于"生命教育""生命关怀""人格教育"研究的学术论文数量多、角度广,其中不乏硕士、博士学位论文,且研究水平逐年提升。为了保证研究文献的客观性,我们在"中国知网"中分别选择以主题、篇名和关键词为检索项,检索了从2000年到2010年的相关文献,统计结果如下表:

表2-1 相关文献结果统计表

检索词	检索项		
	主题	篇名	关键词
生命教育	21 318 篇	4 203 篇	1 363 篇
生命关怀	5 520 篇	386 篇	1 407 篇
人格教育	31 925 篇	2 511 篇	6 448 篇

从上表不难看出,"生命教育""生命关怀"和"人格教育"已经引起了学术界的高度关注,且有了较为丰富的学术成果。但许多文章只在理论上分析了生命教育、人格教育的必要性与紧迫性,并提出了一些相应的策略,理论研究较为深入,实践应用却较少,具体措施上也缺乏可操作建议。一句话概括,就是这些研究成果缺少实践的验证,实际操作起来难度也较大。

(一) 对生命教育的思索

生命教育最早源于20世纪初在西方兴起的死亡学和之后发展起来的死亡教育、生死教育。美国的杰·纳·华特士于1968年首次提出生命教育的思想,并在加州创建阿南达学校,关注反吸毒、预防艾滋病、自杀、暴力等。1979年,澳洲的雪梨成立了第一个"生命教育中心",该中心的生命教育重点为"药物滥用、暴力、艾滋病"的防治。日本1989年所修改的新《教学大纲》中针对青少年日益严重的自杀、欺侮、杀人、破坏自然环境、浪费等现象,提出"以尊重人的精神"和"对生命的敬畏"之观念来定位道德教育的标准。

我国台湾地区从20世纪90年代初就开始了生命教育。自1997年起,民间机构连同台湾地区教育主管部门再度关注生命教育的发展,制订了一连串的计划,包括课程计划。2000年,台湾地区教育主管部门成立生命教育委员会,并把2001年定为"生命教育年"。21世纪初,香港地区也开始重视生命教育。2001年12月,天主教香港校区出版了《爱与生命》教育系列,针对婚姻的意义、家庭生活的真谛、贞洁的德行、性教育、人际关系和生命的意义提供了相关素材,并建议将这些内容纳入有关科目之中。2002年,香港教育学院公民教育中心明确提出以生命教育整合公民教育及价值教育,并在多所学校推广正规和非正规的教育课程,让学生体会生命的意义,增强抵抗逆境的能力。

我国大陆地区的生命教育虽然起步较晚,但也受到了足够的重视。不少研究者已经呼吁要高度重视生命教育,并探讨了生命教育的内容和形式,而且一些学校还结合预防艾滋病、远离毒品、抵制不健康网络以及生存安全等尝试开发"热爱生命"的课程。2004年12月,辽宁省启动了中小学生命教育工程,制定了《中小学生命教育专项工作方案》。同年,上海市也出台了《上海市中小学生命教育指导纲要》,并于2005年3月实施,开了国内以政府名义重视和推行生命教育的先河。辽宁省教育部门也把开展生命教育作为工作重点,出台了《辽宁省中小学生命教育专项工作方案》。2005年,湖南省颁布了《湖南省中小学生命与健康教育指导纲要》。2006年春季开学后,湖北省咸宁市在全市所有中小学实施"生命教育"实验教学,从三年级到九年级试行,成为我国首个生命教育的实验区。这标志着生命教育已经走入实践。2006年,朱永新教授的"新教育"组建了一个新生命教育的研究团队,并开始将国际著名的麦克劳希尔生命教育教材引进实验学校。他认为生命教育分为三个层次:第一层是珍惜生命——不仅珍惜自己的生命,还要珍惜别人的生命,不仅珍惜人的生命,还要珍惜动植物的生命;第二层是热爱生活——生命是在生活中展开,教育应该让孩子们多才多艺、陶冶情操,成为热爱生活的人;第三层是成就人生,也就是达到马斯洛需要层次的顶端——自我实现。生命教育,就是旨在帮助学生认识生命、珍惜生命、尊重生命、热爱生命,促进中小学生身心健康发展。另外,苏州市枫桥小学依托千年枫桥积淀的丰厚文化,深入开展小学生绿色生命教育的实践与研究,形成了"小学生绿色生命教育"的鲜明办学特色。

华东师范大学教育学博士李家成认为当代中国学校教育的变革,需要重新认识学校教育的价值,思考学校教育的价值取向。在他看来,价值是事物优化生命存在、提升生命质量的可能。学校教育价值,就是学校教育所具有的优化生命存在、提升生命质量的可能。在此前提下,他指出:学校教育对于人之生命成长具有重要而内在的价值,当代中国学校教育需要并且可能走向一种"关怀生命"的学校教育。由此,"生命关怀"已不是一般意义上的生命教育,它意味着当代中国学校教育要直面生命存在的事实,以"自我"的身份承担自身的时代责任;它意味着当代中国学校教育以"生命"为本体性前提,以积极的关怀作为基本的行为方式;它意味着学校教育以培育具有积极的生存方式、富有生命活力的健康个体为己任;它意味着当代中国学校教育要以整体的、深层次的眼光进行自我改造,以建设性的方式促进生命的成长。

(二)对人格教育的洞彻

国外许多心理学家和教育实践工作者对人格已做了大量的研究。有关人格研究的理论,主要分为以下几个流派:① 弗洛伊德的人格结构理论;② 卡特尔的个性特质理论;③ 班杜拉的观察学习个性理论;④ 埃里克森的个性发展理论。① 有关人格教育研究,影响比较大的有:著名心理学家马斯洛对健康人格做了全面分析,以自我实现的理论提出许多标准,这些标准具有心理、伦理、性格、能力标准的多重性,较好地反映了当代人对健康人格的全面需求和多样化人的呼唤,但其"人本主义"教育实验并未取得积极的效果。苏联在个性发展培养的理论研究与教育实验方面,也有一些颇具特色的理论总结和系统实验。如彼德罗夫斯基、波果斯洛夫斯基等对个性的形成、培养以及评价进行了系统研究;苏霍姆林斯基则从理论和实践相结合的角度,对培养塑造人的良好个性做了深入的研究与总结,极具现实指导意义。

我国广大科研工作者和教育工作者对人格的定义、人格的特征、人格的因素模型、人格成熟的基准、健康人格的内涵和塑造等方面做了大量卓有成效的研究。有的对健康人格的原则与标准进行了探讨,有的对大中小学不同阶段的学生人格教育开展了实验,有的对不同类型学校与不同环境中的学生的人格教育进行了研究。代表理论主要有如下几种:① 非智力因素论。这是由上海师范大学燕国材教授于20世纪80年代初提出的,代表作品有《应重视非智力因素的培养》(1983年2月11日在《光明日报》发表)以及与张永新、袁振国合著的《非智力因素与学习》一书(1987年9月由湖北教育出版社出版)。② 人格三因素论。北京市社会科学院社会学所研究员许金声提出三种人格力量,即智慧力量、道德力量和意志力量,认为"良好的人格理想应当是'三维的人',即'知、情、意'三个方面功能都能得到全面匀称发展的人"②。

(三) 对目前研究的述评

就当前的研究成果来看,各位专家及教育实践者在研究时要么主攻生命教育,要么关注人格教育,很少有人将生命教育和人格教育融合在一起研究。其实,生命的"质"就意味着个体能拥有健全人格、能感受到生命和生活的快乐。换句话说,生命教育的意义在于通过健全人格的塑造来提高学生的生命质量,因此它也属于人格建构的范畴。所以,我们觉得用生命关怀的理论来烛照小学生人格养成教育,既能使生命教育"落地生根",即落在人格

---

① 郭亨杰,宋月丽.心理学教程[M].南京:南京师范大学出版社,1995.
② 许金声.人格三因素论——一种关于健康人格问题的理论设想[J].学习与探索,1985(4).

教育肥沃的土壤中,又能使人格教育"开花结果",即有效探索人格教育的新思路。当然,我们也清醒地认识到,当前"生命教育"与"人格教育"并驾齐驱的研究现实,既给我们的课题研究带来了更广阔的空间,也带来了更强劲的挑战。

二、多年校本研究形成的本土化理解

本课题自 2011 年 12 月申报立项为江苏省教育科学"十二五"规划重点自筹课题以后,我们通过文献检索、专家引领、课题组成员反复研讨及长期实践,对课题核心概念——生命关怀、人格养成有了较为清醒的认识和个性化的理解。

(一)对生命关怀的再认识

1. 生命关怀的一般概念

要理解何为生命关怀,首先要弄明白什么是生命。

第一,生命属于人的本体。人是以生命的方式存在的,没有生命的存在也就没有人的存在。生命是一个高度有序的复杂系统,是一个在时间上和空间上不断变化的网络;生命的每一部分都影响着生命整体;生命体是一个通过不断汲取外部能量来维持甚至扩展有序结构的系统,是一个耗散结构,需要消耗能量,能量使生命生产出远离平衡态的结构。

第二,个体生命不是既成的、不变的,而是生成的、流变的,这使得人的生命世界多样性与独特性共在,每个个体生命都是围绕着他的生命需要,以他自己"独特"的方式生成的,这种独特的生成方式是由他自身的遗传因素和他所处的环境共同作用所决定的,具有多种可能的生成形态及巨大的发展潜能。

其次,要弄清楚什么是关怀。

美国著名教育家诺丁斯认为关怀与责任感相似,如果一个人操心某事或感到自己应该为之做些什么,他就是在关怀这件事;如果一个人对某人有期望或关注,那他就是在关怀这个人。关怀意味着对某事或某人负责、保护其利益、促进其发展。关怀与教育责任相关。

关怀一般是通过行为来表达的,关怀行为就是根据具体情境中的特定个体及其特定需要做出的旨在增进某福祉、有益于其发展的行为。关怀者始终有责任将自己的真实想法告诉被关怀者,并帮助被关怀者在充分知情的情况下尽可能做出正确的选择。就此而言,关怀是要考虑效果的,但又不是功利的。另外,关怀具有复杂性,无法用若干条规则来概括。什么样的行为是关怀行为,既有一些明确的判断标准,又要取决于具体的情境、具体的人或事、具体的需要和关怀者的具体能力。一般说来,关怀有两种不同的类型:一是自然关怀,它是不需要某种道德努力就能实现的;二是伦理关怀,它是根据内在的关怀倾向做出的反应。

最后,再来界定什么是生命关怀。

生命关怀是指学校教育对待生命,不再是"抑制",不再是漠不关心,也不再仅仅是出于自然性的"良知",而是一种积极的支持、鼓励,是对个体生命的积极介入:重视的是个体生命,特别是个体生命在其整体和谐发展的基础上之精神生命的成长;关注的是个体生命潜能实现、生命需要的健康满足;尊重的是个体生命的多样性、独特性;强调的是个体生命在他自己的教育中的主观能动作用。

2. 生命关怀的校本化理解

在研究中我们越来越清晰地认识到,生命关怀其实是一种投注或全身心投入的状态,即在精神上有某种责任感,对某人或某事抱有担心和牵挂感;同时,它也是一种积极的行为,不仅包含着积极的态度,而且意味着学校教育与人之间新的关系形态——人成为学校教育关注的中心。用三句话来概括,就是"把学生当作鲜活的人""把学生看成完整的人""把学生看作发展的人",具体解释如下。

一是把学生当作鲜活的人。从"生命关怀"的意义出发,教师不再以"成人立场"来从事教育,把一定的社会要求当作"模具",把学生当作抽象的材料去"加工",打造成整齐划一的"产品";教育不再是一厢情愿地给予,而应该"读懂"学生,为其生命健康、主动的发展创设时空、架设平台以及提供适切的服务,更应该确立"学生立场",视学生为具有主动发展意识和能力的生命个体。

二是把学生看成完整的人。梁思成先生早在1948年就提出,教育要走出"半个人的时代"。唯"分数"是从的教育培养出来的是"四分之一个人""八分之一个人"。仅仅用专业知识教育人是不够的,通过专业教育,学生可以成为有用的"机器",但不能成为一个和谐发展的人。将学生培养成一个"完整的人",是教育的真谛,更是教育的基本要求。爱祖国,怀正义,会学习,有情趣,懂感恩,有视野……这样的人才是完整的人。

三是把学生看作发展的人。儿童是未完成的存在,也是非特定化的存在。"未完成性"意味着儿童的生命处于不停息的变化之中。"非特定化"意味着儿童具有无限发展的可能性,意味着生命是一个历程,生命是一种有意义的、非确定的过程,儿童的发展永远具有创造性和超越性,永远处在生成发展之中。

(二)对人格养成的再认识

1. 人格养成的一般界定

人格是个体在行为上的内部倾向,它表现为个体适应环境时在情绪、需要、动机、兴趣、态度、价值观、气质、性格和体质等方面的整合,是具有动力一致性和连续性的自我,是个体在社会化过程中形成的给人以特色的身心组织。

健全人格是由复杂的心理特征和倾向性结合而成的一个多层次的、多侧面的整体。这一相对稳定的整体性心智系统,由人的认知、情感、意志三个子系统构成,就像一个长方体的长、宽、高三个维度。每个子系统都有一个由初级向高级发展的过程,就像长、宽、高三个维度各有一个由短变长的过程。当这三个子系统都充分发展,而且发展比较均衡时,就好比这个长方体的长、宽、高的长度较大且较均衡,那么这个长方体就很趋近于正方体,且体积较大,这样的人格结构就是健全的,这种人格力量就比较大,拥有这种人格的人不一定很突出、很优秀,但肯定是很和谐的。

人格是后天逐渐养成的,是在长期生活、学习、社会实践中形成的较为完整的、稳定的东西。它是构成人格主体的身体的、心理的、道德的、智力的、审美的、社会的等因素特质的综合体,是通过其全部行为而确立起来的完整存在。因此,人格养成是一个缓慢的、持续的、渐进的、日趋完善的过程。

2. 人格养成的校本化解读

经过多年研究,我们对人格养成形成了校本化的理解:通过经常化的生活和学习方式的影响,促使小学生逐渐形成健康的、积极的心理倾向和行为特征。人格养成的内涵是界定清楚了,但其外延不是很清晰。开题论证后,我们结合专家提出的意见,厘清了它的外延,可归纳成以下三个方面。

（1）人与自我。能正确地认识自我，了解自我生命的独特和与众不同，也能够清楚知晓自我生命的局限和不足之处；能自觉主动地规划自我，知道人生的不同阶段应有什么样的发展目标（生活目标、学习目标、成长目标），并且能拥有良好的心态、紧张而有节奏的生活及学习方式，立足现实不断调整发展目标和路径。

（2）人与他人。有对他人生命的敏感、尊重和敬畏，能体谅他人；敢于主动承担对他人生命的责任，不仅有明确的责任意识，还有相应的承担责任的能力，更有把责任意识和责任能力转化为人生习惯的自觉性与主动性。

（3）人与环境。会自觉捕捉所处的生存环境，无论是家庭、学校，还是社区和城市等，能捕捉其内隐的有利于生命成长的优势资源，并合理地理解和运用；会敏锐地发现和反思所处环境对自身发展的各种不利因素，从而自觉地规避和消解；还能主动参与对环境的改造，从不对环境抱怨，而是主动介入环境、改变环境，具有一定的耐挫力。

第二节　内在关联：生命关怀与人格养成的关系梳理

一、本质的遥相呼应

"新基础教育"的创始人叶澜教授认为：价值观是一切教育教学改革的起点，价值观危机，是中国教育的根本危机，教育转型应从价值观转型开始。中国教育最大的病根，是以"成事"替代了"成人"，在学校里随处可见教师为事务而操劳，对学生考分、评比、获奖等显性成果过于关注，忽视、淡漠的恰恰是学生和教师在学校中的生存状态与生命质量的提升。即使在改革开放已经三十多年的今天，不少教师依然心目中有教书无育人、有知识无生命，从不真正把学生作为鲜活的生命个体来看待。这种对个体特殊性以及个体生成方式的漠视，造成传统教育的致命缺陷：把丰富复杂、变动不居的教育教学过程，缩减为知识传递的活动，把它从整体的生命活动中抽象、剥离出来，导致教育教学缺乏生气与乐趣，变得机械、沉闷和程式化，失去了对智慧的挑战和好奇心的刺激，师生的生命力在教育教学过程中得不到充分的发挥，课堂乃至整个教育趋于"沙漠化"。

诚然,我们管理"事"的意识很强,但很少考虑"事"成了,"人"成了没有。其实,从一定意义上来说,所有的教育教学研究都是"做事",而"事"是为"人"服务的,只有"成人"才会更好地"成事"。"在成事中成人",这就是"生命关怀"与"人格养成"的核心价值观。因此,从根本上来说,人的发展是"生命关怀"与"人格养成"的出发点与归宿点。

（一）两者都坚守"以人为本"的教育思想观

人格教育是从生命的思考开始的,它只有服务于生命才有价值。

1. 生命是人格教育发生的原点

生命是什么？对教育来说,就是人,是具体的、现实的、有血有肉的活生生的个体,是以人的方式展现的"人",而非展现的"物件"或成为"工具"的人。

具体的、现实的人,即生命,是教育的原点。这首先来自于发生学上的明证。在发生学的意义上,人首先是一种自然的生物体,但人与动物不同,动物是特定化的,人是未特定化的,具有未确定性和未完成性。人的未完成性,使人无法依靠特定化的图式,实现自我的需要。这就决定了人具有发展的需要和对教育的需求。所以,人类学家兰格维尔特指出:"人是教育的、受教育的和需要教育的生物","其根源都在于人的身体素质方面"。[1]

实际上,人之所以具有可教育性,生物性素质的发展要求只是原因之一,最根本的还在于人的超生物的价值生命的要求。马克思认为:"动物和它的生命活动是直接同一的。动物不把自己同自己的生命活动区分开来。它就是这种生命活动。人则使自己的生命活动本身变成自己意志和意识的对象。他的生命活动是有意识的,这不是人与之直接融为一体的那种规定性。"[2]按照马克思的观点,动物只具有生物性的生命活动——本能,而人则"能使自己的生命活动本身变成自己意志和意识的对象",是"有意识的生命活动",这就意味着人不再是单一的生物性存在,人在自然赋予的本能生命的基础上,通过自己的活动又创造了支配生命的生命,即超生命的生命。超本能生命是价值生命,表现为人的超越性本质和对真、善、美的追求,最终趋向于自由的实现。人的价值生命的获得与生理生命不同,它不是通过基因遗传,而是通过社会遗传、文

---

[1] O·F·博尔诺夫.教育人类学[M].李其龙,等译.上海:华东师范大学出版社,1999.
[2] 马克思,恩格斯.马克思恩格斯全集[M].北京:人民出版社,1979.

化遗传。社会、文化的遗传是由教育来完成的。教育是人的超生命的生命——价值生命的特有存在形式。

的确,从生命的发生来看,人的生命发展离不开教育,教育是生命存在的方式。同理,人格教育活动的展开当以生命为原点,任何偏离原点的人格教育,都不是真正的教育或是对人格的异化。

2. 人格教育是直面生命的活动

教育因为人的生命而发生,离开了生命及其活动,就没有人类的教育。

第一,教育建基于生命之上。教育就是要理解生命的内涵,尊重生命的逻辑,倾听生命的律动,不断地创造条件,促进生命的发展,提升生命的意义,增大生命的价值,创造新的精神生命,使生命日趋走向真善美的最高境界。

第二,教育只有服务于生命才有价值。华东师范大学李振涛教授在他的《教育学的生命之维》中指出:判断一种教育活动是否合理,基本的尺度是看它有没有体现对生命的尊重和关爱,有没有使每个身处教育世界中的生命都焕发出生命活力,有没有使生命的能量通过这样的教育得到增值、提升和扩展。

由此,人格教育就其本质意义来说,是"直面人的生命、通过人的生命、为了人的生命质量的提高而进行的教育活动,是以人为本的社会中最体现生命关怀的一种事业"[①]。

(二)两者都坚持"以学定教"的课堂教学观

"教"最终要落实到"学",落实到学生的发展上。不管我们追寻什么样的教育,采用什么样的方法,选择什么样的教学资源,以学定教、关注儿童的发展一直是我们永恒的价值追求。

1. 从学情出发

美国心理学家奥苏伯尔曾说:"假如让我把全部教育心理学仅仅归结为一条原理的话,那么,我将一言以蔽之:影响学习的唯一最重要的因素,就是学习者已经知道了什么。要探明这一点,并应据此进行教学。"这句话的意思就是

---

① 叶澜.教育理论与学校实践[M].北京:高等教育出版社,2000.

学生的实际状态是教学的出发点。简言之,就是教在儿童"学"的起点上。

学习起点研究的实践基础是学情。从现有资料的检索与梳理中我们发现,关于学生学习起点的研究一般均被窄化为对学生"知识起点"的调研与分析,但这显然并非我们理想中的"起点"。其实,学情包括学生的知识、能力基础,学生的年段认知水平,学生课前的预习程度,学生对新知的情绪状态等学习主体的基本情况。对于学生的以上学习情况,教师在教学之前都应做到"心中有数"。

儿童"学"的起点是现实的,是一种真实的存在,因此需要我们仔细地观察、分析和把握;儿童"学"的起点又是动态发展且不断生成的,在一个起点被超越的同时,又会在此基础上形成新的学习起点,因此需要我们不断地去发现和超越。

当然,儿童"学"的起点既有同年段学生共有的"类"的起点,又有儿童各自不同的"个"的起点,所以我们要从年段整体、班级整体到学生个体做多层次、多角度的探析与研究。

2. 以学情定教

课堂教学,既要备教材,又要备学生,两者不可偏废。然而很长一段时间里,研究教材成为教师最主要的工作,因为研究教材可感、可知、可凭借,在一定程度上能展示教师的学识与水平。教材因此被开掘得愈加深入,而学生不知不觉被抛到了一边。走进课堂,我们每每发现教学并没有真正地教在学生"学"的起点上,而是教在教师自己的兴奋点上,教在教师的自我经验上,教在教案上,教在习题上,甚至教在考点上……教学一旦建立在教师"视点"之上,离开了对学生的研究与洞察,最好的设计也会成为无本之木、无源之水。因此,我们应该以学情定教,也就是站在儿童的立场上,改变以往固定的思维方式,从儿童的视角审视教材,从学习的起点设计教学活动。

教学的起点不宜过低或过高,要在恰当的起点上选择最优的教学方法与策略,让每一位学生在原有的基础上都得到提高:知识得到积累、能力得到夯实、情感得到熏陶、思维得到历练。而在"教的目标"与"学的结果"之间存在"落差"的情况下,教师就要在教学内容与教学策略的选择上做出相应的调整和改变。调整,是对学生不断变化的学习起点做"处方"式的分析后的施教方案和导学方法的不断改进;调整,不是零星、局部的轻敲散打,而是涉及目标、内容、方法等方方面面的改进；调整，应以增强学生可持续发展的学习力为要义，寻找适合的切入点。即以"学习需求"调整教学目标，以"认知规律"调整教学程序，以"学习方法"调整教学方法。

二、成效的互生互长

将思维的触角探入生命关怀和人格教育的世界，首先探及的不应是策略、方法和手段，而是原点。原点之"原"具有"原初""本原"之意，原点是生命关怀、人格教育思想和行动的根源与根基。实际上，没有一种有关生命或人格的理念和实践没有自己的原点，有什么样的原点就有什么样的理念和实践。只不过，我们过度沉浸于对马上可以见效的碎片式技巧和方法的追寻，反而将那赖以出发的本原之地遗忘。我们最容易关注的是对实践策略和方法有效性的考量，最容易忽略的是将方法的效度与方法得以浇灌、得以产生的源泉——原点联系起来思考。我们常常忘记一个随处可见的事实：方法的低效、无效和负效往往源于原点的错误。换言之，从出发伊始就走错了。我们认为，生命关怀、人格教育有两大原点：价值观和人。而且这两大原点之间存在内在关联，那就是都源于人且指向人，都是为人的生命价值的实现、提升和完善服务的。人是生命关怀和人格教育的主体与归宿。

综合前面所述，我们可以得出如下结论。从生命关怀和人格教育的内涵本质及最终目标上来说，两者不是非此即彼的二元对立关系，不可以孤立地被看待，它们具有相互缠绕、转化促进的结构关系：生命的"质"意味着个体能拥有健全人格，能感受到生命和生活的快乐；而回归生命发展的本质，从整体上来促进生命的发展，则是人格教育应有之责。

（一）两者非彼此割裂而是相互弥漫

1. 生命在人格教育中央

生命在人格教育中央。这不只意味着人格教育要直面生命、回到生命，要以生命起始，满足生命发展的需要，更意味着所有的教育活动离不开生命，所有的教育活动是生命展现的活动，是生命成长的活动。离开了生命，剥夺了生命成长的自由和主动性，就不是真正的人格教育，只能是一种控制、压制和规训，或者是一种异化的人格教育。就其实质而言，人格教育的世界不是人之外的自在的客观世界,而是内在于生命,由生命所参与、创造的世界,即生命的世界。

生命在人格教育中央,需要生命个体具有健康的自我意识。因为生命的自觉是由内而外的,它不是一种被动的认同,而是建立在健康的自我意识之上。所以,在平时的教育教学活动中,我们应该培养儿童认识自己的能力,同时充分尊重儿童,尊重其自主性、独立性。

生命在人格教育中央,需要生命个体具有自由的空间。为此,我们应该培养儿童对自我生命成长的责任意识,对未来设计规划的能力,不要通过排名、排位这些外在的压力和沉重的课业负担、纯科学取向的教育教学管理让自由的生命消失殆尽,而要给儿童自主思考和选择的空间,充分实践和体验的机会,并善于运用启发式教学开启儿童的生命智慧。

2. 成全生命是人格教育的根本使命

人格教育的出发点是人,归宿点也是人。因此,它首先应关注人的发展、人的解放,应引导人追求生活的美好和生命的完善,进而追寻生命存在的意义。人格教育的目的就在于让生命持续不断地成长。对于每一个生命个体来说,人格教育不应该是控制和要求,而应该是一种关怀、一种帮助、一种鼓励、一种唤醒,核心目标应该是让生命的种子具有优良的品质,使生命的种子在内核上发生"聚变"——唤醒生命本身的成长自觉性。

另外,此处所说的成全生命不仅指向学生,同时也指向教师。因此,学校管理者还应该确立"教师立场",把教师当作是具有主动发展意识和能力的生命个体。我们要了解教师的心理和需求,设身处地替教师着想,为教师创设适合其发展的环境。学校是从事精神活动的场所,我们要着重引导教师的精神诉求,唤起教师实现其生命价值的需要。学校管理过程中,我们应该少给教师一些硬性规定,多给教师一些选择权,以及自主发展的空间,这样才有利于教师潜能的开发,有利于教师创造精神的提升。教师有了激情,才能激发学生的激情;教师有了智慧,才能点燃学生的智慧;教师有了生命活力,才能焕发学生的生命活力。

(二)两者非彼此孤立而是相互促进

生命的开放性、生成性、自主性和超越性,说明了生命是一个能动的存在,具有发展的主动性和自主性。其实,教育与其说要"塑造"生命、"变革"生命、培养新的生命,倒不如说尊重生命,为生命的健康成长创造一切条件。面对充满活力和激情的生命,教育的力量是有限的。由此,我们觉得生命关怀和人格教育并不是彼此断裂的,而是相互促进与提升的。

首先,尊重生命是生命关怀和人格教育相互促进与提升的前提。每一位儿童都是一个不断生成、发展和创造的生命体,他们总是在告别过去,走向未来,在向他人、向社会、向自然开放的过程中,生成新的"自我"。教育理应依据人的生命本性,尊重生命的价值,促进生命的发展。教育要尊重生命并促其发展,在一般意义上,就是尊重儿童的人格,顺从儿童的天性,遵循儿童身心发展的规律。面对每一个独特的个体,教育应尊重儿童的差异性、独特性,把儿童看作一个独一无二的生命体,在充分尊重其个性和独特性的基础上,创造适合每个儿童的教育,而不是用整齐划一的教育抹平儿童的"棱角"或"旁逸斜出的枝干"。任何不尊重生命的人格教育,必然是对生命的折磨,亦不可能促进、提升生命。

其次,唤醒和引导生命的发展是生命关怀和人格教育相互促进与提升的关键。生命蕴藏着巨大的潜能,这种潜能处于黑暗的状态,它需要意识照亮。生命哲学家柏格森把意识比作微弱的烛光,这烛光可能燃成熊熊的烈火,使生命呈现出迷人的神奇。人格教育就是要唤起沉睡于生命深处的自我意识,将人的创造力、生命感、价值观唤醒。意识是生命主动发展的力量。只有唤醒发展的意识,才能挖掘生命潜能的力量,生命的促进与提升就有了用之不竭的动力。

最后,提升生命的意义和质量是生命关怀和人格教育相互促进与提升的目的。生命的促进与提升,最高的目标无疑就是"成为真正的人"。因此,人格教育作为一种育人的活动,就应责无旁贷地把推动人的价值实现、提升人的生命质量、促进人的全面而自由的发展作为自己的重大使命。这样,人格教育作为生命成全之学,也就为自己找到了存在的价值与位置。

第三节　实践构想:生命关怀下人格养成教育的操作途径

一、在校园环境中濡染与熏陶

古代诗人谢灵运曾写道:"昏旦变气候,山水含清晖。清晖能娱人,游子憺忘归。"的确,澄澈的环境以其潜移默化的方式感染人、影响人,人的品格、精神在耳濡目染中受到良好的熏陶。

环境如此,校园环境亦如此。由于在不同环境中的人有不同的环境知觉,环境知觉上的差异又导致个体不同的价值观念,因而不同环境中的人,对待同一客观事物会做出不同的诠释,从而获取不同的意义。由此可见,校园环境对小学生人格养成的影响与作用是不言而喻的。

所以,营造自然、和谐、灵动的校园物化环境,全面改善学校教学环境、生活条件,美化、净化、绿化校园,就成了我们孜孜以求的目标。我校环境建设以四种阵地或形式呈现:校舍建筑、校园雕塑、景点绿化和墙面文化。随着校园环境的逐渐完善,我们为师生搭建了一个广阔的人格发展的舞台。它以特有的象征符号潜在或公开地培养全体师生以形成某种思想规范和价值标准。这种教育的独特之处就在于它抛开意识的障碍,让师生在不知不觉中受到濡染。虽为涓滴,却能产生强大的凝聚力和明确的指向性,并且在不断地浸泡、浸染、浸润中造就了校园群体的共同特征和鲜明个性。

(一)在校园环境建设中,人起主导作用

人作为校园环境建设的主导,应自觉创设良好的工作学习环境。好的环境建设可从学校的办学历史、办学理念、办学特色、管理机制、校风学风、人际关系和文化活动等方面进行考虑,它是学校发展、师生成长的引擎。对办学理念系统的设计,其实是对学校灵魂的勾勒,是对决策者的思想、对学校办学实践的结晶进行凝练,从而抽象成广大师生员工的共识。

比如,我们为了把学校的核心价值观——"尊重"转化到学校的环境设计中,着重做了以下两件事。其一,学校的墙壁、楼道等处处从孩子的视角进行设计,而不是从成人的视角设计。我们都知道"让学校的每一面墙壁都会说话",但说谁的话?或许,我们说的常常是成人、名人的话,这当然有必要,但还要说学生的话,甚至家长的话。其二,让孩子们来参与学校环境的设计与保洁。平时,我们经常会有这样的困惑,为什么学校三令五申,要求学生不乱扔纸屑、不随地吐痰,但效果依然不佳。其中最重要的原因可能是校园环境是设计师设计的,保洁则是清洁工打扫的,学生不懂得珍惜。因此,让学生参与学校环境设计与保洁,不仅能体现和渗透学校"尊重"的主流价值观,而且也能促使学生享受并珍惜自己的劳动成果。

当然,教师群体和学生群体在校园环境建设中的地位和作用是大不相同的,以教师为主导的施教者群体代表着校园主流文化的思想价值取向和行为方式。在校园环境建设中,教师群体的重要作用是显而易见的,在进行校园物质文化建设和规划时必须考虑到整体化、人性化、生活化、现代化,尽管可以最大限度地征求学生群体代表性的意见和建议,但最主要的还得依靠教师群体的参与。

中国教育学会名誉会长、北京师范大学教育学部资深教授顾明远先生认为,学校环境建设不是校长一个人的事,而是师生共同努力的结果。在校园环境建设中,最基本的群体是教师和学生,由这两个群体之间的互动而形成和创建的环境体系构成了校园物质文化的整体生态,这是从人化自然的角度来看,人支配和改造着物质文化,而从人的社会化的角度来看,物质文化又反过来对人产生这样或那样的影响。所以,在校园环境建设中,师生群体要创设并利用好校园建筑设施、文化景观、宣传图示等,努力把物理环境打造好,让其积极传播精神正能量。

(二) 在校园环境建设中,"物"起引导作用

"物"作为发挥影响作用的存在体,有着重要的环境美化和人文承载价值。加拿大著名学者斯蒂芬·利考克在《我见之牛津》中写道:"对大学生真正有价值的东西,是他周围的生活和环境。"利考克的话向人们揭示了校园环境、校园物质文化在人才培养中占有极其重要的地位和作用。校园精神文化与校园制度文化是校园文化建设的目的,而校园环境、校园物质文化则是实现校园精神文化建设和校园制度文化建设的重要途径和根本依据。作为校园文化建设的载体,校园环境、校园物质文化是校园精神文化建设中最主要的"硬件"部分,是校园文化直观化、视觉化的一项重要工程。正因为这些物质文化依托的是承载校园精神文化的"人造物",所以,这些"人造物"具有重要的引导作用。由此,校园环境对于学生的心理、思想意识及行为习惯等的影响是直接的、深刻的。

校园中的各类建筑雕塑、景点绿化、墙壁楼道等,凝聚着富有个性和时代特色的校园文化和校园精神。这些物质文化作为呈现形式,可以通过这种形式所蕴含的精神内容去促进师生员工的工作和学习热情,激发创造精

神,同时也能使他们在这种物质文化氛围中形成一定特点的价值观、工作和生活方式,使每一个人都有一种归属感,都以能在这个环境中工作和学习而感到骄傲。从此角度讲,学校的教学场所及各类设施、景观布局等的设计不在于精美和华丽,而在于体现以师生为本的人性化,体现适用、实用和高利用率。

校园环境、校园物质文化建设承担着课堂教学无法替代的价值功能,是全面实施素质教育的潜在课堂。比如,在校园环境的美化中我们选择一些具有象征意义的、人格化的植物,如雪松、翠竹、蜡梅等,师生就会在德行、品质诸方面自然而然受到熏陶,也使得校园环境在促进校园物质文化的健康发展方面发挥相应的作用。可以想象,学生在绿树成荫、干净整洁、充满活力的校园环境中读书、学习,油然而生的往往是温馨、愉悦、舒畅。或许,校园里的每一件雕塑、每一幅书画、每一种花草、每一条道路,并不那么起眼,但师生在特定时间观赏到它们,就会沉浸在健康和谐的文化氛围中,共享清新自然的文化气息,于无形之中陶冶情操,激发上进心与求知欲,促进自身品行、心性等全面协调可持续发展。

总之,校园环境是一所学校潜在的教育资源,它是在长期的教育教学实践中形成的为全体师生所认同的教育因素,集中体现了学校的育人优势和特色,对学生的高尚品格、完美人格的塑造起着"润物细无声"的浸润作用。由此,我们的确应积极创设饱含精神正能量——能进取、讲文明、景优美、促和谐的校园环境,同时,将办学理念凝聚在校园环境、校园物质文化建设中,让每一位进入校园的人的心灵都得到荡涤,让校园真正成为诗意的文化殿堂,成长的精神家园。

二、在校本课程中浸润与蓄积

在"生命关怀""人格教育"等理念的支撑与引领下,我校一向秉承尊重人的个性,尊重个体间的差异,努力为师生的全面而自由的发展创造条件和机会。我们坚信,人人是应造之才,人人是可造之才,要给每位师生搭建公平、公开、公正的发展平台。随着近年来"生长性"校本课程的建构和实施,学校进一步提出"每一位学生在每个年段得到'应有的生长',在某个时段得到'最佳的生长'""每一位教师获得成长和成功的体验"的美好愿景。

（一）课程理念:"原点"与"远点"互相呼应

"生长是生活的特征,所以教育就是生长。"美国教育家杜威言简意赅地道出了教育的本义,揭示了一种新的儿童发展观和教育观。因此,教育不是强迫儿童去吸收外在的东西,而是要使人类与生俱来的能力得以生长。

儿童发展理论也指出,儿童的最大特性是"生长中"。这种"生长"不是赋予的、外加的,而是"主体"自觉的、应然的。因此,尊重儿童时期,尊重生长的需要和时机,不停地改造学生的生活经验,不时地满足学生的生长需要,不断地实现学生的生命意义,便成为"生长性"校本课程的出发点和核心命题。

概言之,就是"生长性"校本课程以儿童的基础和发展需要为本,遵循儿童的认知发展规律,以儿童所接受、所喜欢,有利于儿童创造和发展的方式来表现。其关键是找到儿童发展的"原点",也就是"起点"。找到了发展的"原点",还要探明发展的"远点"。此"远点"就是儿童的"最近发展区",即"儿童的实际发展水平与在教师指导下或在有能力的同伴合作中达成的潜在发展水平之间的差距"。

由此,我们的课程理念定格为:打造"生长的课堂",培养"发展的人"。需要说明的是,此处的"发展的人"既包含学生,又涵盖教师。

1. 打造"生长的课堂"

站在儿童的立场上,遵循儿童的生长方式,关注儿童的生长空间,在课堂教学过程中,既着力于学生生长的"原点",更着眼于学生发展的"远点";既注重学生当下的生长状态——课堂深处充盈着蓬蓬勃勃的生命律动,学生的语言、思维、精神在活泼泼地生长,又"指向远方"——课堂为学生未来的学习和生活积蓄生长的力量,使其萌发生长的向往,拥有良好的生长态势和持续生长的能力。

2. 培育"生长的学生"

（1）语言在生长。学龄前儿童虽能进行简单的日常交谈,但由于其语言发展处在无意识状态中,他们的语言在文法结构、逻辑系统和得体性方面都不很完善与严谨。进入小学后,应使学生的语言由"以自我为中心"向社会化语言过渡,由不规范的语言向规范的语言发展。

(2) 思维在生长。小学阶段,学生的思维以形象思维为主,并逐渐向抽象思维过渡。因此,应引导学生运用分析、比较、推理、综合等方法让思维具有一定的灵活性、深刻性和独创性。

(3) 精神在生长。在养成教育、感恩教育、礼仪教育三大主题活动中促使学生拥有自由、独立的头脑,美丽、丰富的心灵,善良、高贵的灵魂。

3. 成就"生长的教师"

(1) 理念在生长。站在"儿童立场":紧贴儿童的心灵层面,以儿童的认知为起点,充分考虑儿童的身心发展规律、经验、情感等来组织教学。倡导"以学为主":学生是学习信息加工的主体,是教学活动的积极参与者和知识的积极建构者,教师只不过是意义建构的帮助者、促进者、合作者。

(2) 风格在生长。每位教师都是独立的存在。在学校教育教学过程中,教师之间可以相互浸润滋养,但不能剥夺教师"认识自己,成为自己"的机会。教育教学风格应该带有教师的"个体特征":可以是热情洋溢的,可以是温润优雅的,可以是幽默睿智的……

(3) 智慧在生长。教学智慧是一种灵性,一种艺术,但也可外显为具体的可操作的教学行为。它与教师内在的气质、悟性密切相关,但同样可以在实践中得到培养和发展。因此,学校着力引领教师在校本教研、抱团成长中从"技"向"艺"转变,再由"艺"向"道"无限接近。

(二) 课程内容:"基础""拓展"与"特色"交相辉映

"生长性"校本课程的架构,我们统整成三大板块:指向学生基本素质的形成和发展、体现国家对公民素质的最基本要求的基础性课程;指向开发学生潜能,促进学生自主与创新精神、研究与实践能力、合作与发展意识的拓展性课程;指向体现学校办学个性及学生成长特质的特色性课程。

基础性课程,我们梳理成五大类:语言与阅读、科学与技术、体育与健康、艺术与审美、品德与生活。拓展性课程,我们创设了三大类:言语生长性课程(语文和英语)、思维生长性课程(数学和科学)、"线造型"课程(美术)。特色性课程,我们沿袭并升级了原有的生活指导和礼仪教育课程。(见图2-1)

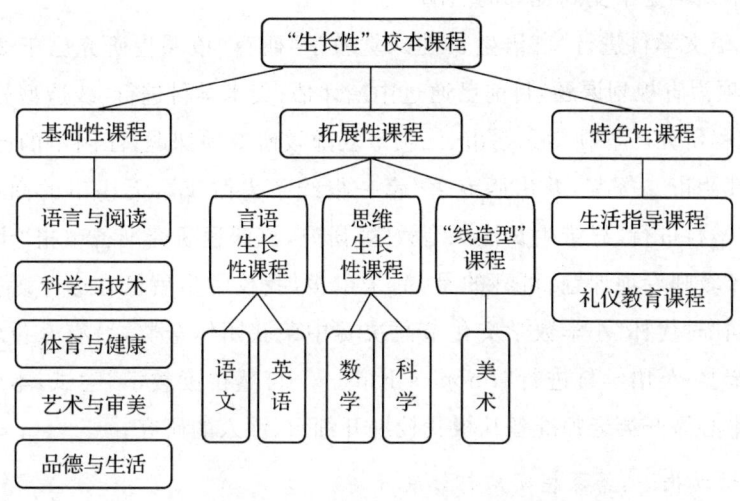

图2-1 "生长性"校本课程架构

基础性课程,旨在体现个体性,目的是促使学生变得"能健体,会审美,爱学习"。拓展性课程,旨在凸显生成性,目的是促使学生变得"敢质疑,乐探究,善沟通"。特色性课程,旨在彰显自主性,目的是促使学生变得"懂礼仪,尚独立,勤反思"。(见图2-2)

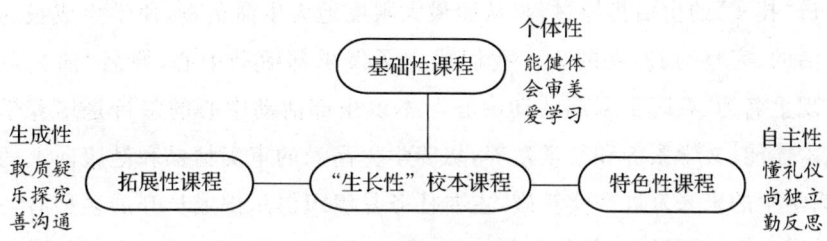

图2-2 "生长性"校本课程特点

(三)课程实施:"学科""活动"与"名师"相辅相成

1. 学科渗透:给课程实施打好底色

这里的学科渗透主要指在教学过程中以"儿童立场"为指导思想,立足于学生语言、思维和精神的生长,教师理念、风格、智慧的生长,适当对学科内容进行整合和重组,从而有效提升学生各学科的核心素养。操作时应注意三点:一是树立渗透的意识,二是潜移默化地进行,三是恰当地把握分寸。这样,学生就在不知不觉中受到良好的熏陶。

如：语文学科进行"言语生长性课堂教学"研究，该课程研究已于2013年11月立项为省规划课题，目前已通过中期评估；美术学科进行"线造型教学"研究，该课程研究已立项为无锡市、江阴市教师教研专项课题，江阴市的已结题，成果获江阴市二等奖，并出版专著《牵一根线条去散步》，无锡市的尚在研究中；数学学科进行"思维生长性课堂教学"研究，该课程研究准备申报"十三五"省市青年教师专项课题，可喜的是，尚未申报，我校学生就已在今年暑假举办的第十届"时代杯"小学数学文化节总决赛中荣获团体金奖，另有5位学生荣获个人金奖；英语学科进行"Phonics Kids——自然拼读教学"尝试，本学期教师发展中心潘开英老师准备扎根我校展开细致、深入的研究。

2. 活动推进：给课程实施打好底气

从人的认识规律来看，活动是儿童认识世界的重要途径，也是儿童成长中不可或缺的环节。因此，我们开展丰富多样的课内外活动，促使学生在娱乐身心的同时，从中汲取营养，磨砺自己，发展自己。

如：礼仪教育课上，我们引导学生了解中华民族作为礼仪之邦在待人接物等方面的习俗。生活指导课上，我们从学生的生活实际出发，以"真实"的生活来促进"扎实"的生活指导过程，从而最大限度地为生命负责，使学生成长为一个鲜活的、完整的、发展的人。我们成立了俱乐部活动中心，原名"蒲公英艺校"，现更名为"春晖俱乐部活动中心"，本俱乐部活动中心的宗旨是培养学生的艺术才能、文学素养和科学素养，培养学生高尚的审美情操和健康向上的情趣，为学生的未来发展夯实基础，主要任务是组织俱乐部成员开展多种有益身心、健康向上的活动，引导他们勤奋学习、刻苦训练，掌握一项或多项技能；积极参与校园及各级各类文体艺术等方面的表演比赛及文化交流活动，推动校园文化的发展，锻炼俱乐部成员的才能。如今，我们已成立了蒲公英文学俱乐部、小芙蓉合唱俱乐部、小百灵舞蹈俱乐部、吴风画社俱乐部、华韵民乐俱乐部、飞天科技俱乐部、晨光蹴鞠俱乐部等7个俱乐部。

3. 名师培育：给课程实施打好底蕴

课程是跳板，学生凭借这块跳板起跳，跳得更高更远；课程是跑道，教师在自己开发的跑道上行走，走得更稳更实。在深化课程改革的背景下，教师"在课程中成长",凸显了一种新的课程意识与视野,亦是教师专业发展的一个新思路,一种新经验,一条新路径。我们凭借以下措施来培育名师并助推教师成长。

(1)读书浸润。教科室每学年推荐1—2本经典著作,如:雅斯贝尔斯的《什么是教育》,佐藤学的《静悄悄的革命》,史怀泽的《敬畏生命》等,促使教师以书为友,在阅读中开阔视野、增加底蕴。鼓励教师常到名师博客"踩踩脚印",如薛法根(语文)、黄爱华(数学)、李镇西(德育)等博客,多学习,多借鉴,并在课程改革与实施过程中留下一点痕迹。

(2)实践跟进。课题组、教研组等围绕课程实施过程中学生学习的实际情况,以及教师教学中出现的共性问题,组织同年段教师通过理论学习、课例研究、连环跟进等方法开展行动研究。研究过程为:选择主题,确定课题;收集材料,学习理论;集体论证,交流研讨;上课听课(或开展活动),课堂观察;课后议课(或活动探讨),总结提炼。

(3)反思催化。听课议课(或活动探讨)时做到"三想""三变":"三想",即一想本堂课(或本次活动)的亮点,二想本堂课(或本次活动)的特点,三想本堂课(或本次活动)的不足点;"三变",即看教师组织教学或活动时,把自己变成学生,思"我喜欢这样的教学或活动吗",看学生参与活动时,把自己变成教师,思"我还能设计更有效的活动吗",听完全课或活动时,把自己变成专家,思"这样的课堂或活动师生都有变化吗"。教育教学活动中要做到"三问":一问要去哪,二问如何去,三问是否已到达。不断地质问,不断地思考,我们的课程实施及改革就会由浅入深,实施及改革效果就会节节攀升。

(四)课程评价:"立体"与"多元"浑然一体

在"生长性"校本课程实施过程中,我们十分重视评价过程的多元性,特别是学生的自我评价与反思、互助分享与协作,旨在通过自评、互评、小组交流、家校合作等形式,逐步引导学生形成良好的评价心理与沟通技巧,为学生搭建一个"真诚与真实""自主与自觉"的评价平台。

1. 约定性评价

课程是师生共建的课程,课堂是师生互动、共同成长的课堂。为此,我们鼓励教师和学生彼此约定、互勉共励、携手并进,从而建立良好的师生关系。

我们将约定落实在课堂上,同时,通过随机听课、调查问卷等形式了解学生和教师的上课情况,并根据实际情况给出合理化的学与教的建议,促其改进。

2. 实证数据评价

基于实证数据的教学评价,力求体现教师的人文关怀:对于某方面特别优秀的学生,即使他别的方面不是很理想,也让他走上讲台进行经验介绍;某位学生学习成绩不稳定或思想起伏较大,就给予更多的关注与引导,便于其发展得更好;某位学生的学习一直处于高位均衡,则可以对其提出更高的目标。总之,我们追求的是统计数据背后人的关怀、人的成长。

3. 特色制度评价

学校制定了"雏鹰争星"等特色评比制度。为了进一步量化,学校还开展了"每月课堂常规评选",设计了"小雏鹰"奖状及贴花,根据一定的评比细则奖励给学生,让这个活动贯穿学生每一天的学习与生活。借助这一竞争机制,学校营造了"自己的事情自己做,班级的事情抢着做,别人的事情帮着做"的氛围。

总之,"生长性"校本课程赋予师生绵延不绝的生长的力量:教师在教育教学中思考、研究、成长,学生在学习活动中体验、历练、生长。

三、在课堂教学中升腾与生长

从生命成长的高度、用动态生成的观点来看,课堂教学涵盖了多重丰富的含义。课堂教学不仅要把培养和发展学生人格纳入每一堂课的每个环节的教学中,而且要把它看作是师生人生中一段重要的生命历程,是师生生命中最有意义的组成部分。对于学生而言,课堂教学是其学习生活最基础的构成,它的质量直接影响学生当下及今后多方面的发展和成长。对于教师而言,课堂教学是其教师生涯最基本的构成,它的品质直接影响教师对职业幸福的感受和专业水平的提升。每一个热爱学生和自己生命的教师,都不应该轻视作为生命实践组成的课堂教学。

然而,我们深切地感受到,传统的课堂教学过程,更关注教师的教,忽视学生的学;更重视知识的传递,忽视能力的培养、素养的积淀。"把学生当作知识的容器"的课堂桎梏了学生活动与探究的深层次体验,抑制了学生心智、能力的主体性发挥,学生的精神世界受到了严重的压抑和致命的摧残。

究其原因,一是教育教学理念陈旧,二是缺乏对课堂教学本质的了解。其实,"课堂教学蕴含着巨大的生命活力,只有师生的生命活力在课堂教学中得到有效发挥,才能真正有助于学生的培养和教师的成长,课堂上才有真正的生活"①。由此可见,只有在课堂教学中着眼"人的成长与发展",才能帮助师生感受生命的美好,体验生命的律动,实现生命的意义。而要达成这一目标,必须从以下三方面实施根本性的转变。

(一)教师观——让教师成为平等中的"首席"

教师的主要角色不是知识的传递者、灌输者,而是学生学习中主动、健康发展的促进者、鼓励者,是与学生在课堂教学中共同实现生命成长的互动者、对话者,即平等中的"首席"。

一方面,教师要与学生建立一种新型的合作关系。教师要由原来高高在上的"传道、授业、解惑"的权威者、统治者转化成为学生学习的合作伙伴;要摒弃自己内心居高临下的姿态,使自己沉静、慈爱和智慧,以儿童之心度儿童之思,以儿童之眼看儿童之见,以儿童之耳听儿童之闻,成为"长大的儿童"。

另一方面,也要重视教师的主导作用。我们不能一说要发挥学生的主体作用,就连学生错误的东西也不敢否定了。正如于永正老师所说,任何时候我们都要坚持"两点论"。教师的主导作用主要体现在思维的引领、情感的带动和语言的表率上。但教师的主导作用不是"外部强加的",而是"内在养成的",是通过自己的人格、教学风格树立起来的。

同时,我们要坚信教师和学生都是"生长需要者"和"自我发展者",都有"生长需要"和"自我发展需要"。我们要善于发现、顺应、养护师生的天性与个性、潜能与才情,让他们的生命得到最大限度的发展,实现他们的存在感和尊严感。

(二)学生观——让学生成为学习中的"主体"

"儿童的成长与发展"不是赋予的、外加的,而是主体自觉的、应然的。儿童是天生的学习者,是能动的主体,他们的学习是在原有认知结构的基础上不断地充实、完善,或者调整、改组原有的认知结构,组成新旧知识统一的新的认

---

① 王奉君.让师生的生命活力在课堂教学中有效发挥[J].考试周刊,2008(12).

知结构的过程。

从"学"的角度出发,我们应把学生装在心中,一切设计均要符合学生学习的认知特点和他们的心理发展规律。我们需要的只是最大限度地尊重、激励学生,给他们时间,允许他们失败,满足他们学习的需要,必要时给予方法的点化,推动他们学习的内部动力,帮助他们"实现意义的获得及自我主体的建构",使学生自然的学习生活得以延伸。

从"教"的角度出发,我们要做到——心中有标、目中有人、手中有法。我们要清楚,课程标准不是用来装饰门面的,而是用来指引教学方向的;以学定教、顺学而导不是用来喊喊口号的,而是用来引领课堂实践的;教学方法不是用来堆砌论文的,而是用来提升学生素养的。

诚如海德格尔所言:"称职的教师要求学生去学的东西首先就是学本身,而非旁的什么东西。"因此,教师要坚守的底线是:让学。

(三)教学观——让课堂成为活泼泼的"学堂"

目前,基础教育课程改革已经稳步进入第二轮课改的"深水区"。课堂是课程实施的主要载体,课堂改革是基础教育课程改革的重要组成部分。从基层中小学来看,深度课改主要是指课堂改革。从当下中小学课堂改革的整体趋势来说,应该是由"教"的课堂积极转型为"学"的课堂。

首先,教师立场应向学生立场转变。何谓学生立场?其一,学生立场不等于以学生为中心。以学生为中心与原来的以教师为中心一样,都将教与学割裂开来、对立起来。这是一种断裂式的思维方式。事实上,教与学是一个整体,所以我们走进课堂,既不能单纯看教,也不能单纯看学,而应看教与学互动生成的质与量。其二,它意味着学生的实际状态成为教育教学的起点和出发点,成为教与学的唯一依据。

其次,应努力倡导"为学生的生长而教"。儿童是独立的存在,他们是自己的主人,他们的生长必须通过自我建构完成,没有人能代替他们生长;儿童具有生长的可能性和不确定性,等待发现与发掘。所以,教学目标的定位应基于学生已有的水平,设置学生可能达到的水平,其间的"距离"就是学生的生长空间。教学内容的选择应基于学生的学习情况,"学生已经会的,不需教;学生能自己学会的,不必教;教了学生也不会的,不能教"。总之,介于"已知"和"未知"之间的,才是正确、精当、合适的教学内容。教学方法的设置应基于学生的实际状态,其实方法本身无所谓好或者坏,关键要看学生的反应以及运用的效果。

20世纪90年代,曾经一度讨论很热烈的话题是:在教育教学中到底应该是以教师、教师的教为主导,还是以学生、学生的学为主体?不少人认为,传统教学是以教师和教师的教为主体的,结果带来的是以教师和教师的教为中心。教学改革应该从打破这一观点入手,转而提倡以学生、学生的学为主体。这实际上是将教师与学生、教与学对立起来,形成要么以教师、教师的教为中心,要么以学生、学生的学为中心的非此即彼的关系。或许,我们可以用中国古代的中庸之道来重新破译教师与学生的角色定义,正确厘定教与学的立场概念,执其两端而用其中,不顾此失彼,不走向极端,力争适中、适度、适宜。这样,我们的学生才敢于和勇于发表见解、自由想象和创造,从而热情地汲取知识,发展能力,健全人格。

四、在引领供养中跨越与聚变

国外关于教师素质的研究表明,教师要胜任教育教学工作,必须具备一定的知识储备和智力水平,但一旦超出一定的临界点,教师的知识储备和智力水平对学生就不再有显著影响。那么,此时此刻对教育教学效果有显著影响的因素有哪些呢?国外一些研究者考察了教师人格这一因素,发现教师拥有良好的人格特征对学生的学习和成长起到了推波助澜的作用。看来,教师人格是影响学生心理发展、情感培养、学习成绩的重要因素。当今世界教育的重心已由"智力开发"转向"人格培养",如此,对教师人格这一特殊教育力量的研究就更具有深远的现实意义和实践价值了。

难怪俄罗斯教育心理学的奠基人乌申斯基说:"固然,许多事有赖于学校一般规章,但是最重要的东西永远取决于跟学生面对面的教师人格:教师的人格对年轻心灵的影响所形成的那种教育力量,是无论靠教科书、靠道德说教、靠奖惩制度都无法取代的。"[①]在我国,大教育家孔子也倡导:"其身正,不令而行;其身不正,虽令不从。""不能正其身,如正人何?"教师的良好人格品质一旦得到学生的认同,就会对学生产生"亲其师而信其道"的心理效能,从而唤醒学生内心潜藏的学习需要,由认同到学习、模仿乃至内化。

---

① 巴班斯基.教育学[M].北京:人民教育出版社,1986.

（一）教师人格可以陶冶学生的心灵

教师人格对学生的引领与影响是多方面的，也是深刻的。我们看到，有的教师平时教育学生讲得头头是道、娓娓动听，但自己言行不一，甚至行为不端，他自己不良的人格使得说教空洞无味、虚伪无力，反而产生不良效果。相反，许多教师废寝忘食、兢兢业业地工作，没有喋喋不休地讲一些大道理，但他却以实际行动、高尚的人格力量深深打动了学生的心，从而对学生人格的塑造发挥重要作用。的确，一个具有健全人格的教师，他可以在工作、生活中，把热情洋溢、乐观无畏的进取精神，把好学多思、审时度势的思想作风，把正直诚实、任劳任怨的高贵品质传递给学生。教师人格的这种教育影响，对学生心灵的荡涤是其他方面的影响所无法比拟的，也是任何其他手段替代不了的，这是一种最现实、最生动、最有力的教育手段。

诚然，教师在学生眼中是一切美好的化身和效仿的标杆，教师的世界观、人生观和价值观，都通过这样或那样的方式，对学生的方方面面产生重要的作用，从而对整个民族产生深远的影响。所以，教师要热爱自己所从事的职业，全身心扑在教育教学工作中，不计较个人得失，把自己的青春和全部精力无私奉献给教育事业。此外，教师健康而丰富的审美意识和审美情趣也十分重要，因为这不仅有益于自身素养的提高，展现出人格美和教学艺术美，更重要的是可以催化学生领悟和体验生活和艺术，让学生学会不只用眼，更应用心灵去感受真善美。

（二）教师人格可以增强师生的情感

教师的人格因素，对学生的情感发展同样具有重要影响。一个情绪不稳定的教师容易扰动学生的情绪，而一个情绪稳定的教师则会使学生的情绪趋于稳定。在教育教学中，教师的工作态度及对所教学科的热爱与敬畏，对小学生的学习态度和学习兴趣具有潜移默化的作用。譬如，教师与学生沟通、交流时，能善解人意、体谅学生，能设身处地为学生着想，不但有助于提高教育教学质量，而且能起到良好的示范作用，从而引导学生逐渐学会关心他人。所谓教育无小事，事事为育人；教师无小节，节节皆楷模。

小学生虽然是孩子，但孩子也是一个有独立人格的社会人，他们有自己的尊严，自己的情感，自己的思考，自己的独立意志和独立追求。作为教师，我们要像对待绿叶上的露珠一样认真细致地善待每一个学生。不因为某个学生成绩好而重视他,也不因为某个学生成绩差而忽略他,一碗水要端平。既做学生的老师,又做学生的朋友,关爱每一个学生的健康成长,关注每一个学生的心理健康。去发现他们的点滴进步,欣赏他们的点滴成功。这样,学生就会对你敞开心扉,你就能走进学生的内心深处,及时了解学生的心理,进行适当的疏通和引导,及时发现学生存在的问题,进行合理的分析和解决。

(三)教师人格可以促进学生学业的发展

从一定意义上来说,教师的学识越渊博、身心越健康,教师的人格魅力就越大,教师对学生的吸引力也越强,教师的教学效果也越佳。性格是人格中的核心因素,最能折射教师的人格是否完善。教师的性格在认识、态度和感情三个方面直接影响学生。其主要表现是:教师理想的性格有利于创造和维持一种舒适而有活力的学习氛围,催生和激发学生对教师及其所授课程的喜爱以及对学习的热爱。教师拥有良好的性格,学生就喜欢教师,学习积极性就高。所以,教师较强的教学组织能力只有与良好的性格特征相结合,才能密切师生关系,使师生产生情感共鸣,从而发挥最佳的教学效果。

教师的人格特征直接影响教学效果,而且这种影响往往是及时见效的。我们认为,教学过程既包括教师传授知识和学生学习探究的过程,还包括师生之间思想、情感等心理活动双向交流的过程。教师的情感、意志和个性等心理因素都从不同侧面影响着学生对学习的态度和学生学习质量的效果。可见,教师的人格不仅决定了教师能否促进学生的人格健康地发展,而且对调动学生学习的积极性与主动性,促进学生学业的进步都具有十分重要的意义。

毋庸置疑,一个人的人格的形成既有先天的不同素质基础,又有后天环境条件的影响,而良好的人格的形成主要取决于后天环境的影响。俗话说"有样学样",小学生的模仿能力特别强。在教育教学过程中,学生永远都不会只是被动地接受教师所"给予"的东西,他们总是要通过自己的观察、模仿和体验,主动地从教师身上去"索取"东西。因此,影响学生良好个性形成的核心因素是对他们进行教育的主要施教者——教师。正如乌申斯基所说:"教师的人格就是教育工作中的一切。""成人的人格的影响,对于年轻的人来说,是任何东西都不能代替的最有用的阳光。"

第三章　环境建设：小学生人格养成的广袤土壤

荀子在《劝学》中说："蓬生麻中，不扶而直；白沙在涅，与之俱黑。……故君子居必择乡，游必就士，所以防邪辟而近中正也。"意思是蓬草长在麻地里，不用扶持也能挺立住，白沙混进了黑土里，就和黑土一样黑了。所以君子居住要选择好的环境，交友要选择有道德的人，这就是用来防止邪僻而接近正道的方法。《晏子使楚》也说"橘生淮南则为橘，生于淮北则为枳"，其差别也是环境不同所造成的。可见，环境对世间万物的影响极其深远。在本章节中，我们将通过对校园、班级和家庭环境的认识与创建，阐述积极向上的环境对影响、陶冶、塑造学生良好人格的重大意义及策略方法。

第一节　环境建设的意义与内涵

一、"孟母三迁"带来的启示和思考

大家都知道"孟母三迁"的故事。孟子年少时，家住在坟墓的附近。孟子经常喜欢在坟墓之间嬉游玩耍。孟母见此情景，就觉得这个地方不适合居住，于是就带着孟子搬迁到市场附近居住下来。可是，孟子又玩闹着学起了商人买卖。孟母又觉得此处也不适合居住，于是又搬迁到书院旁边住下来。此时，孟子便模仿儒生学作礼仪之事。孟母认为，这正是适宜居住的地方，于是就定居下来了。

"昔孟母，择邻处。"社会就是个大染缸，孟母为了自己的儿子从小就有个良好的环境，而为之三迁，择邻而居，真是煞费了苦心。这个故事成为中国家教史上的一段佳话，一直流传不息，它生动而深刻地说明了环境育人的道理：要塑造一个美好的心灵，就需要有一个良好的育人环境。同时也给后人以思考与启示。首先，良好的人文环境对人类的成长和生活是十分重要的。现代的人们不仅要求高品质的物质生活，更需要高品位的精神生活。其次，在个人

空间,在居住方面,在社交圈里,在学习生活中,环境造就人才,环境也淹没人才。最后,内因起主导作用,外因起决定作用,说明环境与一个人,特别是青少年的成长有直接的关系。

二、环境的分类和作用

(一)广义的环境

环境是相对于某一事物来说的,是指围绕着某一事物并对该事物会产生某些影响的所有外界事物。简言之,环境是指相对并相关于某项中心事物的周围事物。环境的好坏也用来形容我们生活的品质,当然,环境也是影响健康的重要因素。

我们通常按环境的属性,将环境分为自然环境、人工环境和社会环境。

1. 自然环境

通俗地说,自然环境是指未经过人的加工改造而天然存在的环境。自然环境按环境要素,又可分为大气环境、水环境、土壤环境、地质环境和生物环境等,主要就是指地球的五大圈——大气圈、水圈、土圈、岩石圈和生物圈。

2. 人工环境

顾名思义,人工环境是指在自然环境的基础上经过人的加工改造所形成的环境或人为创造的环境。人工环境与自然环境的区别,主要在于人工环境对自然物质的形态做了较大的改变,使其失去了原有的面貌。

3. 社会环境

简单地说,社会环境是指由人与人之间的各种社会关系所形成的环境,包括政治制度、经济体制、文化传统、邻里关系等。

(二)狭义的环境

对少年儿童来说,家庭环境、学校环境、社会环境,是他们生存、学习、成长的主要环境。三者之间不同的价值取向、行为标准、教育目的都会影响儿童的思想,对儿童人格的养成起着至关重要的作用。

1. 家庭环境

家庭环境分别指家庭软、硬环境。家庭软环境,是指笼罩着特定场合的特殊气氛或氛围,它诉诸人的内在情绪和感受,对人起着潜移默化的作用,是家庭生活中人与人之间相互联系时所形成的一种气氛。家庭硬环境,是指特定的物质条件,它是人得以发展的基础条件。

家庭环境对儿童健全人格建构起关键作用。"家"是孩子成长的摇篮,孩子的成长总是会打上家庭环境的烙印。就家庭环境而言,既包括家庭的物质环境,也包括家庭的精神环境。物质环境并不是指家庭的豪华装修,而是整洁有序、健康向上的环境,特别需要强调的是,孩子应该有一方专属于自己的天地和活动空间。家庭的精神环境内容很多,它包括家庭的文化氛围、价值取向、人际交往、家风家规、家庭气氛等。对于孩子的人格发展来说,精神环境更为重要。

2. 学校环境

学校环境是展现学校文化和体现办学理念的重要内容,通过具体的符号和环境文化来传达和塑造。学校环境是无形的教育,无字的教科书。它按照一定的视觉流线进行个性化、规范性和统一性的规划设计,营造文化气息浓郁、文化底蕴丰厚、文化主题鲜明、文化特色突出的环境文化,从而提升学校的文化品牌形象。

学校环境也包含物质环境和精神环境。物质环境具体指校容、校貌、自然物、建筑物及各种设施等。这种物质环境自然是一种环境文化,它的作用体现出"桃李不言"的特点,能使学生不知不觉、自然而然地受到熏陶、暗示和感染。它好似一位沉默而有风范的老师,起着无声胜有声的教育作用。精神环境则体现在师生的精神面貌、校风、学风、集体舆论、校园精神、学校形象等方面。它是校园的灵魂,是学校师生认同的价值观和个性的反映,是一种潜在的教育力。良好的精神环境会使人的精神愉快,具有催人奋发向上、积极进取、开拓创新的教育力量。

3. 社会环境

社会环境是对我们所处的社会政治环境、经济环境、法制环境、科技环境、文化环境等宏观因素的统称。虽然,社会环境对儿童学习、生活、成长的影响,没有家庭、学校那么直接,但仍然可以通过儿童所接触的同伴群体、社区环境、大众传媒等产生间接影响。社会是通过新闻媒体、社会风尚、意识形态、人际交往等各种形式,对少年儿童的行为施加多渠道、多方面、多层次、多形式的影响,因此,社会环境在儿童的成长过程中也起着一定的影响作用。

马克思曾说过:"人创造环境,同样环境也创造人。"人的部分行为由遗传决定,大部分行为靠后天习得。作为学生,他们生活在各自不同的环境中,环境不同造就他们不同的思想品质、性格特征。所以,我们只有共同努力营造良好的家庭环境、学校环境和社会环境,才能促进学生良好人格的形成,使他们在家里做个好孩子,在学校做个好学生,在社会上做个好公民。

第二节 环境建设的策略与效果

一、在学校环境中陶冶性情

苏联教育家苏霍姆林斯基对校园环境的创设问题进行了全面的探讨和研究。他在《帕夫雷什中学》一书中,用两章的篇幅分别对"课堂教学和课外活动的环境""校园及其教育作用""校舍内部陈设的教育作用"和"周围环境和劳动在美育中作用"等问题进行了比较详细的论述。他认为,用环境,用学生自己创造的周围情景,用丰富集体精神生活的一切东西进行教育,是教育过程中最微妙的领域之一。因此,对学生来说,良好的校园环境可以使他们心情愉快地学习和生活。由此,学校的环境布置要体现学校的办学理念、办学特色,要为学校发展和师生发展服务。

(一)校舍建筑统一和谐

遥看晨光实小的校园,就能感受到各建筑物之间外表、线条、立面的变化与统一,风格上的协调与呼应。由于建造年代的不同,校园分为东、西两个校区,两个校区的建筑风格略有不同。前几年学校将所有建筑物做了统一修缮,统一外观色彩,从而使学校建筑多样而协调,展现在师生面前的是一个发展中的校园建筑空间。

为了进一步凸显校园文化,也为了增强教师们的归属感,学校征集给每幢楼起名字,教师们集思广益,才有了现在的楼名。东校区有四幢楼,依次为春晖楼、夏阳楼、秋实楼、冬旭楼,意指一年四个季节的轮回,更是提醒学生唯有付出辛勤的劳动,才能享受收获的喜悦。西校区有三幢楼,依次为晨曦楼、晨晖楼、晨星楼,意指每天日月星辰的交替,同时提醒学生珍惜时间、努力学习。

同学们每天穿梭于各幢教学楼之间,体会着每幢楼独特的寓意,学习着各种各样的本领。这样,学校环境就有了语言意义。

(二)雕塑凉亭彰显校风

踏进晨光实小的西校门,迎面是一块大型电子屏,屏幕上色彩斑斓,变幻多端,赋予学校现代化气息。它及时传达学校办学中的一些信息,成为学校发展变化的一个宣传窗口。电子屏后面是一座题为"超越"的大型不锈钢雕塑,厚实的基座是一本摊开的书,顺着书往上看,两只白天鹅舒展着有力的双翅,翱翔在缭绕的云雾间,金色的晨光在它们的翅间闪烁,给人以奋发向上的力量。每逢节日,雕塑四周的地下喷泉冲天而起,水雾迷蒙之中,更增加了一种激越神奇的浪漫气氛,引起师生的遐思。白天鹅也许寓意着孩子们伸展着知识的翅膀,飞向理想的彼岸,去搏击科学的长空,而学校就是他们腾飞的第一支点。在白天鹅雕塑的旁边,是一个天文台式的凉亭,穹隆形的顶部和原子核的造型,呈现出浓郁的文化意味——这里是探索知识的殿堂。

正对西校门,往东50米,有一条横亘南北的长廊,长廊朝西的整个墙面是一幅古铜色的浮雕,上书"自主、探索、合作、创新"八个金黄色的大字,这是新课程改革提出的要求,也是学校教育的宗旨。深褐色的浮雕上,两位手持金钥匙的少先队员乘风欲上,飞向知识的蓝天,拥抱美好的未来。整座浮雕意象生动,大气磅礴,发人深省。

东校区的雕塑比较传统,教室中央的广场上,矗立着一座高大的红色的雕塑,气象生动,形态飞舞。高高的基座上,两条鲜艳的红领巾相互交叉穿越,随风飘扬,托起一颗金黄色的原子核,使之与西校区的主题相融合,代表知识的习得、学生的成长是学校的价值所在。

(三)长廊文化各具千秋

除了外在的标志性雕塑别有寓意,更多的是学校文化的辐射。学校建有礼仪长廊、科技长廊和英语长廊等特色长廊,漫步校园,你会感到浓郁的文化气息扑面而来。

礼仪长廊条分缕析,图文并茂,体现了学校培养学生"做礼仪小绅士,做文明小淑女,做微笑小使者"的教育指向,创设了不可多得的行为规范教育的校本环境。礼仪长廊介绍了孔子、荀子、管仲、左丘明等古代教育家的生平及他们关于礼仪方面独特的见解;介绍了"程门立雪""千里送鹅毛""三顾茅庐""亲尝汤药""晋文公退避三舍""信陵君请侯嬴""谦虚好学的李固"等礼仪小故事,让学生明白自古至今,文明礼仪就是中华民族的传统美德;还详细介绍了自习课礼仪、起居礼仪、待客礼仪、用餐礼仪等学生们当前需要掌握的礼仪,我们在此选取以下几种予以介绍。

——自习课礼仪:自习和上正课一样,不得迟到、早退和旷课,不得在教室做与学习无关的事情;互相研究问题时要注意不得干扰他人学习;不能睡觉,不能传递与学习无关的纸条。

——起居礼仪:要养成按时起床的习惯,即使在寒冷的冬天也不要留恋被窝;起床后要自觉主动地叠好被子,穿衣动作要迅速、有条理;如果父母或家人还没有起床,要轻手轻脚,不要打扰他们;如果父母或家人已经起床,要主动问候"早安"。

——待客礼仪:客人来访,要热情招待,如果父母不在家,要以主人身份接待客人,自己的同学、朋友来访,应热情迎接,并介绍给父母,然后把最佳座位让给客人,可用茶水、糖果、玩具、图书等招待;吃饭时,有客人来访,应主动邀其一起用餐;敬茶果先长后幼、先生后熟,主人必下座,举杯让茶;远方客人来,须备饮食寝室,导厕所,导沐浴;送客要送到门外,并欢迎客人下次再来。

——用餐礼仪:请长辈先入座;等长辈先拿碗筷后,自己再拿碗筷;吃东西或喝汤时要小口吞咽,闭嘴咀嚼,尽量不发出响声;主动给长辈添饭加菜;别人给自己添饭菜,要说"谢谢";先吃完饭要说"大家慢慢吃"。

科技长廊充分展示科技领域的知识,通过一系列丰富多彩、别具匠心的科技展陈设计,让孩子们置身于科技的海洋,感受科技的奇妙之处,激发科技创新的兴趣,为孩子们营造了一个学科学、爱科学的校园文化科技乐园。科技长廊上介绍了闻名中外的科学家,天文学家有哥白尼、伽利略、开普勒;地质学家有赫顿、李四光、魏格纳;化学家有拉瓦锡、道尔顿、徐光宪;生物学家有达尔文、巴斯德、童第周;遗传学家有孟德尔、摩尔根、谈家桢;物理学家有牛顿、爱因斯坦、杨振宁。另外,还图文并茂地详细介绍了蝴蝶的一生、蚕的一生以及人类的进化史。当然,科技长廊重点介绍的还是学生最感兴趣的电、光、星空、能源等科技发展方面的知识。下面就来列举一些。

——电力:电是世界上最有用的能源之一。它不仅能够产生光和热,给我们的生活带来光明和温暖,还能够提供动力,让工厂里的机器运转起来。我们使用的电大部分来自发电厂。在发电厂里,人们先利用水、煤、石油、风等能源产生能量,推动涡轮机高速运转,涡轮机再带动发电机工作,电就由发电机发出来了。

——彩虹现象:彩虹是气象中的一种光学现象。当阳光照射到半空中的雨点,光线被折射及反射,在天空上形成拱形的光谱。彩虹有七种颜色,从外至内分别为:红、橙、黄、绿、蓝、靛、紫。彩虹为什么总是弯曲的?原因一:光的波长决定光的弯曲程度。原因二:与地球的形状有很大的关系。

——日食:我们有时在白天会看到太阳变黑,天空还出现星星,这就是有趣的日食现象。这是由于月球运动到地球和太阳之间,月球遮住了太阳,我们就会看到日食了。

——太阳能:目前,我们利用的能源除核能、地热能、潮汐能外,都是由太阳能转化而来的。我们通常所说的太阳能是指直接利用太阳辐射到地球的能量,它清洁、无污染,是一种理想的能源。

英语长廊内介绍了世界上一些著名的建筑物,中英文并重,用简洁的语言,陈述了这些世界著名建筑的规模、事件、风格、设计者及其地位,对于小学生来说,既能粗浅地了解到世界伟大建筑的基本情况,又通过知识的学习激发自己为创造世界文明而努力的志愿。我们也摘抄几点,看看图片是怎样向孩子们解说的。

——埃菲尔铁塔:1889年建于法国巴黎战神广场,总高324米,是用钢构件连接成的镂空铁塔,设计者为居斯塔夫·埃菲尔。

——拉什莫尔山国家纪念公园:1927年开工,1941年竣工,俗称总统山、美国总统公园,坐落于美国南达科他州基斯通附近的美利坚合众国总统纪念公园,山头刻有华盛顿、杰斐逊、罗斯福、林肯四位总统的头像,高大雄伟,气势磅礴。

——悉尼歌剧院:坐落于澳大利亚悉尼市区北部,贝壳形屋顶,南北长186米,东西宽97米,由歌剧院、音乐厅和贝尼郎餐厅三部分组成。是20世纪最具特色的建筑之一,也是世界表演艺术中心。1937年落成开放,2007年被联合国教科文组织评为世界文化遗产。

——圣保罗大教堂:坐落于英国伦敦泰晤士河北岸纽盖特街与钮钱街交角处,17世纪末建成,巴洛克风格建筑的代表。以圆形屋顶闻名,是世界第二大圆顶教堂,亦是世界五大教堂之一。建筑设计者为英国著名设计大师、建筑家克托弗·雷恩爵士。

学校环境要回归人性,成为人性空间,承载师生的欢乐,表现师生的精神,记录师生的音容笑貌,这样的学校环境才有历史感,才有文化感,才有成就感,才能让从这里走出去的学生始终难以忘怀。因此,在晨光每幢教学楼的走廊里,悬挂的大都是学生自己创作的书画、手工作品,内容多样,精彩纷呈。另外,在某些教学楼的走廊里,还利用醒目的图片,对一些民间文化做了简洁明了的介绍,有商周时期的青铜器、汉画像砖、唐三彩、杨柳青年画、皮影戏、陕西剪纸、惠山泥人等,潜移默化地对学生进行民间传统文化的传播。还有,学校重视课内外阅读,因此楼梯口呈现的是"书籍是培育我们的良师""书痴者文必工,艺痴者技必良"等中外名言。学生在路过的时候,时时都能受到这些名言警句的激励,指引着他们读好书、好读书。东校门口近五十米的宣传长廊内,则介绍了学校历年来获得的荣誉、校内德艺双馨的优秀教师、学校开展的校本研修以及各级各类活动,向社会展示了学校开展素质教育的累累硕果。

(四)多样绿植生机盎然

环顾晨光实小的校园,植物种类繁多,绿化布置合理。学校一年四季郁郁葱葱,让师生体验植物的美意,体会人与自然的和谐。

春天来了,晨曦楼后面的广玉兰开花了。瞧,玉兰花瓣是桃形的,五片洁白如雪的花瓣围绕着黄黄的花蕊,像白蝴蝶一样栖息在枝头,真是美丽极了!那白白的玉兰花,素装淡裹,晶莹皎洁,亭亭玉立,看着它,大家会情不自禁地产生一种洁净高雅的高尚情怀。

在炎热久旱的夏天,其他植物早已垂下了头,学校围墙上的仙人掌像勇士一样抬着头,眺望那蓝蓝的天空。它虽然浑身是刺,不如牡丹那样冠群绝芳,不如桂花那样十里飘香,不如水仙花那样雅洁清新,但它却有着极其顽强的生命力,值得我们每一位师生学习。

秋天到了,晨星楼后面的石榴结果了。看,它们一个个绽开娃娃般可爱的圆脸和笑口,争相向人们报告着成熟的喜讯。那石榴个个都咧开了嘴,有的甚至笑破了肚皮,露出玛瑙般的子儿,颗颗晶莹透亮。下课了,小朋友们三五成群来到石榴树下,仰着脖子,咽着口水,恨不得伸手去摘一个细细品尝,也来享受一下成熟的喜悦。

冬天不知不觉来到了校园,大部分花草都已凋谢,而校园里的雪松、翠竹、蜡梅依旧挺立在风雪中。每到这时,总能看到语文老师领着学生前来观察它们的生长状态,学生从中感受到的是坚贞不屈的意志和高洁的品格,从而使自身品格情操的发展得到提升、完善。

学校还有着无数大大小小形状各异的草坪,本着生态化、景观化和功能化的原则,在大面积的草地上,特意用各色石头拼接出了一些小路,方便大家走路,也放置了一些石凳,供大家休闲或学习,给平淡的绿地毯增添一些人气。柔软嫩绿的草毯,素淡的树荫,在惬意舒适的花园式校园里,不论参加体育运动,还是文化活动,抑或学术社团,我们总能感受到一种美,是热情洋溢,是青春生气。

多年来,晨光实小根据自己的特色,多方面、多角度开展校园环境建设,依据孩子的心理特征、思想特点,实实在在地从孩子的基本心理素质、基本道德要求抓起,用养成教育理论涵盖小学阶段教育,把教育目的和环境布置融为一体,精心设计校园的每一个角落,让每一处风景都有独特的韵味。学生在这样的环境里读书、学习、交流,体会到的是与时俱进的教育理念,感受到的是浓浓的书香气息和积极向上的学习氛围,从而在思想上、心智上走向成熟。

二、在班级环境中张扬个性

教室是学校的细胞,是学生学习、生活、交往的主要场所,是教师授业、解惑、育人的重要阵地。良好的班级环境不仅可以使教师拥有舒适的工作环境,以提高其教学效率,增强其教学效能,还可以为学生提供惬意的学习场所,促使其提高学习效率,身心获得健康发展。概言之,整洁、明丽、温馨的教室环境可以激发性情、陶冶情操,给人以启迪。

(一)目标引领,体现班级风貌

还未走进晨光实小的教室,教室门旁的"班级展示牌"便会首先吸引你的眼球。展示牌上的内容是开学初,由各班班主任和全体学生共同讨论商定写好的,分为"班级宣言""班主任寄语""雏鹰争星"三个部分,它体现了每个班级的班级风貌,时刻提醒每个学生都应该在这个集体中不断挖掘自身潜力,实现自我,为班级荣誉贡献力量。

1. 低年级班级展示牌凸显童真

——采蜜园。班级宣言:小蜜蜂,小蜜蜂,小小年纪我最行。天天向上爱学习,做个勤奋好学生。班主任寄语:老师希望同学们像小蜜蜂一样勤劳、团结,天天有收获!

——蓝贝壳之家。班级宣言:今天,我们是小小贝壳;明天,我们是耀眼珍珠。班主任寄语:蓝贝壳之家是我们学习的乐园,是我们扬帆挺进的驿站。希望同学们在蓝贝壳之家里学会求知、学会做事、学会做人,快乐成长!

——蒲公英基地。班级宣言:小小蒲公英,不怕风和雨,风儿轻轻吹,快乐满天飞。班主任寄语:老师祝愿你们像阳光下的蒲公英,带着梦想,自由飞舞,带着希望,随风飘荡。

——葵花朵朵。班级宣言:葵花朵朵向太阳,团结奋进永向上。班主任寄语:希望同学们像向日葵一样满怀感恩之心,以春华秋实回报大地、阳光、雨露和园丁的培育。

2. 中年级班级展示牌彰显个性

——海豚中队。班级宣言:畅游学海,快乐你我,我们是一群聪明可爱、勇敢向上的小海豚。班主任寄语:愿你们像海豚那样,拥有聪明的头脑,不怕困难的雄心,在知识的海洋中遨游,努力拼搏,不断进取!

——绿色爬山虎。班级宣言:脚踏实地、坚持不懈,享受成长的快乐;百折不挠、勇往直前,创造生命的奇迹。班主任寄语:让我们把根深深扎进土壤,向着更高更远的目标出发。相信大家努力了,付出了,必将得到收获!

——蚂蚁部落。班级宣言:蚂蚁虽小但很有力量,蚂蚁虽弱但懂得合作;蚂蚁遇到困难永不退缩,蚂蚁面对失败从不气馁。我们是一群快乐的小蚂蚁,幸福地生活在晨光校园里。班主任寄语:希望你们在这个大家庭中懂得尊重、学会关爱、团结协作,拥有快乐、平安、充实、博学、幸福的人生。

——爱心驿站。班级宣言:点燃爱的火花,播下爱的种子,让生命沐浴绿色的希望,在爱的土壤里茁壮成长。班主任寄语:只要人人都献出一点爱,世界将变得更加美好。让我们大手拉小手,共同撑起一片爱的蓝天。

3. 高年级班级展示牌树立理想

——梦想方舟。班级宣言:人生因梦想而真实和厚重,因梦想而坚强和刚毅,坐上梦想方舟,乘风破浪去远航。班主任寄语:有梦想的人生是幸福的,有梦想的生活是火热的。孩子们,就让我们载着梦想出发,乘着方舟开创自己的一片新天地吧!

——星星火炬。班级宣言:星星火炬,可以燎原。高擎火炬,迎接明天。我们坚信,认真了,付出了,必将成功!班主任寄语:昨天,无论是快乐抑或悲伤,都已过去;明天,无论是成功还是收获,都在招手。在小学阶段的最后一年,追寻自己的希望,努力实现自己的理想。

——π,无止境。班级宣言:学习就像 π 一样,没有规律,永无止境。班主任寄语:同学们,你们要向祖冲之学习,做一个勇于探索、执着追求的人,去迎接学习过程中一个又一个的挑战,成为一个有作为的人。

——鸿鹄之志。班级宣言:放飞梦想,快乐成长;志在蓝天,鸿鹄翱翔。班主任寄语:燕雀没有鸿鹄之志,因为燕雀没有鸿鹄矫健的翅膀;愿你们练就过硬本领,早日搏击长空!

(二)榜样示范,激发学习动力

为了进一步调动学生的学习积极性,近年来我校德育处还要求各班在班级内增设了新的文化阵地,主要宣传每个月班级内在德、智、体、美、劳等各方面有突出表现的学生,以此来激励大家的学习动力,争做"四好少年"。"我行我秀""荣誉殿堂""星光灿烂"等都是我校在班级文化建设中开辟的文化阵地。

那些学生是如何评选出来的呢?本着"公开、公正、公平"的原则,到了每个月的月末,首先由班主任组织全班学生填写"江阴市晨光实验小学学生在校礼仪一日常规考核表",在自评的基础上,进行组评和师评,让每个学生对自己本月的表现有个初步的了解,接着在班队课上由学生推荐、大家投票,按照得票的高低最终选出"积极思维奖""勤学守纪奖""作业优秀奖""文明礼仪之星"各五名,并颁发奖状。另外,学生还有机会把自己的照片及资料张贴到教室的指定墙面上,即刚才所述的"我行我秀""荣誉殿堂""星光灿烂"等栏目中。到了下个月,重新填表、重新推荐、重新投票,经过这样及时调适,就能督促学生每个月都要好好表现,做到有始有终。

每个学生都非常重视每个月的评比机会,因为一旦被评上,照片就会发布在西校门口的电子屏幕上,这是何等的光荣,这种自豪感是无法用语言描述的。而且,只有每个月得到奖状的学生,到了期末才有资格评选"三好学生",这样也保证了"三好学生"评选的公正性。这样的墙面设计无疑是最具说服力的,也是最具教育意义的。

(三)创意设计,展现学生风采

教室板报不仅仅是为了美观,教师应在教育目标的指引下,针对学生身心特点,有目的、有计划地进行板报设计,把教育意图渗透其中,让每一处的板报都发挥教育功能。

以往,许多教师只从自己的兴趣、爱好、特长出发去装饰板报,很少顾及学生的主动性、主体性。前后两块黑板都是教师自己写好,学生从不参与,学习园地上陈列的也往往是教师精心制作的几件工艺品或从学生作品中挑选出来的几幅杰作,大部分学生的作品被冷落在柜子里。这种按成人心态、眼光来布置的教室,制约和影响了学生的主动性、积极性、创造性的发挥。

基于以上思考,我校的教室板报布置鼓励学生自主完成,意在调动每一位学生的积极性,发挥每一位学生的创造力。学生积极参与板报设计并定期更新,让每一处板报都会"说话",这样也利于良好班风的形成。

例如,前黑板上的每周目标、班规班纪,都是结合本班的实际情况,由班干部牵头,经过全体同学的讨论之后制定和实施的,其在日常教学过程中发挥了班级制度的强制作用与激励作用。布告栏内作息时间表、课程表、体育活动表都由学生张贴,时时提醒学生遵守时间,认真上好每一节课。中队角少先队手册上班干部会议、班队活动也由学生记载,做到规范齐全,是培养小干部的阵地。

又如,黑板报的设计也大胆放手,让学生围绕传统节日、行规训练、社会主义核心价值等参与布置,做到每月有主题,是班级教育的宣传窗口。三月份结合学雷锋活动、三八妇女节、植树节,黑板报的主题就是"与文明同行";四月份是我校心理健康月,因此黑板报的主题就是"阳光心理";五月份结合五一劳动节,黑板报的主题就是"五月礼赞";六月份结合六一儿童节,黑板报的主题就是"七彩六月";九月份是我校行规训练月,黑板报的主题就是"小学生行为规范";十月份结合十一国庆节,黑板报的主题就是"欢度国庆";十一月份11月9日是消防日,为了增加学生的防火意识,黑板报的主题就是"消防安全";十二月即将迎来新的一年,黑板报的主题就是"快乐元旦"。为了进一步激发学生的兴趣,在每个月的月末,学校大队委都会统一进行评比,并在学期末通过广播进行全校表彰。

再如,学习园地也不再像以往一样一成不变,教师会结合学校、班级开展的活动,定期更新学习园地的内容。当美术课上教学画脸谱时,学习园地上便会呈现学生创新设计的各式脸谱;当综合实践活动课教学做灯笼时,学习园地上便会出现学生精心设计的手工灯笼;当语文要写字考级时,学习园地上又会出现学生端正、规范、整洁的优秀书法作品。通过这样的不断更新,可以使大部分学生都有机会感受到学习的快乐、知识的魅力。

我们发现,学生对自己参与创作的板报、学习园地等更感兴趣,尤其是对展示自己作品的板报、学习园地有着特殊的感情。因为这样的板报和学习园地会引发学生的成就感和自豪感,同时参与创设的过程也使他们感到有趣、感到满足。

(四)多元文化,促进学生发展

班级环境要突出班级个性,应积极引导儿童用自己的方式来表现他们自身对世界、对自然的理解。教师要鼓励学生细心观察周围环境的变化,激发学生的强烈兴趣,为学生的个性化活动提供广阔的空间,从而大大强化环境与学生的互动。

例如,阅读可以增加我们的知识储备量,让我们多方面汲取人生的智慧和经验,弥补我们自身的不足。但是随着电子产品的普及,越来越多的学生不会整篇、整本的阅读。我们敏锐地捕捉到了这些不足,近年来非常重视学生的课外阅读,除了定期到学校图书馆借阅这一种阅读途径,很多班级的学生还自发带来了图书,成立了"班级图书角",并设立了专门的"班级图书管理员",班内学生可随时进行借阅,这大大增加了学生的阅读量,拓宽了学生的知识面。

又如,思想品德课上学习了"春天来了"一课,为了让学生对植物的生长过程有进一步的了解,教师便呼吁学生带些绿色植物到教室,既可以观察植物每天的生长过程,了解植物的生活习性,还可以培养学生的责任心,让学生学会关爱植物。另外,绿色能对大脑产生刺激,令师生放松紧张的情绪,而且绿色能吸收阳光中对眼睛有害的紫外线,常看绿色植物对保护大脑和眼睛大有裨益。

再如,春联是中国独有的春节民俗形式,是传统文化的重要组成部分,其格律的严谨、寓意的深邃、形式的优美是外国文字所无法企及的,但是在现代文化的冲击下,中国人对春联越来越陌生了。为了让学生对春联有更深刻的认识,语文课学习了"春联"一课后,教师便组织学生写春联,并将一些优秀作品张贴到班级的前后教室门上或两边的墙壁上。

丰富多彩的班级文化,引领了健康向上的学风和班风,彰显了学生的自主管理能力,也给学生提供了展示的平台,张扬个性的舞台。所以,我们要挖掘班级环境的育人功能,增强学生与班级环境的互动,给学生提供更多的时间和空间去探索、去创造,让环境点化、浸润学生,使学生的身心得到全面、和谐的发展。

三、在家庭环境中涵养素质

个体的发展主要是受遗传因素和环境因素共同制约。"一母生九子,九子各不同",这说明遗传素质是有差异的。但是,我们认为,从孩子的终身发展来讲,仅这种有差异的物质存在是不能决定学生学习自主性水平高低的,环境的作用才是最为关键的。我们知道,儿童的价值观念、认知的方式方法等都是首先通过父母的过滤,以高度个体化的、有选择的形式传递给儿童的,所以,我们认为家庭环境在孩子成长过程中的作用尤为重要。

家庭环境塑造着孩子的个性和人格。著名教育家鲁洁认为:"家庭不仅影响受教育者的在校学习,而且深入塑造他们的全部个性和人格行为,家庭教育复制着现实的社会关系,孕育着未来社会的风貌。"由此我们不难看出,家长的言传身教,甚至一言一行都对子女的成长与学习有着不可忽视的影响。本章开头提到的"孟母三迁",说明古人早就认识到环境对于子女教育的重要性。

那么,家庭环境该如何营造,才能让孩子的身心得以健康发展、各项素质得到涵养呢?

（一）环境布置温馨美好

关于家庭环境，派克(R. D. Parke)把它分成两种变量：物理变量和社会变量。物理变量主要指除人之外的物质条件及其组织和安排，比如玩具、书本、电视、物品摆放的条理性和背景刺激等。社会变量是指家庭成员中人与人之间的关系。研究表明，与喧闹、拥挤、无规律的家庭相比，安静、宽敞、规律性强的家庭环境对儿童早期的认知发展是有好处的。

1. 房间布置心满意

我们建议父母按照自己的意志，把整个家庭环境布置得大方、优美、清新、典雅的时候，也要考虑孩子的主体地位，让他们充分参与房子的设计和装饰、物品的规整和摆放。孩子的房间，是一个独立的小天地，整个空间的色调应在变化中求统一，活泼中求和谐。让孩子参与创造这样的环境，对他们来说则很重要。他们在布置自己房间的过程中，充分表现自己的思想和性格，发挥自己的想象力和创造力；他们也在创造的过程中，培养对家庭的热爱和美好生活的追求。因此，尽管儿童的生活空间是以物质为基础的，而创造这个空间的过程却充满亲情，是他们精神生活的重要组成部分。我校二年级（一）班小杨同学，一下课就拉着老师"唠嗑"。"老师，你知道吗，我的房间可漂亮了。我给它取名海洋房。""老师，这个房间是我自己设计的，我经常梦到自己在海边捉螃蟹。""下次家访，你一定要来我家，去我的房间参观一下，好吗？"他的班主任还发现，有一次布置了主题为"我的家"的写话练习，小杨同学超水平发挥，写得特别出色。他不仅把自己的房间布置写得有条有理，而且还把装修房间的趣事融入其中，完全是真情流露，得到了大家的肯定与认同。当然，我们还可以采用让孩子自己挑选床品、装饰物，自己整理书桌床铺，自己摘抄或设计励志名言等方式，让孩子"恋"上自己的家。独立的空间，自主的设计，这么温馨的环境一定能滋养孩子的快乐情感。

2. 书香浓浓伴成长

沙翁曾饱含深情地说："生活中没有书籍，就好像生活中没有阳光；生命里没有书籍，就好像鸟儿没有了翅膀。"书可以陶冶人的性情品德，让人有与圣贤为友、与经典同行之感，美文美心，从而奠定健全人格。孩子的成长又怎能离开书的陪伴？为了点燃孩子和家长的读书热情，我校多年前就定期进行"校十佳书香学子""校十佳书香家庭"的评比。《春晖报》上，我们经常选登家长朋友们的"亲子阅读感言"。如六年级（三）班小兰妈妈这样写道："女儿是小学六年级的一名学生，在我们的潜移默化的影响下也特别爱读书。《十万个为什么》《上下五千年》《钢铁是怎样炼成的》等书籍百看不厌。我们也经常带她逛书店，她呢，也总是见书就不挪脚，现在的课外读物已经是满满一书架，但还要我们再给她买书。由于好读书的缘故，她被学校评为'校十佳书香学子'。另外，她有3篇作文曾刊登在《江阴日报》上。"又如四年级（五）班浩浩爸爸这样说："现在我家已拥有3个书架800余册图书，电子图书1套，左邻右舍经常来我家借书、谈书，这样，我们的邻里关系也更为和谐。看书是一种乐趣，因为书能让我们分享更多快乐、更多知识，我们这个三口之家要继续与书为伴，在书的海洋中尽情遨游。"在班级 QQ 群里，清灵同学的家长这样感慨："书籍是人类进步的阶梯，是人类的精神食粮。在和孩子一起读书学习的过程中，我们深深地感到，进行亲子阅读，既能增进家长和孩子的感情，又能激发孩子的学习兴趣，还能增长我们的见识，形成全家共同学习的氛围，可谓一举三得。在陪孩子一起读书的过程中，遇到精彩的内容，我们会和孩子一起大声地朗读；碰到奇思妙想，我们会和孩子一起尽情地探索……"

腹有诗书，其品自高；腹有诗书，其德自谦；腹有诗书，其身自正。爱读书的人，谈吐清新而不凡，举止稳重而端庄，思想活跃而深刻，自信但又不自负。"让书香满庭"成为我们所有家庭追求的目标，让读书成为家庭生活中必不可缺的一部分，让孩子在家中时时感受到书的气息和馨香。愿这一路的书香，伴随着孩子健康快乐地成长。

（二）亲子关系和睦愉快

亲子关系是我们来到人世间的第一人际关系，对我们每个人的身心健康都有着重要作用。不良的亲子关系可能会导致孩子的心理问题，例如，缺乏安全感、对社会不信任、自卑、逆反心理等。建立良好的亲子关系，是家庭教育的核心任务之一。每到新学年开学初，我们在"家长学校"与家长朋友们的沟通互动中，一再强调家长要努力与孩子建立和睦愉快的亲子关系。

1. 家庭成员和睦相处

家庭成员之间，特别是夫妻双方要互敬互爱、和睦相处，孩子生活在这样的家庭中,自然会感到温馨和幸福。有这样一个故事我们曾与家长分享:还记得那个口吃的国王艾伯特吧——当他有了自己的家庭和孩子之后,他做出了与父亲完全相反的事情。他和蔼可亲,对孩子非常宽容,不再采用传统王室的严格教育,而是营造了一种可称为"中产阶级皇室家庭"的家庭氛围。艾伯特经常称他们家是"我们四个",他们是真正亲密无间、彼此相爱的四口之家,他的两个女儿生活得非常快乐和自由——大女儿就是现在的伊丽莎白女王。艾伯特的一生,为我们所有做父母的带来启示:当孩子还小的时候,你种下什么种子,就会结什么果实;而且,一旦种子播下,后面无论你费多少工夫去修建、嫁接,都很难改变;多花点时间陪伴孩子,尊重孩子,给孩子一个良好的家庭氛围,那比什么都重要。所以,我们这样建议家长:利用假日开展家庭娱乐活动,利用双休日全家人到大自然中去游玩;家人之间要互敬互爱,如有一些小矛盾,也不在孩子面前爆发。健康的家庭应经常充满欢声与笑语。

对于单亲家庭来说,更应重视亲子关系的培养和巩固。如果单亲家庭疏忽对孩子的心理关注,疏忽亲子关系的建立和巩固,将造成诸多的问题。我校在2010年和2011年,连续两年在一个年级进行一项"关于学生行为偏激、性格怪异"的调查。调查结果显示,行为偏激、性格怪异的学生数量,单亲家庭的远远多于双亲家庭的。单亲家庭的孩子因为缺少父母的引领与关爱,往往学习自觉性很差,学习的自信心不足,学习成绩也比较落后。现代社会,离异家庭数量日趋增多,导致越来越多的孩子生活在单亲家庭,基于这样的现实情况,我校在每学年新生家长会上,都会就这个话题展开讨论与交流。我们告诉家长:即使父母因为种种原因不得不分开,也要做到定时陪伴孩子,要让孩子仍然感觉没有缺失父爱和母爱。

总之,孩子生活在充满欢乐和谐的家庭中,就能从温馨和睦的家庭氛围中感受生活的美好,从而促进身心的健康成长。

2. 亲子活动丰富多彩

研究表明,开展丰富多彩的亲子活动,既能满足孩子对父母的情感需要,同时又能进一步密切教师与家长的关系,形成家校合力。人生没有第二个童年。童年时期来得快,去得也快。成长中的孩子对于他目前的需要常常迫不及待地想立刻实现,过些时候有些事就会显得太晚了。童年时,若未获得充分的食物和良好的教育,他将无法面对未来我们所期望他接受的一切事物。若在他童年早期即缺乏正常发展个人智力、生理以及与他人的人际关系的机会，往后将难以弥补这份遗憾。这段他印象最深刻、最渴望学习以及已经准备好学习的时刻将不复重现。

　　亲子活动五彩纷呈，我们可以按孩子的年龄和个性特点来进行独特设计，也可以结合学校活动进行。比如，我们建议低年段的孩子开展趣味性活动：成语接龙、顺口溜比赛、手工DIY、室外骑车、家庭KTV等；中年段的孩子开展与学校密切联系的学科活动：纸牌24点、速算比赛、手工艺品制作、英语情景剧表演等；高年段的孩子开展合作指导性活动：短途旅游攻略设计、玩魔方比赛、义工活动、学包馄饨饺子、玩卡丁车、做烘焙蛋糕等。亲子活动丰富了孩子们的生活，增进了家长和孩子的友谊，它作为一个平台，给孩子一个在家长、老师面前表现自我，施展个人才华的机会；而家长们通过亲子活动也更加了解、贴近自己的孩子；而我们老师，更是在活动中与家长进行了充分的交流与沟通。通过这样的亲子活动，我们感觉到，无论是家长还是老师，都应该多创造一些条件，让每一个学生都有表现自我的机会，从而快乐、自信地成长。

　　亲子活动是在一种真实情境下的示范式的参与指导，实现了活动与指导的有机融合。亲子活动中，家长既是活动的承载者又是活动的传递者，活动调动了他们参与的积极性，使他们获得正确的育儿观念和育儿方法，并将观念和方法融入与孩子的日常相处中，最终实现孩子的健康和谐发展。这种发展是全面的、立体的、丰富的，实现这种发展是我们开展亲子活动的根本目的。

　　3. 家庭二孩关注周全

　　自我们国家全面放开二孩政策出台后，很多家庭选择了再生养一个孩子。二孩家庭固然热闹喜气，却也面临着诸多棘手问题。比如我们经常听到家长们如此诉苦：老师，我家孩子不听我话啊，跟我反着来，怎么办？我家孩子总是喜欢乱发脾气，这是怎么了？有时，班主任在周末还接到这样的电话：老师，我家小A就是不肯写作业，怎么办？我家丫头把门反锁了，会不会出什么事啊？诸如这样的问题不胜枚举，在家长会自由讨论时总能掀起小高潮。其实，这就是一个"亲子关注"问题。家有二孩、三孩，很多家长忙于对小小孩的照顾，疏于对大孩子的关注。长久地被忽视、被冷落，甚至是被责骂，大孩必然出现这样那样的问题。四年级（三）班小雨同学，他也生活在二孩家庭中。但他阳光开朗，自信大方，与同学老师都能友好相处，是大家公认的"魅力少年"。为什么呢?据他妈妈介绍,在要二孩前,家庭会议召开时正式邀请小雨参加,认真征求他的意见;在二孩出生后,他们悉心引导小雨照顾妹妹,并褒奖有加;每天睡前,再忙她都陪小雨看书聊天;双休日和寒暑假,她和小雨爸爸都尽量陪小雨出去游玩。我们看到,因为小雨妈妈重视这样的亲子关系的建立,所以才能与孩子和谐地相处,小雨才有如此良好的个性品质。所以,我们班主任在接手新班级时,应特别调查和关注每一个孩子的家庭状况。我们可以组织一个"二孩家长沙龙",这样,既有利于班主任深入了解这些孩子的心理状态,也可以让这些家长互动交流,及时获得更多适合自己与孩子相处的方法。

良好的亲子关系应建立在民主、平等、信任、尊重和爱的基础上。父母要学会与孩子沟通,通过言传身教,把理性的教化、爱的滋润、美的熏陶有机融为一体,倾注到孩子的成长过程中。

(三)教育方法民主科学

教育孩子是每个家长的责任和义务,父母的言行会对孩子的成长产生潜移默化的影响。家长必须不断学习家教知识,给家庭教育注入新的理念与思想;家长要不断提高自身素质,一言一行、事事处处为孩子做出表率,使孩子受到良好的品德熏陶;家长要紧跟时代发展,不断吸纳新思想、树立新观念、研究新方法,做智慧型的家长。为此,我们学校经常借助"家长学校""家长会""校园网""家委会"等平台,积极努力与家长朋友们沟通交流,力图改进他们的家庭教育方法,帮助他们营造和谐的家庭教育环境。

1. 以身作则,力求榜样示范

在每一个孩子身上,都能看到父母的影子。这不仅是遗传基因的作用,而且是父母的性格、感情、行为、语言等多种因素相互影响、共同作用的结果。父母的言谈和行为是心灵的声和形,孩子会在耳濡目染中引起思想感情的共鸣。在家长会上,班主任老师向家长推荐微视频 Children See Children Do 和《学生心中的好家长》这两个视频,其实对他们来说就是一面镜子。第一个视频源自国外的一个公益短片。它没有一句旁白,视频中的孩子用自己的眼睛,观察着家长在生活中的一言一行,随地吐痰、乱扔垃圾、抽烟酗酒、赌博成瘾等。孩子看到了什么,就会学着去做什么。学着做什么,又将留给下一代什么。所以,这就是榜样的"力量"。如果这种力量是正能量的,那孩子学到的也将是阳光行为。第二个微视频中有许多调查统计数据。这些数据表明,家长们在家对孩子不停地唠叨、时不时地施加暴力,或者过分地宠溺等,这些行为都不受孩子欢迎。有的家长在生活中对孩子教育是一套,自己的行为又是一套,自相矛盾、言行不一,这样更不受孩子的欢迎。家长们能从这两个视频中找到自己的影子,看到自己身上存在的问题,从而修身养性、以身作则,为孩子的成长做好榜样。

2. 民主平等,懂得尊重孩子

在现实生活中,我们不难发现,家长手中有七把"可怕的刀",是它们让孩子感受到了不平等,是它们拉远了孩子与家长的心灵距离。① 比较。使孩子失去了自信,走向了自卑和嫉妒。孩子们都有一个永远的天敌,那就是"别人家的孩子"。② 唠叨。使孩子失去了耐心,走向了烦躁。③ 骂孩子。使孩子失去了快乐的天性,走向了痛苦的深渊。④ 打孩子。使孩子没有自尊,走向崩溃和自暴自弃。⑤ 恐吓。使孩子失去了安全感,走向恐惧,关闭心门。⑥ 讽刺。使孩子失去了善良和纯真,让孩子心灵走向扭曲和变态。⑦ 冤枉。扼杀了孩子的希望,让孩子走向抑郁。所以,我们提醒家长必须警醒和觉醒,放下手中的"刀",做合格父母,正确地爱孩子。在《春晖报》"知心姐姐"版面,我们曾有如下发文。首先,我们要尊重孩子,尽管他们年龄小,也要把他们看成家庭中具有一定独立自主性的成员,蹲下身来与孩子讲话,以减少威严感,使孩子觉得父母和自己是平等的,使其保持愉快的心情以及与家人融洽的关系。其次,我们要礼待孩子,为孩子做文明礼貌的表率,不要随便打骂孩子。当孩子做了好事或取得了成绩,父母要表示祝贺,绝不吝啬赞赏。父母对孩子的正确态度应该是爱而不娇,既严格要求又和蔼可亲。最后,当我们意识到自己对孩子可能讲错了话、做错了事之后,要勇于向孩子承认错误并及时道歉,这不但不会降低父母在孩子心目中的威信,反而会使孩子感到父母更加可亲可敬。

3. 宽严并济,禁止过度溺爱

溺爱型的家长对孩子处处包办代替,致使孩子依赖、懦弱、缺乏独立性,环境一有变化,便无法适应,形成焦虑紧张的情绪。长此以往,孩子任性、霸道,不会和同伴友好合作,是非不分,随心所欲,缺乏自制力,形成唯我独尊的不正常心理。为此,每年新生入学时,我们就会组织全体新生家长召开家长会,提出一些合理化的建议。如,上下学途中,孩子的书包由自己背着,不能让家长包办代替;每天做完作业,孩子自己整理书桌和书包;学会自己单独睡觉,自己洗头、洗澡和洗红领巾;每个周末孩子自己将房间打扫一次等。这些建议的提出,旨在引导家长锻炼孩子的独立生活能力,让孩子努力做到自己的事情自己做,不能一味依赖家长。

  良好的家庭环境是学生健康人格得以养成的重要保障。心理学研究表明,孩子在家庭中受到父母的关心指导越多,就越有利于个性的形成与发展。有了良好的个性,孩子以后的学习、生活都会向好的方面发展。"幸福的家庭都是相似的,不幸的家庭各有各的不幸。"而幸福家庭的重要标准之一,就是优美、和谐、自由的家庭环境。为了孩子的健康发展,家长们应努力创设和谐的家庭环境,保持积极、良好的教养态度。当然,我们学校也将一如既往为此引航与支持。

第四章　礼仪教育：小学生人格养成的清新空气

中国的历史可以说是一部礼仪的历史。在儒家学说中，礼为天下先，故强调以礼治国，以礼治家。中华民族历来以"礼仪之邦"著称于世，讲文明、懂礼仪是中华民族的传统美德。随着市场经济的发展、社会的进步，人们更需要文明礼仪来树立良好的社会形象。早在20世纪80年代初，我校的行为规范养成教育就闻名省内外。为了传承和弘扬祖国优良的传统文化，深化学校的行为规范养成教育，我校将文明礼仪教育作为校本课程进行开发，确立了"做礼仪小绅士、做文明小淑女、做微笑小使者"的培养目标，创新活动载体，通过课堂训练、活动渗透、拓展延伸等形式，使礼仪教育具体化、可行化。

第一节　课堂训练：让礼仪规范逐步养成

一、上好礼仪训练课，逐渐掌握礼仪知识

我校以礼仪教育为切入点，开设了校本课程，即把礼仪教育纳入了课堂，使礼仪教育常态化、持续化。

（一）编写教材，让礼仪训练课有内容可上

多年的教学实践让我们一线教师深深感觉到：要想上好礼仪训练课，一定要有一套切合小学生实际的教材，对小学生的礼仪行为进行系统的培养与训练，这样，学生的学和教师的教才有本可依，自成一体。为此，学校组织了一批骨干教师针对我校学生实际，编写了教材《晨光实验小学学生文明礼仪手册》。教材内容涉及学校礼仪、家庭礼仪、社会礼仪等方面。教材编排时遵循由浅入深、循序渐进的规律，并根据学生的实际，力求做到图文并茂，注重趣味性、实用性、科学性相结合，适应学生的实际需要，适应教师的教学要求。

在《晨光实验小学学生文明礼仪手册》这套教材中，每课时的内容都分为"礼仪引言""礼仪导航""星光闪耀""快乐体验"四个模块。"礼仪引言"以两个

卡通人物——小绅士"彬彬"和小淑女"文文"的对话激发学生的兴趣,引出课题;"礼仪导航"是教学的主体部分,通过情境图从正反两方面介绍一个礼仪知识,使学生明白道理、明辨是非;"星光闪耀"是教材的拓展部分,通过一些小故事、名人名言、儿歌的欣赏引导学生进一步感悟;"快乐体验"则以说一说、评一评、演一演的形式为活动载体,让学生在活动参与中巩固礼仪行为。

整套教材的编写,既符合学生的年龄特点,寓教于乐,生动活泼,又讲明了一个个礼仪知识要点,教给学生一个个做人处事的道理。有了这样一整套礼仪教材,就能让礼仪训练课变得"有血有肉",就能让学生在轻松有趣的教学活动中逐渐掌握简单的、基本的礼仪知识。

(二)深入课堂,让礼仪知识在学生心中扎根

在诸多教育途径中,课堂教学是学校教育的基本途径,教育目的的贯彻落实和各种教育任务的完成主要是通过课堂教学来实现的。因为在各种途径中,课堂教学的知识容量最大,计划性、主动性更强,活动的效果更明显,对学生全面发展和个性特长的发挥具有更佳的作用,所以,我们把文明礼仪教育延伸到课堂教学中,以思想品德课为主阵地,结合《青少年文明礼仪教育读本》《中小学生守则》《小学生日常行为规范》《课堂常规》以及自编教材《晨光实验小学学生文明礼仪手册》等,有层次、有针对性地对学生进行文明礼仪知识的渗透。

在我们学校,每周二的晨会课是固定的礼仪训练课。另外,思想品德课、课外活动课、综合实践活动课等,教师也可以根据班级实际情况适当插入礼仪教育内容,保证礼仪教育的时间是充足的。

如,学生的路队纪律一直是一个令人头疼的问题,学生上体育课、电脑课、科学课、音乐课、活动课等都要排队去上。这时,如果没有教师的带领和监管,学生的路队情况会很糟糕:队伍很不整齐,有的同学在队伍里说说笑笑,还有个别同学甚至打起了架。怎样才能让学生养成良好的路队习惯,怎样才能训练学生排好队、走好路呢?缪老师是这样做的:

首先利用一节晨会课教给学生走好路队的要点:第一,走路队时要做到"快、静、齐"。"快"也就是每个同学动作要迅速,迅速排进队伍中,不要让别人都等你;"静"就是排队时要保持安静,安静地在路队里走路,不能谈笑、吵闹;

"齐"是排队时不能只顾自己,要注意前后的同学,心中始终有他人,有集体。第二,排队上下楼梯时要注意一定靠右行走,以免影响他人。第三,遇到不文明排队,甚至插队等现象时,每个同学都要勇敢制止,杜绝出现那些不文明现象。然后利用一节晨会课来训练学生排一次队、走一遍路,在学生实际走路队的过程中进行现场指点,纠正他们不正确的行为,表彰路队走得好的同学。但路队的管理并不是两节晨会课就能解决的。之后她又根据学生的实际情况,在周二的晨会课上不断地进行巩固操练。这样一系列的教育实践下来,学生的路队纪律有了明显的改善。

又如,学校德育处响应江阴市教育局在全市中小幼学生中开展"行规教育——五小行动"的号召,让教师利用综合实践活动课教育学生"光盘、尊长、守序、整理、守信"。各个班级就根据本班实际情况自己选择了教学内容开展礼仪训练。

有的班级开展的是"光盘小行动",老师把同学们平时吃饭的情况拍了下来,让同学们来评一评、议一议,在活动中,同学们树立了节约光荣、浪费可耻的思想观念,养成了节约一点一滴的良好习惯。有的班级开展的是"尊长小行动",老师请同学们上台来进行情景表演,让同学们在观看表演的同时真正懂得感恩父母、孝敬长辈。有的班级开展的是"整理小行动",让同学们在现场来一次整理比赛,在热火朝天的比赛中,同学们懂得了自理、自立和自主。另外一些班级开展了"守序小行动"和"守信小行动",同学们学会了遵守公共秩序、自觉有序排队,确立了遵守时间、讲究信用的观念。

这样利用课堂的时间来进行训练,保证了礼仪教育的时间,在课堂教学中提高了学生的道德认识,让学生知道了文明礼仪是当代公民必备的素质,是做人的基本要求,正确引导了学生的道德行为,促使学生恪守文明行为规范和准则,让礼仪训练真正落到了实处。

(三)走出课堂,让礼仪知识向学生生活延伸

课堂是学生学习礼仪知识的主阵地,但是,学生的文明礼仪行为的养成、良好习惯的培养并不只能单单依靠课堂上的训练,也应该向生活延伸,让学生在生活中加以实践,这样才能更好地巩固课堂所得。

比如,陈老师在生活中发现,有的小朋友不会接打电话:接电话时很没礼貌,

给人留下不好的印象;打电话时声音低细,吞吞吐吐说不清自己的意思。因此在礼仪训练课上陈老师教导学生正确地接打电话礼仪,告诉学生接电话时要做到:及时接听,亲切问候,然后语调温和地自报家门,可以用"您好!这是×××。请问您找哪位?"这样的语言来跟对方沟通。若是找其他人的电话,应让对方稍等,然后迅速叫来听电话的人;若是对方要找的人不在,要询问对方是否有事需要自己转告。在接听别人的电话时,应由对方先结束谈话。如果有特殊情况,可委婉地告知对方并尽快结束谈话。可以在电话机旁放上笔和卡片纸,便于记录、查询、转达。打电话时要做到:选择适当的打电话时间;查清号码,正确拨号;接通后,先报出要找的人名;通话声音要响亮、清晰,时间不可过长;说清楚自己的主要目的。为方便使用(节约时间),应把常用的电话号码记在电话簿上并放在电话机旁。课堂上陈老师向学生强调了这些要点,并且模拟了接打电话的现场。现场模拟时,学生非常感兴趣,场面热火朝天。

但仅靠课堂上的模拟训练,学生肯定不能很好地掌握接打电话的礼仪。这时候,就要和生活接轨,让学生回家后在家中接一次电话,并给熟悉的同学打一次电话。通过这样反复实践,学生就比较牢固地掌握了接打电话的礼仪。

二、注重方法的指导,逐渐习得礼仪规范

礼仪教育是传授礼仪知识,培养学生良好礼仪习惯的教育,也是加强和完善学校德育工作的有效途径。近年来,我们充分利用礼仪教材,将礼仪教育引入课堂。在对学生进行系统的礼仪教育过程中,我们根据学生的实际情况进行各种形式的礼仪训练,积累了一些行之有效的教育方法。有了方法的引领,学校的礼仪教育开展起来更加得心应手,礼仪教育也更加深入每个学生的心灵。

(一)环境熏陶法

2007年学校投资一百多万元,建造了礼仪长廊,并根据要求精心设计布置。我们把礼仪教育分为家庭礼仪、学校礼仪、社会礼仪三大内容,另外还补充了礼仪小故事、礼仪格言、节日礼仪、涉外礼仪等,使礼仪内容更加丰富,礼仪知识更加具体。礼仪长廊图文并茂,是一条开放式的走廊,深受学生们的喜爱和关注。学生随时随地都可以走进去参观、学习,即使无意间经过,也能潜

移默化地接受熏陶与感染。另外,礼仪长廊里配有多媒体设备,教师可以带领学生在长廊里上课,让学生置身于礼仪熏陶的氛围中,有身临其境的感觉,从而提高学习的效率。

为了让参观的学生全面深刻地理解礼仪内容,学校通过层层选拔,在全校两千多名学生中选出十六名学生,成为学校礼仪宣讲员,再通过培训,合格后佩戴绶带上岗服务。课间、中午、活动课都可以看到他们忙碌的身影。礼仪宣讲员真诚的笑容、耐心的讲解、规范的示范,深受老师、同学们的欢迎。

(二)故事启迪法

小学生的形象思维活跃,抽象思维能力较弱。他们特别喜欢听故事,也特别愿意模仿故事中人物的行为。抓住小学生的这一特点,教学时,教师们借助生动、形象的故事,激发学生的学习兴趣,拓展思维空间,有效地培养学生注重礼仪的道德情感。

如《从小习礼仪》一课,讲述了我国是文明古国,富有优良的文明礼仪传统,被称为"礼仪之邦"。学习这一节课的目的是引导学生认识礼仪的重要性,从小懂礼貌,并善于从大处着眼、小处做起,在实践中养成良好的礼仪习惯。教学中,我们给学生讲述了"孔融让梨""将相和"以及老一辈革命家周恩来总理生前在外事活动中注意"细枝末节"、处处以礼待人的故事。这些故事短小精悍,形象生动,感染力强,学生一个个听得聚精会神,当他们听到小小的孔融竟然把大梨让给哥哥和弟弟时,不由地充满了对孔融的敬佩之情。他们有的若有所悟地说:"我以后也要像孔融这样去做。"有的则骄傲地表示自己平时在生活中就是这样做的。当听到年迈的廉颇将军居然身背荆条去向蔺相如请罪的时候,他们的脸上充满了不可思议,廉将军那知错就改的品质肯定也深深地扎根在了他们心中。而深受大家敬爱的一代伟人周总理在平时的生活中竟然这么谦虚、平易近人,也让学生对周总理的敬佩之情再度升华。

所以,对小学生来说,故事启迪法能够让学生深受启发,往往不用教师多教育,通过故事启迪,学生就能进一步提高对"从小习礼仪"这一道德要求的认识,将礼仪规范植根于心、落实于行。

(三)榜样激励法

榜样的力量是无穷的。榜样激励法是在教学过程中,通过树立榜样并引导学生学习榜样以规范自己的行为,从而达到教育的目的。礼仪教育过程中,教师可以针对教学目标恰当选取各种富有感召力的榜样,以正面人物的优秀品质对学生施加德育影响,激励学生学习礼仪知识,改正自己不好的行为,从小养成良好的礼仪习惯。

如教学《尊老爱幼》一课时,王老师选取了伟大领袖毛主席尊敬老人的例子:1959年,毛主席回韶山,他专门请亲友中的老人吃饭,还不断给老人敬酒。席间,有位老人感叹道:"主席敬酒,岂敢岂敢!"毛主席说:"敬老尊贤,应当应当!"在这个故事中,毛主席的伟大形象以及敬老尊贤的高尚品德,成为一种巨大的精神力量,激励着每一位学生自觉地调整自己的行为,陶冶自己的情操。相信学了这一课,尊老敬老的这一美德将在学生的心中打下深深的烙印,并在以后的生活中转化为自觉的行动。

而教学《尊敬老师》一课时,王老师则引用著名科学家居里夫人尊敬自己小时候老师的例子来教育学生,让他们增强"尊敬老师,热爱老师"的意识,并将自己对老师的尊敬和热爱体现在日常的行为中。

不仅在礼仪教材中有值得学生学习的榜样,学生之中也有值得学习的榜样。有一些同学,他们对自己严格要求,讲文明,有礼貌,对人宽容大度,彬彬有礼,是学生中的"小绅士""小淑女",这些榜样就来自学生,是学生每天接触的身边的人,所以对学生的激励作用更加明显,它的作用远远大于老师呆板的说教。另外,我们每个月根据一系列的评分标准,评选出五位班级"礼仪之星";每个学期评选出五位校级"礼仪之星",并且把他们的照片和名字公示在学校门口的电子显示屏上,每当学生上学和放学的时候,电子显示屏就会滚动播出这些"礼仪之星",以此来激励其他同学向这些身边的榜样学习,努力规范自己的行为,争取也当上"礼仪之星"。

(四)示范引导法

学生年龄小,身心发展不成熟,他们主要靠模仿来学习各种语言和行为。教师、家长是学生礼仪教育的楷模,他们的一言一行、一举一动,都会对学生产生潜移默化的影响,因此,要想使学生养成良好的文明行为习惯,教师和家长就要以身作则,为学生树立良好的榜样。示范引导法就是通过教师或家长准确、直观的示范引导,让学生来加以模仿,强化学生的礼仪行为,引导学生把礼仪变成一种很自然的行为交往方式,持之以恒地帮助他们将礼仪行为内化成一种习惯。

如教材中《体态语言》一课,目的是教育学生掌握与人交谈时以及在公共场合中的正确体态。这些体态动感强,难度大,需要教师配以适当的动作示范。如正确的坐姿、站姿、步态以及握手、招手、点头、微笑、鼓掌等动作,都可以先由教师做示范,学生再对照演练。在教师示范的基础上,学生很容易就掌握了这些礼仪行为的要领。

还有在教学《餐桌礼仪》《探亲访友》等课时,可以由教师指定少数学得较好的学生进行现场模拟,给其他同学做示范性表演,其他学生认真观察,再在观察的基础上进行行为训练,巩固学生的学习所得。

父母是孩子的第一任老师。家长对孩子的影响最直接、最深刻,因此对家长来说,在孩子面前更要做到慎言、慎行,做好示范作用。在日常家庭生活中,家长首先要自己养成良好的生活习惯和卫生习惯,以身作则。在平时与孩子的交流中也应该注意对孩子进行文明礼仪知识的讲解和渗透,使孩子树立正确的文明观和礼仪观。

总之,教师和家长的以身示范引导,给了学生模仿的机会,有利于学生掌握正确的礼仪知识要点,形成正确的礼仪行为,在学生的礼仪训练中起着很重要的作用。

(五)强化训练法

习惯是一种动力定型,是条件反射长期积累和强化的结果,这是人的生理机制所决定的,反复训练是帮助学生形成良好习惯的最基本的方法。强化训练法对于小学生来说尤为重要,因为他们的品格养成是从实践中体验和训练出来的。教育家洛克曾说过:"给孩子规则,不如给孩子训练,没有训练就没有习惯。"小学生礼仪表现具有时好时差的反复性特点,这是一种正常现象,不要气馁,应对学生充满信心,抓反复、反复抓,扎扎实实,坚持不懈。

比如,倪老师发现很多学生写字时的坐姿存在问题,有的学生写着写着身子就慢慢地趴了下去,有的学生喜欢摇椅子,把椅子摇得"咯咯"响,这样椅子很快就坏了,还有的喜欢侧着身子坐,甚至跷起了二郎腿。这些不正确的坐姿,会影响到学生的身体发育,影响到孩子将来的个人形象和他们的自信心,所以一定要进行强化训练纠正过来。针对这些问题，倪老师首先在思想品德课上告诉学生正确的坐姿要领：头正、身直、臂开、足安。头正，就是头部端正，不要左右歪斜，眼睛离纸约一尺；身直，就是坐端正，腰挺直，身子稍向前倾，胸部离桌沿一拳左右；臂开，就是两肩齐平，两臂张开，肩部放松，一手执笔，一手按纸；足安，就是两脚自然下垂，分开平放地上，不要一前一后或叠在一起。这些动作要领，学生掌握起来并不难，但要长时间坚持却不容易，所以最重要的就是反复训练、常抓不懈。因此，倪老师每节课都要抓学生的坐姿，一发现有问题就马上纠正，并让学生保持正确的坐姿。这样课课抓、天天抓、周周抓、月月抓，一直强化坚持下来，一个学期下来，学生的坐姿就有了明显的改善。

当然，这种强化训练还应该取得家长的支持，有了家长的配合，训练才能更加有效。如关于学生的坐姿训练，倪老师还利用"校信通"和家长会，让家长得知这一训练内容和训练要点，恳请家长在家也这样对孩子进行训练，这样家校一起强化训练，就会使学生的文明礼仪行为更加到位。

再如，学生正确的站姿与写字姿势、仪容仪态、自觉排队、礼貌用语等内容，都必须在学校和家中反复学习和训练，久而久之才能养成一种自觉的礼仪习惯。

（六）活动竞赛法

学生不服输的天性，使他们爱与别人比一比，他们喜欢比赛，喜欢热闹的活动。活动竞赛法就是制定一定的游戏规则，通过开展一系列活泼有趣的礼仪竞赛活动，进行礼仪教育的方法。这种方法，比单纯的说教更受学生的喜爱，因此深入人心。

例如，江老师发现学生不会整理自己的课桌。课桌原本是属于他们自己的一个小天地，但有的同学的课桌却乱七八糟，常用的、不常用的课本乱塞在课桌里，各种各样的笔和本子横七竖八地放在桌面上；有的同学因为书包太大放不进桌肚，只能让书包在凳子旁边懒懒地躺着；有的同学课桌底下跳绳、水壶、美术工具袋乱放，成了一个垃圾堆。这样的课桌，不仅影响了学习，也破坏了班级的环境。江老师分析了一下学生的课桌这样乱的原因：可能是学习用品过多，难以摆放整齐；也可能是学生玩心过重，动手能力又差，不愿意花时间去整理。

为了让学生养成整理自己课桌的好习惯,江老师决定在班级中进行一次整理课桌的比赛。首先,她利用晨会课从整理相对简单的文具盒、书包入手,进行细致的指导。然后,给学生一段时间让他们进行练习,还可以回家向家长请教。接下来,利用一节思想品德课的时间在班中进行一次整理课桌的比赛,人人都参与这次比赛,让学生在规定的时间内整理自己的课桌,再请从学生中选出的"小老师"来进行打分,选出课桌整理得最整洁、最有序的同学在班上进行表彰,号召大家向他们学习。她发现,自从在班中开展竞赛活动后,学生的课桌明显干净、整洁了。

我校还精心设计了礼仪教育系列活动。一年一度的春晖艺术节,围绕礼仪教育连续开展了六届,第九届春晖艺术节开展了"文明礼仪伴我成长"系列活动,通过举行礼仪知识竞赛、讲礼仪故事、做礼仪书签、评"礼仪之星"等活动,让同学们知礼仪、学礼仪、用礼仪。第十届春晖艺术节开展了"展文明礼仪风采"系列活动:通过开展礼仪风采大赛、礼仪中队主题活动、评礼仪标兵等活动,展示礼仪教育的成果。第十一届春晖艺术节开展了"小手拉大手,我把礼仪带回家"系列活动:通过开展给父母写一封文明礼仪建议信、与父母共读一本礼仪书、改掉家庭成员的一个陋习、评"礼仪使者"等活动,与父母共树礼仪形象。

这样一种活动竞赛的方法,能够调动学生参与的积极性,由此产生巨大的动力,把"要我做"转化成"我要做",使学生在乐于参与训练的过程中,不知不觉地养成良好的礼仪行为习惯,有效地促使学生主动学习行为规范,促知行转化,促习惯养成。

(七)实践体验法

课堂是学生学习的一个小天地,比课堂更广阔的学习场所是社区、社会。当学生能在社区、社会中讲文明、懂礼仪,他们的礼仪行为才是真正内化了的自我表现。实践体验法就是让学生走出课堂,通过参加生活实践、社会实践、科学实践等,让学生亲身体验、积累和丰富生活、学习等直接经验。这样一种体验,让学生在活动中有所知、有所悟,能够促进他们道德修养、行为习惯和实践能力的养成。

如通过教学《游览公园》一课,学生在课上学到了游览公园的很多礼仪知识,学会了文明游览公园。但是,这些知识都是老师讲授给学生的,学生并没有在实践中运用,所以这些礼仪知识都只是停留在表面,没有内化为学生真正的自我礼仪行为。杨老师认识到了这一点以后,就利用一次机会,亲自将学生带到公园进行游览。看到漂亮的花儿时,告诉学生花儿是给所有人欣赏的,是不能摘的;看到碧绿的草坪时,告诉学生芳草青青,不能踩踏;看到学生主动地把手中的垃圾扔进垃圾桶时,就大力表扬,号召其他同学向他学习。在游览公园的过程中加以指导,学生对于爱护公园里的公共设施、保持公园环境卫生以及不在公园内大声叫喊等礼仪就更加清楚明白。

又如在教学《乘车乘船》时,蒋老师在礼仪训练课上教给学生乘车乘船的礼仪知识后,把学生带到公共站台,让学生亲自乘一次车,结合乘车的实际来培养学生主动买票、遵守秩序、自觉让座等良好的礼仪习惯,将礼仪训练真正地内化为学生的一种实际行为。

第二节 活动渗透:让礼仪训练生动活泼

一、课间活动"玩"礼仪

学校开展的各项活动,是学生学习、实践、体验、探索的主阵地。在丰富多彩的活动中,学生主动参与、情绪高涨、思维活跃,充分展现自我、历练自我,进而完善自我。因此,以活动为载体是培养小学生健全人格的有效途径。为了扎实有效地开展礼仪教育,学校把礼仪教育渗透到活动中,使学生在丰富多彩的活动中不知不觉熟悉礼仪、走近礼仪、懂得礼仪、践行礼仪。有了活动的依托,学生不仅享受到活动的乐趣,还受到礼仪教育的熏陶,因而渐渐养成了良好的礼仪习惯。

在大课间活动中,通过创设特定的情境,让学生参与具有挑战性的活动和游戏,亲身体验自身内隐的巨大潜能,从而激活他们的创造愿望和创造能力,并引起认知、情感、行为习惯等心理特质的积极改变,使潜在的能力得以更好地发挥,也使学生的乐观性、智慧性、敢为性等人格特征产生了变化,为塑造学生的健康人格奠定了基础,也为学生礼仪习惯的养成,发挥了不可或缺的作用。

（一）大课间活动，礼仪训练显实效

自从教育部发出"每天锻炼一小时，健康生活一辈子"的号召以来，每天的大课间活动成了学生活跃身心、锻炼身体的最佳时机。就是这个天天开展、全员参与、人人喜欢的大课间活动，倘若班主任老师能用心为之，练好"一"字诀，就能在实现大课间活动强身健体的目的之余，收到助力学生礼仪习惯养成的实效。

1. 树立一个文明形象

按照学校规定，大课间活动由两部分组成：一是做广播体操（冬季长跑），二是自由活动。无论是做广播体操还是长跑，都需要有整齐的队列、划一的动作，让学生在不知不觉中受到一种集体力量的感召，并全身心地浸润在集体的团结之美中，积极成为集体的建设者，自觉接受集体的约束，提高自律意识和规范意识。作为班主任，理所当然要成为班集体的"主心骨"，充分发挥自己的榜样引领作用，言传身教，组建成一个严整规范的阵容，使学生既拥有蓬勃向上的精神风貌，又端正了锻炼身体的态度和行为，学生的文明形象悄然形成。以下是袁老师讲述的一个小故事：

那是建班之后的第一次长跑，我把学生分成四路纵队，自己呢，当起了领跑者，我以为有了"母鸡"式的带领，这群"小鸡"一定会乖乖地跟着跑。正当我自我感觉极佳地踩着音乐的节拍向前奔跑时，忽听得身后传来一阵嬉笑，赶忙回头，见张乔江和支昌昊讲得正欢，班长张子煜竟已停下不跑，正慢吞吞地走着呢。因为跑得气急，已到嘴边的话我没有说出来，只是用眼睛盯着这几个人看了一会儿。这几名学生也是心领神会，马上改正了自己的错误，队伍即刻成形，一切返回常态。跑完两圈，我和同学们走在富有弹性的塑胶跑道上，我问学生："同学们，你们看我们班的这四路纵队像什么呢？"张乔江说："像解放军的队伍。"我不由露出了赞赏的神色，伸出了大拇指夸奖道："多棒啊！步伐整齐，精神饱满，真是群朝气蓬勃的阳光少年！"说话间，同学们的背挺得更直了。这时，支昌昊面露喜色地说："老师，我看队伍有点像链条。""是吗？"我心里一动，转过脸问其他同学。同学们纷纷发言，有的说："我们一个接一个，就像链条一环套一环。"有的说："如果一个同学掉队了，就好比链条断掉了。"我听了同学们的发言，心想：幸好刚才没有一"骂"了事，在众人面前声色俱厉，伤了孩子的自尊心,不仅起不到教育的效果,也不能达到教育所有人的目的。我不由微微一笑,风趣地说:"看来,我们一个也不能掉队,让这根链子断掉哦!"再看张子煜,一脸羞愧,在队伍中行进时,行动更"合拍",与同学也连接得更紧密了。

以后的每次长跑,我班的队形总是最划一齐整的,同学们积极锻炼,态度认真,阵容严整,毫无散漫之态,俨然是一个行动统一、步调一致、团结进取的班集体。有时见到松散如沙的班级,同学们都会流露不悦的神色。我跑在队伍的前面,冷不丁回头,迎接我的是一双双闪动自信的含笑的双眸,跃入眼帘的是我班同学奋勇向前的姿态。天天如此,月月如此,同学们习惯了统一的步伐,爱上了紧跟向前的节奏,也富有了战胜困难的勇气和力量。北风中,我们逆风而上,全无惧色;严寒中,我们昂首运动,驱走寒冷。不知不觉中,同学们的身体素质得以提高,毅力得以增强,攻坚克难的勇气得以提升,自觉锻炼和不惧困难的意识得以树立。这是可喜的进步,更是学生文明素质的体现,我们都沐浴在阳光体育运动带来的温暖中。

2. 端正一种文明行为

在大课间活动的自由活动时间,教师决不能听之任之,对学生的活动情况不闻不问,给他们所谓的"自由"。学生在自由活动时,会暴露出一些你根本想不到的问题:他们要么选择不活动,要么就是不知道怎么活动,要么就是不会活动。

为了保证活动的质量,班主任老师将一些活动器材带到学生面前,哪怕只用好其中一种器材,就能丰富活动形式,提升活动吸引力。比如寻常普通的沙包,用好了就可以成为一种受学生喜爱的活动器材。

集万千宠爱的小沙包在班内闪亮登场,很快风靡全班。袁老师鼓励学生创造沙包游戏,在大课间活动时尽情地与小伙伴玩自己创造的新游戏。顿时,学生的课余生活因为小沙包而变得五彩斑斓。有的学生将传统的丢沙包游戏加以改进,变名字为"躲炮弹",新奇又刺激;改规则,投手可以是2人,也可以是4人,"炮弹"可以是1枚,也可以是2枚,"躲炮弹"的人就更加不加限制,这样一改,使游戏参与的人更多,难度更大,也更好玩。有的学生创造了新的游戏——"我的沙包你来接"。玩这个游戏的同学先围成一个圆圈,圆圈的中心站着一位同学,他手握沙包,一边把沙包抛向天空,一边喊一名同学的名字,被喊到名字的同学立即飞身入圈,接住沙包,即为胜利。胜利了可以继续参加游戏,如果没接住,就被淘汰出局。有的学生创造了"沙包投篮"的游戏,两名学生手拉手围成一个"篮筐",其他学生在一定距离外投射,如果投中即得分,反之则不得分。"篮筐"的大小,"篮筐"是静止的还是运动的,"篮筐"的远近都可以调节,从而改变难度和分值,使游戏变得富有挑战性。

在大课间活动中,伴着一张张笑脸,一句句礼貌用语从学生的口中自然而然地飞出。在遇到障碍时,学生切切实实地接受了困难的挑战,更真切地感受到了同伴友好相助的力量,从而更懂得礼让,学会了文明交往。

(二)课间游戏,礼仪实践促体悟

游戏中欢愉活泼的气氛,是孩子主动性、思考能力和创造精神养成的重要条件。孩子的欢乐情绪是生长发育和形成健全心理的重要因素。游戏有助于孩子快速反应能力的形成。孩子在游戏中常常需要及时做出反应,这种反应方式十分生动活泼,孩子在游戏中不知不觉养成了敏捷的思考反应能力。游戏有助于发展孩子的想象和创新能力。在游戏活动中,每位学生都亲身经历,在参与中体验和感受,发展了礼仪实践能力。

课间十分钟是同学们最宝贵的活动时间,学校把无序的课间活动变为有教师参与的、学生自己组织开展的活动。"编、编、编花篮,花篮里面有小孩,小孩名叫讲文明,见到老师问声好,求人请字别忘了……""爷爷年纪大,头发白花花,我帮爷爷脱鞋袜,爷爷笑哈哈……"同学们把平时最爱唱的儿歌、最爱玩的游戏,融入了文明礼仪知识,既玩得开心,又受到了教育。

如,通过组织引领全班学生走进校园、关注家庭、走上社会,或访或查,或察或思,进行"浪费知多少"的调查小游戏,慧眼发现生活中的浪费现象,自主发现问题,填写调查表,并能及时拍摄下发人深省的一幕幕,由现象处深思,从问题处溯源。学生把调查的触角伸向生活的各个角落。其中,校园浪费尤其引起了学生的注意。调查活动中,周新裕、徐雅凝拍摄的照片,直指校园浪费现象,的确令人触目惊心。通过调查,学生了解了校园里、家庭中及社会上的浪费现象,从大量的事实中意识到"浪费"的可耻。

在完成调查后,每位同学在调查表上写的"调查随想"感受真切,感悟深刻。在"调查随想"中,李皓宇不无担心、充满童真地说:"照这样下去,我们地球人明天的早餐将会在哪里呢?"刘翔宇不无可惜地说:"有时,红烧肉、百叶结、豆芽装了满满一桶,就连好吃的鸡腿也不能幸免于难。"徐雅凝深感痛心地说:"有一次,我去上厕所,发现了因水龙头未关而流水哗哗的情景。心里想,这是浪费了多少水啊!"对此等浪费行为,我们当然要果断地说"不"!一次游戏,一次调查,让学生有了真实的践行礼仪的体悟,从而在行动上有了根本的转变。

在一浪高过一浪的反对浪费的呼声中,学生们在积极行动!用实际行动践行"节约"理念,从小事做起,点滴入手,见微知著。全班同学倡议开展了"变废为宝"的小制作小发明游戏活动,在节俭中创造,在活动中体验。令人惊喜的是每个孩子都蕴含无穷的创造力,每个孩子都有自己独特的思考与实践。谢烨飞用吸管和挂历纸做成的扇子很实用;周洵雨用废布做成的小挎包既可以放自己的一些小物件,还可以在外出时携带东西,着实让人喜爱;魏海涛用空的雪碧瓶做成了一个小花盆,还在里面种了棵芦荟,小巧玲珑,放在书桌上刚巧适合;周新裕用废旧塑料做了个"迷你小垃圾桶",专门放铅笔屑等小垃圾;就连平时错字连篇、记忆力欠佳的赵凤海也用大可乐瓶做成了一个灌油用的小漏斗,叫人刮目相看;尤佳惠、张薇、陈心钰、郑镭悦、滕洋洋、戴逍晗、刘佳、周漪柠、宋丽丽这9位女生利用挂历纸、尼龙纸、废卡纸等做成了一套套漂亮的时装,让人不由对孩子们的想象力和创造力愈发赞叹起来。能把学生践行礼仪的积极性这么高地调动起来,课间游戏的"实效"显而易见。

二、主题活动"学"礼仪

体验是少先队引导和组织少先队员参加活动达到教育目的的有效途径。它是少年儿童在实践中亲自经历的一种心理活动,是对情感的一种体会和感受。体验是教育过程尤其是德育过程中的一个重要环节。因此,引导队员进行健康、积极向上的行为心理体验是教育发展的必然趋势。少先队开展各项体验教育活动,既能发挥教育的最大优势,又能促进队员文明素质的形成。

1. 以主题班会为依托,明礼导行

主题班会,是班会课的基本形式之一。它在中队内开展,面向中队内的全体少先队员。它围绕一个主题开展活动,使队员们在活动中接受教育、增长才干。主题班会的开展,重在让队员们在活动中亲身实践,积极体验,以获得丰富的直接经验和较高的认识水平。我们不提倡那种经过无数次彩排,表演式的主题班会,这样的主题班会因没有所有队员的实践和体验而显得那么苍白无力,因有了太多的粉饰和装扮而显得那般虚浮缥缈。

俗话说得好:有礼走遍天下,无礼寸步难行。如今,全球经济快速发展,人们的生活水平日益提高,可思想道德却在不断滑坡。生活在21世纪的独生子女们,在长辈们的呵护下,常常以自我为中心,缺乏良好的礼仪知识和行为习惯。我校曾被评为"礼仪示范学校",这一优良的传统必须延续下去。要知道礼仪体现的是细节,细节展示的是素质。每个人应从身边的小事做起,从一言一行做起。得体的衣着、文雅的举止、恰当的问候、彬彬有礼的行为,不是简单的个人表现,而是内在的品格和文化修养的展现。作为小学生,从小学习礼仪知识,养成讲文明、懂礼仪的好习惯是很有必要的。

孔子曰:"少成若天性,习惯如自然。"意思是小的时候如果不进行文明习惯的培养,养成的坏习惯会像人的天性一样自然、牢固。小学时期正是生理、心理急剧发育、变化的重要时期,正是增长知识,接受良好道德品质和行为习惯养成教育的最佳时期。尤其是低年级孩子,行为更具有可塑性。所以,教育必须用文明礼仪的规范来约束孩子,抓住每一个细节,正面引导,反复纠正,让孩子从小做起,从小事做起,从在校讲文明、懂礼仪做起,努力养成文明的行为习惯。

因此,我校每学期都围绕文明礼仪教育开展系列活动,主题班会就是其中一种,它形式多样,活泼生动,深受学生的喜爱。

如,低年级开展的"让文明之花开遍校园"主题班会,孩子们用歌谣、诗朗诵、小品、礼仪操等活泼多样的形式,说文明、演文明,在说说演演、唱唱跳跳中接受教育,明白怎样在校园里做个文明的小学生,学会爱护红领巾,懂得团结互助,遵守纪律,爱护我们的生活环境。

又如,中年级开展的主题班会"礼仪之花开满园",学生从古人的文明礼仪典范中明白了学习礼仪的重要性,并学会了一些基本的礼仪知识。教师把礼仪习惯好的学生的行为表现拍成了视频,在主题班会上播放,并请其他同学介绍从中学到的优秀品质。学生自编小诗,把班里发生的好人好事加以呈现。

学生有了榜样的力量,就有了前进的方向。平时在生活中摩擦变少了,礼貌用语也能常挂嘴边,大家互相谦让,和睦相处,好人好事不断涌现。

像这样的主题班会还有很多,这些主题班会荡涤孩子的心灵,陶冶孩子的情操,指导孩子的行为,从而让文明礼仪规范更加入脑入心。

2. 以主题活动为载体,践礼正行

中队主题活动,顾名思义,是在中队内开展,面向全体少先队员开展的活动。围绕一个主题开展活动,能使队员们在活动中接受教育、增长才干。丰富多样的活动形式给了学生施展各种才华的大好机会,"中队"这个闪亮而光辉的名字,曾被一代又一代少年儿童熟知;那些甜蜜而美好的活动剪影,还被一代又一代人珍藏怀念。可以毫不夸张地说,中队主题活动就是每一个孩子成长路上的良师益友。

在新时代、新形势、新背景下,更应扎扎实实地开展好中队主题活动,"重拳出击",做到在原有传统上的继承与创新,让队员们在主题活动中受教得益,从而让这一活动形式历久弥新、"永葆青春"。我们学校地处城郊接合部,调皮的学生比较多,一味讲道理、说教,效果不是那么明显。总有孩子追逐打闹,为了小事斤斤计较,总有孩子乱扔纸屑,不爱护公共财物,所以用丰富多彩的中队主题活动来教育学生,活泼生动,更容易被学生接受,从而收到预期的效果。

于是,正当各班如火如荼开展以礼仪为主题的中队活动时,在学生们积极投身于知礼仪、学礼仪、用礼仪的活动时,在全校学生践行行为规范,争当礼仪小使者时,一个欢欣鼓舞的消息传来,江阴有幸成为第19届中国金鸡百花电影节的承办城市。这正是展示学生礼仪风采,当好东道主,为电影节出一份力的契机。为此,我校六(二)中队开展"'礼'花绽放电影节"中队主题活动,并进行全市展示,让每一位学生积极践行文明礼仪,提升文明素质、礼仪素养。在中队主题活动中,学生创编礼仪格言,当礼仪宣讲员,纠正失"礼"行为,把文明礼仪带回家,带到社会的每一个角落。

中队主题活动,给予学生施展才华的大好机会,在这个充满自主灵动、童真童趣的舞台上,每个学生都能张扬自己的个性,舒展自己的心灵,展示自己的才情与风采。中队主题活动,让每个学生都看到闪光的自己,找到自己在集体中的位置,从而悦纳自己,成为具有礼仪素养的全新的自己。

第三节　拓展延伸:让礼仪之花尽情开放

一、向家庭延伸,父母子女共读礼仪之书

学校教育脱离了家庭和社会,就不可能成功。因此,礼仪教育必须从小事做起,从点滴做起,为此,学校建立了"学校—家庭—社会"三位一体的礼仪教育网络和科学的管理体系。我们把学校、家庭、社会三者结合起来,进行了辐射性的礼仪教育,以此形成有效的教育合力,真正让文明礼仪深入人心、落实到行。前面我们讲了很多学校的做法,接下来就讲讲礼仪教育向家庭、社会延伸和渗透的一些做法。

都说父母是孩子的第一任老师,是孩子学习模仿的榜样。父母的言行举止、思想观念和文化素质无时无刻不在影响着孩子,从孩子身上,我们总能看到父母的影子。孩子基本素质的形成和家长的培养、教育是密不可分的。家长讲文明、懂礼貌,孩子也就会学着家长的样子做一个文明的人。家长待人友善,团结亲友、邻里、同事,乐于助人,孩子也能学会与人友好相处,多做好事,所以我们要有效地利用好家庭资源。

(一)加强宣传力度,唤醒礼仪意识

在家长接送孩子上学、放学时,在召开家长会时,我们常发现这样的家长:在校园里大声接电话,随地乱吐痰,目中无人。更有甚者,当孩子在学校被同伴欺负之后,有家长怒气冲冲地跑到教室找到打人的孩子,为自己孩子要说法,还振振有词地说:"儿子,记住,就得这样!以后谁打你,你就打他;谁骂你,你就骂他!"这样的家长,会给自己的孩子造成怎样的不良影响?

针对以上不良行为,我校通过有针对性地、有序列地开好家长会、办好家长学校等渠道,及时向家长宣讲学校礼仪教育计划和实施内容,让家长们从心底认识到自己的言行举止对自己孩子的影响有多么重要,晓之以理,动之以情,分析利弊,并希望家长能以自身良好的道德行为和规范的礼仪习惯正面影响孩子。另外,我们请孩子把学到的礼仪知识及规范向家长宣传,和父母共同学习交流,提高认识,相互监督,共同提高。

事实证明,这样的沟通与联系是十分有效的。现在开家长会时,家长们能

自动把手机调成静音,因事晚来的能轻轻入座,以免打扰老师和别的家长;进入校园时,不再不顾及形象地随意吸烟、大声喧哗;当自己的孩子与他人发生纠纷与冲突时,大都能平心静气地了解情况,正视事实,圆满解决。不得不说,这是学校加强宣传、家校有效沟通的显著成果,我们也会一如既往地做好宣传,紧密家校联系,促使文明礼仪走进千家万户。

(二)营造良好氛围,共读礼仪之书

书是人类进步的阶梯。我们借学校创建"书香校园"这股东风,开展"读经典,学礼仪"的活动。我们国家素来就是礼仪之邦,许多经典名著中就蕴含着一些礼仪小常识,如《三国演义》中的"三顾茅庐",就提醒大家拜访别人时应注意些什么;"程门立雪""张良拜师"又告诉我们该如何尊敬师长;《三字经》《弟子规》《增广贤文》等更是以朗朗上口的语言教会了我们很多礼仪小知识。所以,我们鼓励家长和孩子一起读礼仪书,邀请部分家长走进学校创设的"文明讲堂",讲自己读到的礼仪小故事,与孩子分享自己的所悟所得,在浓浓的书香中和孩子一起学习礼仪知识,并落实到日常的学习、生活和工作中。

例如,我校二(五)班就号召家长和孩子共读《家长礼仪必读》《江阴市文明礼仪手册》等礼仪丛书或宣传手册。虽说这些书或手册很不起眼,但家长和孩子一起读一读、看一看、说一说,收益还是颇多的。书中提醒大家关注一些细节,如,女性穿短裙时上下车应注意什么,与人握手、聚会时要注意什么。细节虽小,但却能从中反映出一个人各方面的素质和修养。尤其是家长带着孩子出去走亲访友或外出游玩时,家长良好的言谈举止的的确确能对孩子施加正面的、积极的影响,因为毕竟"身教重于言教"。

学校正是通过以上两种方式,一个孩子带动一个家庭,把学礼仪和用礼仪向家庭延伸。事实证明,家校联动的力量是不可估量的。礼仪之花已经开遍每一个家庭,香满每一个家庭。

二、向社会延伸,社区群众齐做礼仪之事

古人说,"不学礼,无以立"。意思是说,你不学"礼",就没法在社会上安身立命。那么,什么是礼仪呢?简单地说,礼仪就是一种律己、敬人的行为规范,是表现对他人尊重和理解的过程和手段。文明礼仪，不仅是个人素质、教养的具体体现，也是个人道德和社会公德的综合表现。所以，学习礼仪不仅可以提高个人素质，更能润滑和改善人际关系。作为学生，不可能一直如温室里的花朵，待在家庭、学校这两个相对封闭的地方，总得走出家门、校门，把学到的礼仪知识及规范落实到社会生活中。

（一）定期进入社区，吹起礼仪之风

每到节假日，学校就下发假期生活指导，其中就有一项是给学生布置的实践作业——参与社区活动，请社区或村民委员会对自己进行礼仪评价。我校少先队员经常在辅导员老师的带领下，走进芙蓉社区、五星社区、通渡社区、文富社区，开展各种丰富多样的礼仪活动。

比如，辅导员老师带头，借助通俗易懂的视频和幽默诙谐的讲座，让队员和社区的百姓进一步介绍如何讲礼仪、学礼仪；队员们自导自演礼仪小品，邀请社区工作人员和居民观赏，在欢乐的氛围中自我教育，也提醒大家做个讲文明、懂礼仪之人；队员们通过发放传单、张贴标语等形式，宣传遵章守纪，保护环境等知识；队员们协助西郊岗亭的交警宣传交通规则、文明出行；在社区工作人员的组织带领下，队员们定期带上小铲子、粉刷桶，打扫居民楼道，铲除楼道里随意张贴的小广告，还居民一个干净整洁的楼道。这样的行为受到了小区居民的称赞，更让队员们知道了，文明习惯的养成是用自己的双手改变与创造的，文明礼仪之事是人人都应争着抢着干的。

在一次次走进社区的宣传活动过程中，孩子们不仅锻炼了自己的能力，提高了自身的礼仪素质，更给周围的人带去了礼仪之风，潜移默化地影响着社区百姓的日常礼仪。

（二）借助走亲访友，尽享礼仪之乐

走亲访友时，很多不经意间发生的小事，足以反映一个人的道德品质、礼仪素养。一个人文化程度不怎么高，但他知礼懂礼，仍会受到大家的尊敬；若一个人不懂得礼仪规范，虽满腹经纶，学富五车，也不会受到大家的欢迎。因为道德常常能填补智慧的缺陷，而智慧却永远也填补不了道德的缺陷。一个有修养的人，不会自夸自大；相反，一个无修养、无道德的人，往往会夸夸其谈，四处炫耀。

因此,我校德育处发出倡议,鼓励同学们在逢年过节走亲访友的时候,要用自己良好的礼仪行为影响周围的亲朋好友,和他们一起提升礼仪素养,争做礼仪之事。当然,说一箩筐不如做一件事。譬如,有亲戚朋友来自己家里做客时,应出门迎接,用水果茶点等热情招待,并与他们聊天交谈等;到别人家做客时,应注重仪表,不经过主人同意不随便乱走、乱翻、乱拿,接受主人的招待应真诚致谢等。

(三)学会角色互换,争当礼仪之人

从某种程度上来说,我们每个人的身份、角色都在不停地转换。当我们和同学相处的时候,总会埋怨同学的大大咧咧、"不拘小节":借东西或许忘记征求你的意见,还东西或许会忘记说上一声"谢谢";而当自己遇到急事、难事的时候,又往往懒得去理那些"小节"。当我们乘坐公共汽车,因车内拥挤或驾驶员踩刹车不小心碰到、踩到别人的时候,或许会在心里默默地为自己开脱:"我又不是故意的";而当我们被人挤到或踩到的时候,或许会为对方不说声抱歉的话而耿耿于怀。当我们身为游客时,偶尔也会依着自己的兴致,踩踏草坪或不顾工作人员的劝阻,想方设法要与文物合影留念,甚至来个"亲密接触";而如果我们是景区工作人员,又会对以上不良行为深恶痛绝。

针对上述现象,陈老师开展了一个"你若是我,我若是你"的角色互换活动。先是用喜闻乐见的谜语导入:高高个子路边站,脑袋发亮真好看;一只腿,三只眼,马路边,天天见;小小卫士度量大,各种垃圾进嘴巴,保护环境人人夸;远看像小丘,近看像楼梯,上去一步步,一下滑到底……引领学生走近不说话的"朋友"——公用设施。接着认识这些不说话的"朋友",了解其名称,交流其作用。再聆听故事"椅子的哭诉",并观看由于公用设施受损导致的众多惨案的图片,让学生一步步了解不爱护公共设施给人们带来的诸多不便或巨大伤害。然后进行角色转换,以"假如我是这些不说话的'朋友'"为题,为公用设施"诉诉苦""说说话"。最后请同学们走出校门调查公用设施的使用和维护情况,并用实际行动帮帮这些不说话的"朋友"。

由于进行了多次角色互换,再加上亲眼看见一些公用设施被不文明之人践踏、摧残的惨状,同学们的心灵受到了强烈的震撼,都不约而同地利用节假

日走上街头维护并帮助这些不说话的"朋友":看到公园滑滑梯脏了,擦一擦;看到路边垃圾桶倒了,扶一扶;看到小区邮箱门开着,关一关……

当然,这里只列举了人与物之间的角色转换。其实,我们更需要的是进行人与人的角色互换。因为,天底下最难摸透的是人心。但我们只要多为对方着想,多为对方说话,多站在对方的立场行事,对方再紧闭的心门也会悄然打开,彼此再深的矛盾也会随风飘散,再难处理的事情也会迎刃而解。

第五章 生活指导:小学生人格养成的源头活水

儿童的教育总是与儿童的生活并行的。儿童以自己的方式生活着并接受教育,教育不可避免地在儿童的生活中展开,儿童的生活自然成了教育的背景。因此,我们的教育应当开启儿童当下的心智之门、生活之门,让他们即时地、积极地获取学习、生活的方法与技能,智慧与情趣,培养儿童的主体意识与主人翁精神。对儿童生活进行指导,就是引导儿童自己去感受、理解、省察和创造,让他们以小主人的形象走向自己未来的生活。总之,生活指导要成为小学生人格养成的源头活水,有效地充实他们现时的生活,为他们将来能够"诗意地栖居在大地上"抹上一层丰盈、多彩、亮丽的精神底色。

第一节 生成背景:小学生生活指导课程简介

新一轮课改使我国的中小学教材发生了深刻的变化,教材作为教学中唯一的"法定文化"的地位渐趋动摇,教材的功能定位也逐渐由"控制"和"规范"教学转向"为学与教服务"。目前家庭生活教育中突出的功利化倾向,社会生活教育中缺乏规划、形不成坚强合力等现状,已经到了必须加以改革的时候了。学校更应该彻底走出应试教育的阴霾,让生活的璀璨阳光照亮每一个角落,因此,必须大力挖掘和充分利用生活中丰富的、鲜活的课程资源,为综合实践活动课程、德育课程、学科课程等服务。

一、课程缘起:立足校本,追求多元

按照新课程计划,学校和地方课程占总课时数的10%至20%。因此,在开齐开足国家课程的基础上,确保基本目标达成的前提下,我校以省重点课题"生命关怀下小学生人格养成教育的整体建构研究"为校本课程开发的基础和决策依据,以学校、师生为课程开发的主体,开发并实施了校本课程"小学生生

活指导"。该课程以陶行知先生"生活即教育"的理论为指导依据,直指小学生的生活,直指学生发展的规律与发展的目标,在教育教学中再现生活化的情境,用生活中的情境来教育学生,让生活成为教育的延续和提高。该课程根据小学生人格基础发展的特点及人格养成规律,以小学生的健全人格基础养成为核心,优化学校的教学过程、活动过程及生活指导过程,从而促进小学生人格的健康发展,促进教师素质的全面提高。

　　开放的时代是一个多元文化相互尊重、相互接纳的时代,儿童要适应这样一个时代,他的人格结构必须是多元化的。苏霍姆林斯基曾说:"有300名学生就会有300种不同的兴趣和爱好。"诚然,每个学生都是独特的个体,有其不同的认知特征、兴趣爱好、欲望要求、创造潜能等,这样千差万别的学生就是我们教育的对象,所以,我们要正视、包容学生的差异,为每一个学生的生命成长负责。

　　我们主张把学生从学校这个"鸟笼"中放飞到大自然中去自由翱翔,到生活的大风大浪中接受人生的洗礼,学习求生之道,学会改造环境和独立生存的技能。由此,我们的生活指导不再仅仅是出于自然性的"良知",而是一种积极的支持、鼓励,是对个体生命的积极介入。我们倡导课程应回归生活,回归学生真实、鲜活的生活场景。以往我们把课程、教材当作世界,现在我们要把儿童的世界当作课程、教材。为此,我们基于儿童立场,指向儿童的当下与未来,来设置小学生生活指导课程,从目标、内容、实施、评价诸方面来建构完整、科学的课程体系,为孩子的快乐成长护航,为孩子的幸福人生奠基。该课程实现了"三个打破":首先,打破了学校与社会的阻隔,构建了教育即生活、生活即教育的大教育体系;其次,打破了现时教育与未来教育的阻隔,崇尚终身教育;最后,打破了知识与实践的阻隔,倡导"教学做合一"。这"三个打破",又聚焦在全面教育,促进人的全面发展上,目的是使每个学生都能掌握自己的命运,从而提升自己的生命质量。

二、课程目标:健全学生人格,促进生命成长

　　传统的教育,过度地强调统一性和整齐划一性,学生几乎没有自己独立成长的空间,因此,在一定程度上阻碍了他们的个性发展。其实,教育

作为一种培养人的活动,就是要使每个人的个性都得到充分而自由的发展。小学生生活指导课程顺应儿童天性,关注每一个学生的不同需求,针对每一个学生生活中出现的这样那样的问题进行必要的指导,从而促使学生获得良好的社会适应能力,形成对生活的积极态度,快乐而有尊严地生活。简言之,小学生生活指导是把学生的健康人格的养成作为终极目标的。为此,我们编制了《小学生生活指导》教材,形成了相应的教学建议与评价策略。

小学生生活指导课程的开发,从形式上看,是以"校"为本,而隐藏其后的真正的教育学与哲学理念是以"人"为本。学生健康、全面、和谐、自由的发展是生活指导课程的出发点和归宿。所以,在课程实施过程中,我们正视学生的差异性,尊重每个学生的个体性,彰显每个学生的主体性和主动性,从而将"使每个学生都能得到充分发展"的理念践行到底。我们遵循小学生人格基础发展的特点及人格养成规律,紧紧围绕学生的乐群性、独立性、合作性、稳定性等人格品质的培养展开教学或进行情景模拟。我们针对小学生在学校、家庭、社会生活中出现的一些问题,如逃避、孤僻、任性、不愿分享、不善合作、不负责任等,从学习、心理、交往、自立等方面进行指导,在丰富多彩的教学与活动中培养小学生对生活积极向上的态度,帮助其树立正确的人生观、价值观、生活观,使其逐渐形成健康的、积极的心理倾向和行为特征,从而健全人格,促进生命的成长。在生活指导过程中,教师不再是按照某种道德准则娓娓道来的说教者和灌输者,而是学生学习、生活的引导者、激励者和促进者,更是与学生共同实现生命成长的互动者、互惠者和对话者。学生则是积极参与问题解决和自我体验、自我规划、自我成长的主体。

一言以蔽之,小学生生活指导课程从我校学生的现实生活状态出发,以生活指导教材为基点,以提升学生今天、明天的生活质量为动点,以"真实"的生活来促进"真实"的生活指导过程,从而最大限度地为生命负责,使学生成长为一个鲜活的人,一个完整的人,一个发展的人。我们把目标细化为低、中、高三个年段,以实现小学生人格养成教育的螺旋上升,让生活指导真正回归儿童的世界,回归生活的世界,回归现实的世界。(见表5-1)

表 5-1

年段	目标		
	人与自我	人与他人	人与环境
低年段	培养对学习的兴趣和上进心,做事有目标、有条理,讲文明,懂礼貌,守纪律	能尊重、体谅、关心他人,乐于助人,与人为善	热爱家乡,热爱学校,热爱自己的家
中年段	勤奋学习,学会科学合理地安排时间,做事讲效率。培养良好的兴趣爱好,能自觉地在集体中锻炼自我,健康成长	同学之间互相合作、互相信任、互相理解、互相支持。积极参加各种社会活动,敢于同坏人坏事做斗争	广泛接触大自然,拓宽视野,遇到危险能够机智勇敢地保护自己,形成一定的自护能力
高年段	有理想,初步树立正确的人生观、价值观、生活观,懂得自我调控,锻炼耐挫力,培养初具个性的自我	学会竞争、合作等相关技能,形成良好的人际关系。遵守社会公德,具有一定的社会责任感	能够主动参与环境的改造,不对所处环境抱怨,而是主动介入并改造环境

以上表格从纵向看,是低、中、高三个子系统的纵向对接;从横向看,是人与自我、人与他人、人与环境三个分系统的横向贯通。纵横之间建立了一个分层递进、螺旋上升、和谐对接的有机联系,时间上具有全程性,空间上具有全面性。根据不同学段学生的年龄特点,每个分系统的具体内容都要落实到低、中、高三个子系统中去,环环相扣、互相依存、互相融通,旨在凸显生命关怀下小学生生活指导的整体性,从而帮助小学生树立正确的人生观、价值观、生活观,最终健全小学生的人格,促进生命的成长。

三、课程内容:学习自主,心理自控,交往自如,生活自立

陶行知先生认为:"教育与生活紧密相连,只有与生活相结合的教育才是真正的教育。生活教育是给生活以教育,用生活来教育,为生活向前向上的需要而教育。"可见,生活决定教育,过怎么样的生活,就受怎么样的教育,教育要通过生活才能释放出力量而成为真正的教育。教育从本质上说是构建一种生活方式。基于以上认识,我们对当前小学生的生活实际进行了调查研究,以小学生人格基础养成教育基本目标为指导,以学生面临的各种问题为基本内容,

形成和积累了资料,构筑了生活指导教育的大框架,然后梳理、筛选,最终设计成生活指导课的内容。

《小学生生活指导》共三册,低年段、中年段、高年段各一册。该书的编排体系是:每学期16篇文章,分为4个单元,每单元前有导读,每单元中通过不同的题材讲清一种品质,阐明一个道理;每学期提供一个班队活动方案,供班主任、辅导员老师参考。该书主要涉及四个方面的内容:一是学习指导,包括学习兴趣的激发、学习习惯的养成、学习品质的培养和学习方法的指导;二是心理指导,包括宽容、诚实、正直、开朗、顽强、上进等心理的指导;三是交往指导,包括礼仪(尊师礼仪、同学礼仪、家庭礼仪)和集体生活指导;四是自立指导,包括生活自理、健康、安全、消费等生存能力的指导。从整体上看,该书力求体现教材内容的递进性,教师指导的阶梯性,学生学习的层次性和可操作性。

《小学生生活指导》的编写过程是教师认真学习、总结反思的过程。在此过程中,教师有针对性地学习了国内外有关人格教育方面的理论,认真搜集、整理了大量的故事、儿歌、寓言、图片、小论文、案例、活动方案等,结合学校实际、小学生的特点,群策群力进行改编、创作,终于以较高的质量完成了编写任务,为我校的人格教育研究向纵深发展做出了贡献。目前,《小学生生活指导》这套教材正式由中国地图出版社出版发行,原江苏省教科所所长成尚荣先生为之作了序,在序中他这样说道:"这是一项有意义、有成效的实事,值得庆贺。"后来,在对各年段学生生活状态与人格现状调查研究的基础上,我们又拟定了低、中、高三个年段的学生生活指导纲要,具体如下:

1. 一、二年级

爱祖国、爱家乡、爱社会、爱他人、爱自己,从小养成良好的学习、生活习惯,礼仪规范。热爱劳动、勤俭节约、尊重他人、与人为善。勤奋学习,积极上进,思维活跃。做事有目标、有条理,学会正确客观地评价自己,做自立、自由的受欢迎的好孩子。

(1)热爱祖国,热爱家乡,热爱学校,热爱自己的家,从小关心国家大事,做社会的小主人。

(2)培养良好的学习、生活习惯,注意正确的读写、行走姿势。

(3)尊敬老师,尊重父母长辈,关心他人,乐于助人。

(4)讲文明,懂礼貌,学会文明作客、待客,学会文明用餐、健康饮食、文明活动与游戏。

(5) 自己的事情自己做,别人的事情帮着做,热爱劳动,勤俭节约。

(6) 知法守法,严于律己,做自律的好孩子。

(7) 遵守社会公德,爱护公共财物,积极参加造绿、护绿活动,做社会的好公民。

(8) 讲究卫生,注意安全,遇到意外情况能沉着应付,有一定的自卫意识。

(9) 勤奋好学,做事有目标,会合理安排时间。

(10) 乐观向上,能正确对待表扬与批评。

2. 三、四年级

积极参加各种集体活动,自觉地在集体中锻炼自我,健康成长。从小学法、懂法,杜绝不安全事故的发生,同时要敢于同坏人坏事做斗争,争做合格的小公民。广泛接触生活实践和大自然,拓宽创新视野,培养创新情趣。学会交际,懂得只有坦诚、理解,才会拥有更多的朋友,不断培养彼此间的合作意识。

(1) 热爱集体、关心集体,在集体中遇到问题,能耐心听取别人的意见,不固执己见。

(2) 懂得要尊重老师的劳动,接受老师的正确教导。

(3) 端正学习态度,努力学好每一门功课,认识到学好各门功课,对打好基础和全面发展的重要性。

(4) 合理安排和充分利用时间,逐步养成学习、做事讲效率的良好习惯。

(5) 积极参加各种社会活动,为环保事业贡献一份微薄之力,争做一个文明、守纪的好公民。

(6) 遇到危险能机智勇敢地化解,保护自己,形成一定的自护能力。

(7) 在学习上、生活上具有自信心、自主意识。

(8) 知道嫉妒是一种不健康的心理,嫉妒害人害己,应该树立正确、健康的竞争观念。

(9) 知道人际交往的重要性,具有主动交往的意识。

(10) 在实践活动中不仅要有竞争意识,更要有合作精神。同学之间互相信任、互相理解、互相配合、互相支持。

3. 五、六年级

初步树立正确的人生观、价值观、生活观。学习在纷繁复杂的社会生活中的竞争、合作等技能。学会与老师、同学等的交往,形成良好的人际关系。懂得自我调控,冷静果断地处理事情。勤于思索,勇于实践,敢于面对挫折,培养顽强的意志。培养初具个性的自我,加强研究性学习,全面提高自身素质,适应飞速发展的时代,担负起21世纪赋予的重任。

(1) 树立远大的理想,从小应立鸿鹄之志。

(2) 树立正确的价值观,崇尚真实、高洁、创新。

(3) 遵守社会公德,具有社会责任感。

(4) 明白交往技能的重要性,初步学会竞争、合作、帮助、接纳等交往技能,懂得真诚守信是第一准则。

(5) 清楚自律的重要性,要学会控制自己的情绪和行动,试着用纪律来约束自己。

(6) 懂得生活的道路并非总是一帆风顺的,要经受住生活的磨难,学会在逆境中奋起,以独立自主的态度接受生活的挑战。

(7) 知道人人都会遇到困难与挫折,困难与挫折能够磨炼人的意志,要勇于战胜困难与挫折。

(8) 知道良好的兴趣爱好对一个人成才的重要性,良好的兴趣爱好是成功的基础,要积极培养自己多方面的兴趣爱好。

(9) 自主探索,大胆质疑,培养勤思好问的学习习惯。

(10) 懂得"实践出真知"。不怕失败,勇于探索、创新,享受成功的喜悦。

生活指导不同于一般的活动课,它要求创设各种情境,创设各种实践的机会,让学生亲身投入,去体验,去思考,去判断,去选择,去发挥。为此,我们探索了一个较为理想的操作模式,分为三个环节:鼓励、探索阶段—概念发展阶段—应用阶段。这三个环节在课程进行的过程中环环相扣,逐渐深化。一方面,研究"知",即在教师的指导下,利用学校已有的课程设置,让学生懂得社会道义和生活技能;另一方面,研究"行",即教师对学生的生活指导要与学生的现实生活和学校的主题活动结合起来,沟通课上课后,校内校外,注重"教学做合一",注重在生活中实践,在实践中习得。通过生活指导课程的实施,让学生学习自主,心理自控,交往自如,生活自立,让我校的人格教育变枯竭为鲜活、变苍白为丰富。

第二节 行动路径:小学生生活指导课程实施

课程实施是将编制好的课程计划付诸实践的过程,是实现预期的课程理想,达到预期的课程目的,实现预期教育结果的手段。教育改革的成败,不在于课程计划的科学与否,关键在于课程的实施。我校在小学生生活指导课程实施的过程中把过去以内容传授为主的教学转化为对话式、启发式的教学,强调调动学生的内在积极性。作为课程实施者与参与者的教师要以学生为本,将符合教的课程创造性地改造成符合学生学的课程,将外在于学生的知识变成学生的个人知识,成为学生的个人体验,成为学生人格养成的组成部分,为学生的生命成长奠基。因此,我校加强教师间的交流与合作,相互听课、协同备课,召开教研会,举行赛课活动,以保障课程实施的顺利、有效进行。

生活指导课程实施办法与课时分配如下:每周 1 课时,每学期 16 课时,一到六年级总计 192 课时。每周四的晨会课和两周一次的少先队活动课运用该教材对学生进行学习、心理、交往、自立等方面的指导。每位班主任老师都应遵循如下的教学准则。

一是学以致用。生活指导课不是空洞的说教,而应指导学生运用所学的方法或本领到学习、生活中去实践,去运用。

二是灵动有效。长短课结合,以体现教学的灵动性与有效性。晨会课是 10 分钟的短课,所以应努力做到目标清楚、重点突出、效果明显,具体要求是:① 导入快(2 分钟左右),不要拖泥带水,要快速进入主题;② 讲解实(6 分钟左右),不要隔靴搔痒,要触动学生心灵;③ 拓展巧(2 分钟左右),不要照本宣科,要引领学生去做。少先队活动课是 40 分钟的长课,可以按提供的活动方案进行活动,也可以依据班情、学情在原有素材的基础上进行适当拓展与延伸。

三是充满情趣。在教学过程中打造低、中、高三个年段生活指导课的不同教学风格。低年段:童趣引领,开启生活之门;中年段:情趣相伴,踏上生活之旅;高年段:理趣励志,走进生活殿堂。

概言之,生活指导课程实施就是以《小学生生活指导》系列教材为依托,从学生实际出发,扎扎实实地对学生进行多方面的指导,努力使他们养成良好的学习习惯、健康的生活方式和积极的人生态度。

一、低年段：童趣引领，开启生活之门

兴趣是学习动机中表现最活跃、最现实的因素。心理学家认为，学习是一个主动的过程。对学生的学习内因最好的激发是对所学材料产生兴趣。因此，我们根据低年段学生的年龄特点和教材内容，以童趣引领进行低年段生活指导课的探究，努力为每位学生开启生活之门。下面就结合"你会打电话吗"这一课的教学，谈谈做法和想法。

【案例】

你会打电话吗

（一）利用谜语，快速导入

师：同学们，今天，老师给大家带来了一则谜语，竖起小耳朵，仔细听。谜面是"只听声音不见影，一线连着两颗心。想和远方人谈话，自然就会找到它"。谜底到底是什么呢？

生：录音机。

生：电话。

师：恭喜你，猜对了。电话是我们日常生活中常用的一种通信工具。只要我们轻轻拨一下电话号码，就能把我们的问候、想说的话告诉对方了。我们可以常常给朋友、家人打电话。那你会打电话吗？（出示课题——你会打电话吗）

（二）创设情境，学习交流

师：听说乐乐森林学校发生了一件意想不到的事情，我们赶快乘上火车去瞧一瞧，看看能不能帮上忙。（播放动画课件）山羊老师正在给小动物们上课呢，大家听得多专心呀！哎呀，不好！小猪胖胖晕倒啦。这可怎么办呢？大家快帮忙想办法吧。可以和小组的同学商量一下，看哪一组想的办法又快又好。（学生回答略）

师：大家的主意还真不少。看来，还是打电话比较方便。大家赶快寻找自己的合作伙伴，分组练习打电话，注意把话说得既简单又明白。（先分组练习，再指名表演，集体评议）

师：看来，打电话也有不少学问呢。你们练得对不对呢？老师没办法一个一个听。这样吧，听听小狗怎么打急救电话吧。（课件出示小狗打急救电话的

具体情景)

师:你们也是这样打电话的吗?说得也是这么简单明白吗?请和小伙伴互相评一评吧!

师:听到了建议,学会了方法,你愿意再试一试吗?请找到刚才的合作伙伴,再一起练练吧。

(三)再现生活,拓展运用

师:生活中,我们还会遇到一些意外,如有人突然发病,发生火灾,坏人偷抢等。这时,我们千万不要慌张。首先,拨对求助电话的号码,接着简洁明了地说清发生的事情和出事的地点,以便对方能尽快地赶到现场进行帮助。

师:同学们,你知道这些特殊的电话号码吗?(出示填空)

(   )救病号,(   )抓坏人,查号请拨(   ),火灾快打(   )。

生:120救病号。

生:110抓坏人。

生:查号请拨114。

生:火灾快打119。

师:下面我们来学一学,练一练。(出示图片一)请看,有人晕倒在晨光小学的门口了。

生:是急救中心吗?晨光小学门口有人晕倒了,快过来抢救。

师:(出示图片二)五星公园的草地上发生了火灾。

生:是消防队吗?五星公园的草地上发生火灾了,快过来救火。

师:(出示图片三)中山公园有坏人在抢劫。

生:是警察叔叔吗?中山公园有坏人在抢劫,请赶快过来抓坏人。

师:同学们遇上险情能灵活应变,沉着应对,真能干。当然,这些特殊号码可不能乱打,要不然,会影响叔叔阿姨救助应该帮助的人。

(四)总结延伸,回归生活

师:同学们,这是老师的联系电话,以后有什么事,欢迎你们给我打电话,问问作业,聊聊学习,交流一下思想,好吗?

【解读】

(一)猜谜导入,激发兴趣

俗话说,良好的开头是成功的一半。课堂教学中的导入,如同拉开的大幕,让学生一眼就能看到精美的布置;犹如乐章的序曲,使学生一开始就受到强烈的感染。在以上教学中,教师根据文本特点,以谜语导入,使学生在猜谜的过程中为了找到正确的答案,成功激起探求知识的欲望,自然也就使他们以最佳的思维状态投入到学习中来。

(二)创设情境,投其所好

创设富有童趣的情境,使学生对学习的内容本身产生浓厚的兴趣,是学生积极主动学习的又一种直接、有效的方式。

1. 巧设动画情境

多媒体网络技术能够以交互的方式,将图形、图像、文本、动画、视频、声音等多种媒体,经过计算机处理后再生动地表现出来。它具有视听结合、动静相宜、感染力强的特点,使往日呆板的教学形式变得丰富多彩,增加了学习的趣味性,能有效地激发学生的兴趣、欲望和情绪,极大地调动学生的学习积极性。而动画故事又极易调动低年段学生的学习兴趣。在以上案例中,为了让学生真切感受到学习打电话的需要,教师通过动画精心创设了"小猪晕倒"这一问题情境,虽只有短短一幕,但贴近生活的问题情境明确了解决问题的目标,有效地调动了学生的学习动机,引发了探究解决问题的乐趣,使学生自然而然地进入积极的思维状态。"小组讨论想办法帮助小猪""伙伴练习打电话"能有效激发学生的好胜心和表达欲望,形成生生互动的过程,学生既可以倾听伙伴的观点,又可以表达自己的观点,还可以和伙伴商量,达成比较一致的意见;"指名表演集体评议"能形成真实自由的、学为所用的交际场景,学生思维的敏捷性、语言的流畅性、言语表达的灵活性都能得到长足的发展;"观看动画互相评价""伙伴再次对话"进一步练习打电话,使学生注意倾听鉴别、尝试模仿纠正、大胆与人对话。这样,就能在具体可见的事件与触手可摸的实际场景中感性地学会"打电话"。

2. 创设生活情境

布鲁纳说:"学习的最大兴趣,乃是对学习材料的兴趣。"假如教学只是单纯地为教而教,会使教学变成枯燥无味的苦差事,让学生望而生畏,失却学习的兴趣和动力。但是,如果我们能够在教学的过程中重视生活情境的创设,把学生熟悉的或不太熟悉的生活场景在课堂教学中再现出来,并引导学生置身于这些生活情境之中,去亲自体验感受,产生学习与我们的生活密切相关的意识,就会缩短与学习内容的距离,并激发起他们的学习欲望与热情。在以上教学中,教师结合生活实际创设具体的交际情境,让学生在特定的情境中练习打电话,学生的积极性被高度激发,他们真实地进入角色,积极地投入到思考、想象、表达、倾听、评价中去,从而了解一些特殊电话号码,使他们在以后的生活中遇到类似问题时能及时找到解决的方法。

(三)回归生活,学以致用

教学来源于实践,又服务于实践生活,这是我们学习的最终目的。生活指导课的教学所给予学生的不应是一个简单的结论,而该是怎么让学生亲自去尝试、去体验。因此要充分利用校外资源,让儿童走出学校,到社会中去学习、去实践,从而开阔眼界,增长知识,激发兴趣,发展社会实践能力,做到学以致用,回归生活。在以上教学结束时,教师说:"这是老师的联系电话,以后有什么事,欢迎你们给我打电话,问问作业,聊聊学习,交流一下思想,好吗?"这样的引导,促使学生主动与教师交流,真正让学生把学到的知识运用于生活。

总之,围绕童趣引领这一理念,我们会继续探究,努力将这一理念切实引进到生活指导课中,因为我们面对的学生是低年段孩子,他们活泼可爱、真实鲜活。我们应着力引导学生通过自己的行动,看到事情的真实部分,引发他们内心的感受,触及他们的心灵,丰富拓展学生原有的生活经验,最终回归生活,这样才能取得有效的教学效果。

二、中年段:情趣相伴,踏上生活之旅

中年段学生正处于由儿童期向"前青春期"过渡的关键时期,由于理性思维的发展,这一阶段的孩子对人、对事很敏感,常常会莫名其妙地感到不舒服,与人交往容易产生误会。生活指导课程也指出:三、四年级的学生要学会交际,树立正确、健康的竞争观念,懂得只有坦诚、理解,才会拥有更多的朋友,不断培养彼此间的合作意识。因此,教师要通过各种富有情趣的体验,帮助学生用积极的心态来处理生活中的问题,让学生在富有情趣的多种体验的陪伴下,打开一扇又一扇通向心灵深处的大门,从而快乐地踏上生活之旅。下面以"为什么有时候心里会不舒服"为例,来谈一谈具体做法。

【案例】

为什么有时候心里会不舒服

（一）课前记录，初步感知

课前教师布置任务，请同学们记录一周的心情，要求用一种颜色代表一种心情。

（二）结合体验，交流感受

生：（交流自己画的心情内容）

师：快乐是怎样的呢？能用动作、语言、神态表达出来吗？（师生共唱《幸福拍手歌》，一起分享快乐）

师：生活中不光有成长的快乐，有时也会有成长的烦恼。所以有时候我们的心里会感觉不舒服，你有过这样的烦恼吗？为什么会有这样的烦恼？和大家说一说。

生：（交流各自的烦恼）

师：是呀，每个人的烦恼是各不相同的。

（三）分组游戏，亲历烦恼

师：（学生分组游戏。教师为全班6组学生中的3组提供丰富的游戏道具，其余3组自己安排5分钟的游戏时间）

师：（游戏结束，大家交流心情。发现学生们心里都不舒服。没有拿到游戏道具的学生觉得玩得不尽兴，没有意思；拿到游戏道具的学生觉得玩得不自在，因为有一半同学的不快乐心情在影响着他们）

师：其实，我们每个人都有这样那样的需要。比如，与同伴交往的需要，安全的需要等。当需要得不到满足时，心里就会感到不舒服，所以有时心里不高兴是一种非常正常的现象。今天大家就是因为与同伴同等游戏、同等交往的需要没有得到满足，所以觉得不舒服。

（四）共同谋策，消解烦恼

师：那么，我们怎样从不快乐中解脱出来？大家能不能靠自己的力量，来研究解决烦恼的"锦囊妙计"？

生：（体验活动——听笑话、唱歌跳舞、一起做游戏）

师：其实排解烦恼的方法有很多，如理智法、倾诉法、幽默法、自我安慰法、转移法、淡化法等等。

师：如果你已经找到解决自己烦恼的最佳方法，就把"烦恼"叠成一架小飞机，亲自放飞，让它把你的烦恼带走吧！

（五）总结延伸，深入生活

师：同学们，在这短短的一节课里，我们掌握了排解烦恼的方法和技巧。今天《春晖报》的知心姐姐听说我们要上这堂课，特意请大家当一回心理小医生，帮她解决几个难题。（大家结合学到的方法，小组内讨论如何解决难题）

（1）小红成绩一向不错，但这次单元练习成绩不理想，她很沮丧。

（2）小华的父母整天忙着做生意，星期天他常常一个人在家，感到很孤单。

（3）在竞选班委时，小方落选了，心里很难过。

师：希望大家今后不光能用这次活动中研究出的方法正确处理自己情绪上的波动，同时也能多了解身边亲人的烦恼并及时帮助他们。最后，愿大家保持一个健康的心态，快快乐乐地学习与生活！

【解读】

体验是青少年在实践中亲身经历的一种心理活动，它更多的是指情感活动，是对情感的一种体会和感受。体验还泛指亲身经历，从亲身经历中体会知识、技能的形成过程，感受真善美与假恶丑。

体验学习体现了教和学方式的改革，也是教和学思维方式的一种变化。体验学习不只是关注知识的传授和学生从知识到知识的死板学习，更关注学生对事物的理解和具有个体意义的感受与领悟的获得，强调学生的情感体验和道德体验。它包括行为体验和内心体验两个层面。在本课教学中，教师就采用了体验学习的方式，设计了一系列教学活动，让学生在参与活动的过程中体验快乐和烦恼，引导学生学习一些调整情绪、快乐生活的方法，并把这些方法运用到实际生活中去加深体验。纵观该课，具有以下几个特点。

（一）学习内容源自生活，便于学生进行体验学习

美国著名教育家杜威提出"生活即教育""在做中学"的教育思想。知识就是经验，而经验就是人与自己所创造的环境的"交涉"。儿童要学习知识，要获得"经验"，就必须与社会、自然有所接触，也就是要去行动——活动。该课的主题是让学生正确面对自己在生活中遇到的不良情绪，并学会如何解决遇到

的困惑和问题。我们认为，不管是成年人还是孩子，在生活这个七色盘中每天都有着自己的生活色调，也许是单调的白色，也许是舒心的绿色，也许是火热的红色，也许是沉重的黑色……但是每一种颜色都是属于自己的。在以上教学活动中，教者牢牢把握了不同孩子的生活色调——或快乐或烦恼，紧密地联系学生的生活实际、社会经验，使学生更方便地进行体验学习的交流，也使交流更真实、更深刻。

（二）以体验学习为主要学习方式，让学生在亲身体验中主动学习

体验学习作为一种符合学生心理认知、成长规律的学习方式，它要求学生主动参与、亲身实践、独立思考、合作探究，发展学生处理信息的能力，获取新知识的能力，分析和解决问题的能力，以及合作交流的能力。在该课教学中，教师放手让学生在有限的时间和空间里，根据自己的学习体验，用自己的思维方式，自由地、开放地去探索、发现、再创造，从而培养了学生各方面的能力。

1. 课前初步体验

体验学习以学习者参与实践活动为基础，活动是体验的载体。不同的活动方式和活动内容，会带给学习者不同的心理体验。课前，教师给学生布置了一项特殊的任务：让他们给自己一周的心情用不同的颜色做好记录。设计这样的教学环节有两个作用：一是让学生对自己的情绪有初步的了解；二是让学生对自己的心情做客观记录，以便课上交流，从而为进一步学习做好准备。

学生首先对这一个富有趣味的作业产生了浓厚的兴趣，所以他们在记录过程中定会更用心地去观察、去体验。课前一周心情的记录这个环节，在课堂和生活之间架起一座相互沟通的桥梁，为学生的体验、创新提供条件，让学生在亲身体验中主动学习。这样的体验建构了有利于全体学生主动参与的课堂教学情境。在如何解决自己烦恼这一教学目标上，该体验也为之后富有实质性意义的教学效果做好了铺垫。

2. 课中提升体验

体验是指亲力亲为，积累自己经验的过程。体验式学习注重为学习者提供真实或模拟的环境和活动，让学习者透过个人在人际活动中的充分参与来获得个人的经验、感受、觉悟并进行交流与分享。然后通过反思总结，将其提升为理论或成果，最后将理论或成果投入到应用实践中。在该课中，教师精心设计了一系列体验性活动，为学生创设了真实的情境，让一部分学生进行相应的现场体验。如分组进行游戏,踩气球排解烦恼,听笑话,共同放飞"烦恼"等。这些活动的设计既符合中年段学生心理特征和年龄特点,也符合本课教学内容的需要。在师生的共同游戏中,特别是当把系在脚上的代表坏心情的气球踩爆,把坏心情折到纸飞机里飞远时,学生的情绪马上得到了改变,由不快乐变为快乐。在这里,就是因为教师将教育和活动有机地结合在一起,做到了将教学方法建立在对学习有意义的、直接的、具体的经验之上,所以在本课的学习过程中,学生能以积极主动的状态参与到活动中,尽情地进行体验,进入情境化的学习,而不是做冷静的旁观者。另外,学生在活动的过程中感受到自己始终处于活动之中,是活动的主体,而不是被搁置在预设的教学活动情境之中被动地参与和体验。在共同找寻解决烦恼的方法时,大家齐心协力,共同探讨,并及时进行体验感知、内化,把个体、群体的反思变成自身的行为或者观念。教师对排解烦恼方法的小结也是在对体验进行归纳总结,将之上升到理论高度,引发了学生更高层次的感悟和体验。在这样的课堂情境中,学生的体验是自然的、真实的,也是具有一定深度的。

3. 课后丰富体验

学生的实践活动是一个连续的、完整的过程,如果仅仅满足于课堂上的教学实践是不够的。因此教师利用本校资源,巧妙地请出了"知心姐姐",把三个正处在烦恼中的同学小红、小华、小方的难题摆在大家面前,呼吁学生运用已有的经验或已掌握的方法来帮助他们解决问题。这样不仅能解决实际问题,也能通过活动使学生将在课堂内所学的知识加以巩固、深化和提高。学生就自然而然地将课内活动延伸到课外,真正做到从课内走向课外,从课堂走向生活。此外,在关心别人的同时学生又获得了新的体验——成就感、助人为乐的幸福感,从而不断丰富自己的体验。

当然,在本课教学中,教师若能够根据学生在活动中获得的不快乐的亲身体验,进一步引导学生思考、感悟长期不快乐地生活对一个人的身心发展会带来多么严重的后果,帮助学生完善和提升认识,激发学生产生自觉调整情绪、快乐生活的欲望和行为动机就更好了。

苏霍姆林斯基说:"人的心灵深处,都有一种根深蒂固的需要,这就是希望感到自己是一个发现者、研究者、探索者。"若我们的孩子每一次体验都是真实而深刻的,那他们就能成为真正的发现者、研究者、探索者!

三、高年段：理趣励志，走进生活殿堂

《小学生活指导纲要》中指出：高年段学生要明白交往技能的重要性，要学会控制自己的情绪和行动，懂得自我调控，冷静果断地处理事情；初步学会竞争、合作、帮助、接纳等交往技能，形成良好的人际关系，从而全面提高自身素质，适应飞速发展的时代，走进生活的殿堂，担负起21世纪赋予的重任。下面以五年级下学期第11课"宽容是一种爱"为例，具体来谈一谈。

【案例】

宽容是一种爱

（一）解结游戏，引出课题

（1）游戏：你"结"我"解"。在规定时间内同桌两人合作，一位同学给绳子打五个结，另一位同学解结。

（2）采访：没有完成任务的小组感想如何，解结成功的同学秘诀是什么。

（3）揭题：宽容。

（二）名人引领，理解宽容

（1）什么是宽容呢？让我们来听一听法国科学家普鲁斯特和贝索勒是怎么做的。

（2）交流：什么是宽容。宽容就是包容别人、不计较别人过失，并充分肯定别人的长处、学习别人的长处的心理状态。

（三）故事启迪，学习宽容

1. 故事启迪

（1）让我们来听听丹麦天文学家第谷的故事，看看能不能给我们一些启发。

（2）学生交流：第谷读了开普勒的信后，是怎样将敌意化解为友谊的，这对自己的生活有什么启发？

（3）板书：自我控制　承认错误　表达歉意　无私帮助

（4）小结：同学们，人与人之间从来没有融化不了的坚冰，只要我们拥有一颗宽容的心，就可以让大事化小，小事化无；就可以远离生气、伤心、痛苦、愤怒这些消极的情绪，让平静、快乐围绕着我们。

2. 实例分享

(教师讲述)昨天,老师遇到了一件尴尬的事。我居住的小区新开了一家西饼屋,昨天晚上我就去捧场了。可我一不小心,脚底滑了一下,手里的奶油蛋糕弄脏了商店的地板。我很不好意思,满怀歉意地冲老板笑笑,不料老板却说:"真对不起,我代表我们的地板向您致歉,它太喜欢吃您的蛋糕了!"听了老板的话,周围的人都笑了。气氛一下子轻松了许多。我想:这老板多么幽默啊,化解了我的难堪。我决心"投桃报李",又买了好几样东西后才离开。

同学们,西饼屋老板用了什么妙招,让气氛一下子由紧张转为轻松,让我的尴尬变成了快乐?(板书:幽默化解)

3. 心理疏导

同学们,从故事中,从刚才的思考讨论中,我们对宽容有了新的理解,学到了不少宽容的小魔法。

心灵寄语1:宽容不是迁就也不是软弱,是为了更好地与人相处,是一种智慧的处事之道——退一步,海阔天空。

心灵寄语2:不要因为一时的冲动,成了情绪的奴隶,采取一下冷处理的方式,你会发现,天空飘来五个字"那都不是事"——冷静思考,自我控制。

心灵寄语3:站在他人的角度考虑问题,讲几句关心的话,道歉的话,幽默的话,就可以避免许多不愉快的场面——换位思考,与人为善。

(四)控制情绪,学会宽容

1. 给小林、小刚支支招

让我们带上这些心灵寄语,踏上心灵之路,一起来为小林和小刚化解矛盾,开一张情绪处方吧!

(1)回放视频。上课铃响了,小林抱着足球匆匆走向教室,跟正要去交作业的小刚撞在了一起,把小刚的作业本撞落在地。小刚忍不住叫了起来:"喂,你没长眼睛啊,把我的本子都撞在地上了。"小林非常不满,双手叉腰,说:"你才没长眼睛呢!掉了就捡起来呀,你为什么侮辱我?"小刚十分生气:"谁让你撞我的?"

(2)小组讨论:如果我是小林,我会这样想_____,这样说(做)_____。如果我是小刚,我会这样想_____,这样说(做)_____。

(3)情境表演。

(4)情绪引导:同学们,宽容让小林和小刚收获了什么?(板书:友谊、快乐、理解)

2. 走进宽容漫画屋

(1)同学们,最近阿狸同学特别苦恼,让我们用刚刚学会的宽容小魔法为他排忧解难吧。请大家走进漫画 PART。老师创作了一本四格漫画本,就是用四幅图来表达一个宽容故事。漫画记录了阿狸同学在和他人交往中遇到的一些不愉快的事。老师请你们来画龙点睛,在图片的空白处写上阿狸同学心里的想法,我们一起来完成,好吗?

(2)小组讨论(PPT 出示 4 个场景)。

场景 1:老师还没有来,大家都在讲话。正讲得兴高采烈时,老师来了,就只有看到我在讲话,把我批评了一顿。

场景 2:早上,我坐公交车去上学。司机一个急刹车,我手里的豆浆洒在了前排阿姨的身上。

场景 3:回到家,我想玩一会儿电脑再做作业,谁知妈妈下班回来,大声呵斥我:"做完作业才能玩电脑!"

场景 4:小红和小雅在交头接耳,不时看我一眼,指指点点。

(3)学生创作漫画,展示评议。

(4)小结:同学们,我们一起创作的漫画多么精彩啊!恭喜你们,敞开心胸,把快乐留在了身边。

(五)赠送名言,引领生活

(1)祝贺你们打开了心门,把那些消极的、烦恼的情绪从心里赶走。拿出老师赠送的卡片,让我们写上一条宽容哲言送给自己吧!

(2)大家交流写在卡片上的内容。

(3)同学们,把它作为宽容漫画本的扉页吧,这就是你的心灵成长册!它会带着你用一颗宽容的心去原谅可容之言,饶恕可容之事,包涵可容之人。老师相信你们的生命中会充满欢声笑语,朋友会遍布天下!

最后,送大家一首小诗:学会宽容/也学会爱/将彼此的心灵沟通/走过这座桥/生命将会/多一份友爱/多一份快乐/多一份智慧。

【解读】

被誉为积极心理学之父的马丁·塞利格曼认为,幸福的人有一个共同的特点,就是具有利他行为,也可以说是心中有他人。小学高年段是形成学生良好个性的关键期,也是助人行为发展最快的时期,对学生的认知能力的发展有直接影响,也因生活范围、内容的变化使学生的道德判断从自我中心逐渐转向互惠互利。基于这样的发展心理学认识,本次生活指导从学生的生活实际入手,帮助学生认识到宽容的重要性,引导他们在交往中学会互相尊重、互相体谅、互相谅解,遇到矛盾时,能尝试以宽容的态度去解决,从而大踏步地走进生活的殿堂。

(一) 使用实例,促使学生懂得宽容

首先,教师讲述丹麦天文学家第谷的故事,引导学生思考:第谷读了开普勒的信后,是怎样将敌意化解为友谊的?这对自己的生活有什么启发?通过大家的讨论,思维的碰撞,引导学生明白这样一个道理:在遇到让自己感到愤怒委屈的事情时,如果头脑发热,一定要拼个你死我活,往往会做出一些有悖常理的事情,最终引起更大的损失。反之,如果能控制一下自己的情绪,平心静气地处理一些事情,就能得到意外的收获。

其次,参考教师讲述的实例,让学生讲一讲发生在自己身上的实例,并说一说自己在生气时做出的一些不好的事情及产生的不良后果。学生一般都相信发生在自己身边的实例,而且,发生在自己身边的实例也更具说服力,通过这样的实例分享,让学生明白:矛盾是可以化解的,宽容是解决事情的最佳方式。

(二) 习得方法,指导学生学会宽容

首先,教会学生主动化解矛盾的方法。有些学生脸皮较薄,就算知道自己做错了,也碍于面子不肯承认错误,造成人际关系紧张。面对这种情况,教师要一方面告诉学生,敢于承认错误是一种正确的行为,另一方面还可以教他们一些委婉道歉的方法,比如写纸条、做小礼物赔礼、幽默化解等,让学生学会主动认错,为培养学生树立宽容心打下基础。案例中,老师讲述了自己经历的西饼屋的故事,目的是想告诉学生:站在他人的角度考虑问题,讲几句关心的话,道歉的话,幽默的话,就可以避免许多不愉快的事情发生。

其次,教会学生换位思考的方式。其实很多矛盾的产生都来自于学生,他们太重自身,通常会在自己的脑海里设立一些错误的规定,一旦别人没有按照这些规定行事就会引起他们的不满,甚至愤恨。运用换位思考的方法,能够帮助学生懂得面对自己所设定的那些条条框框,对方是很难自动遵守的,而自己

的那些规定在有些情况下是完全不合理的,要是别人对你的一些错误一直耿耿于怀,你也会十分难过。案例中,老师根据小林和小刚的故事,进行小组讨论:"如果我是小林,我会这样想_____,这样说(做)_____。如果我是小刚,我会这样想_____,这样说(做)_____。"同学们的发言中其实都用到了一个很重要的化解矛盾的人际交往技巧——站在对方的立场上想想他人的感受,给予别人谅解和宽容,这就叫作"换位思考"。

再次,教会学生如何调节自己的情绪。小学生的情绪,往往很不稳定,来得快,去得也快,就像夏天的暴风雨。在跟同学有了摩擦时,学生心里就觉得委屈,会做出一些冲动的行为。因此,教给他们一些调节情绪的方法,显得尤为重要。比较适合学生调节情绪的方法有:听音乐缓解冲动的情绪;离开现场,转移注意力;写日记或找朋友倾诉;等等。

第三节 检测标准:小学生生活指导课程评价

众所周知,课程评价改革是课程改革最难啃的"骨头"。"为了每一个学生人格的健康养成"这一理念的确立,为生活指导课程评价的构建奠定了坚实的基础。在小学阶段进行课程评价,既要注意教师课堂教学及授课内容的组织、设计和表达,又要注意学生对所学内容的参与、理解和消化。同时,还得注意教学过程中学生积极生活态度的形成,良好学习习惯的养成,多种生活技能的培养,以及学生自主学习的体现等方面。这样评价的目的是关注学生在学习过程中的每一个细小的进步和变化,继而帮助学生认识自我,超越自我,促进学生健康人格基础的养成。

一、课堂评价:导入快速,讲解实在,拓展巧妙

如果用那些传统的、过时的方法去评价教师的课堂教学,势必影响课程改革的顺利进行。那么,我们就该用一种全新的、系统的评价机制以适应课程改革的时代潮流。从总体上说,就是要由原来的主要针对教师的"教"切换到现在的主要针对学生的"学",我们的教要为学生的学服务。教师在对课堂教学的组织安排中不能一味地追求教学任务的完成密度,而是要有张有弛地留给学生充分思考、讨论、提问及放松休息的时间,充分照顾学生的年龄特征,切不可使学生在疲劳的状态下学习。生活指导课的内容比较宽泛,而教学时间比较短,所以,导入要快,讲解要实,拓展要巧。这也是我们评价教师课堂教学是否有效的一个最重要的检测标准。

(一)导入快速

对于小学生来说,巧妙而快速地导入新课,有利于吸引学生的注意力,激发学生强烈的求知欲,引起学生对新课的浓厚兴趣,从而为良好的教学效果打下基础。

1. 歌曲导入

冼星海先生说过:"音乐,是人生最大的快乐;音乐,是生活中的一股清泉;音乐,是陶冶性情的熔炉。"借助歌曲导入新课,能给学生耳目一新的感觉,使学生在较短的时间内以最快最佳的状态进入课堂,产生先声夺人的效果。如在教学二年级上册的《做诚实的孩子》这一课,孙老师在导入时播放了《好孩子要诚实》这首富有童趣的歌曲,歌曲的内容告诉我们,有个小孩不小心打碎花瓶但能主动认错,连小花猫都夸奖他。短短几十秒的歌曲,迅速吸引了学生的注意力,从而自然快速地进入本课的学习之中,而且学生还因此产生了情感的共鸣,许多学生不由自主地伴随着音乐展开想象,从而体会到诚实的意义。

2. 谈话导入

谈话导入,学生感觉亲切、自然,而且能直接进入下一个教学环节。如教学《怎样对待父母的唠叨》这一课,袁老师是这样导入的:"同学们,你的父母常对你说的话有哪些?(学生自由回答)也许,父母的唠叨每天都会有,那怎样对待父母的唠叨呢?(出示课题)今天,我们就一起来说一说这个话题。"像这样,通过谈话,唤起学生已有的知识经验,快速引导学生进入学习,可以说是开门见山,直入主题。

3. 故事导入

爱听故事是孩子的天性,再加上生活指导教材上许多都是以故事为教学内容,教师用讲故事的形式导入,可以说是水到渠成。如二年级上册《分西瓜》一课的教学内容就是有关分西瓜的一个小故事。王老师导入时是这样说的:"今天,老师给大家带来了一个小故事,题目是《分西瓜》(板书课题)。请小朋友竖起小耳朵,仔细听一听,并说一说你从故事中知道了什么。"这样的导入,三言两语就抓住了学生的注意力,激发了学生的学习兴趣,又让学生在教师的讲述中了解了学习内容,可谓一举多得。

(二)讲解实在

在网络日益发达、科技日新月异的今天,"攀比"作为一种广泛的社会现象,已经存在于社会的各个层次,各个年龄段之间,孩子们也不能幸免。小学中年段是儿童发展历程中的一个重要时期,它是儿童个性心理品质形成的起始阶段。这一阶段的孩子,正努力摆脱"小朋友"这顶高帽子,自我意识增强,对周围的人、事会有自己独到的思考,但又未形成正确的人生观、价值观和生活观,需要师长因势利导,培养其健全的人格及心理机制。因此在生活中,教师要善于并及时洞察孩子的心理变化,切忌用"假、大、空"的言论说教,建议用真诚平实的道理或事实服人。

《小学生生活指导》三年级上学期第16课《同学之间应该比什么》,就和孩子的真实生活进行了有效嫁接。了解到身边部分孩子对名牌衣服、名牌学习用品等物质生活条件的向往,教师可以在课堂上提出问题,让学生讨论从而明理,如对于豪车、名牌衣物这些优渥的物质条件,学生之间应该比吗,为什么?经过集体交流,学生们逐渐达成共识:无论是什么样的生活,都是家长辛勤劳动换来的,不应该拿出来炫耀,更不应该攀比。在引导学生初步了解到攀比是当前小学生中存在的一种不良心理后,教师继续启发学生思考:那现在的我们,到底应该比些什么呢?请举例说明。四人小组讨论后再进行交流,过程中,学生明白了同学之间可以比的有很多,例如:谁掌握的知识最牢固;谁读的课外书最多,知识最丰富;谁最助人为乐;谁的手最巧;谁的体育最好,身体最棒;谁写的字最美观;等等。最后,教师进行小结:我们的父母尽自己最大的努力为我们创造了最好的学习、生活环境,但由于能力不一样,总会存在差距,这是正常的,也是10岁的你无法改变的。但你一定要知道父母为我们付出的爱是一样多的,这份沉甸甸的爱怎么比得出谁轻谁重呢?聊到这里,相信学生的心理感受是各不相同的,或暗自羞愧,或产生共鸣,或许还有豁然开朗的。如此明辨是非后,才适合指导学生言行:现在,如果当你的同学在你面前炫耀他的高档文具时,你该怎么办?小蓝看到同桌小红暑假到香港迪士尼去买的手表特别漂亮,回家也吵着要下岗在家的妈妈买一个,你想对她说些什么?此时此刻,学生思维活跃、发言踊跃:同学之间可以比的东西很多,只要是正确、健康的,都可以拿来比一比;不要拿一些不是自己创造的财富去炫耀,那是无知、虚荣的表现。一句句实在、质朴的话语,如夏天的一习凉风抚平了躁动的心。

纵观整堂课,虽然教学时间不长,但思路清晰,围绕"该不该攀比""为什么不该攀比""应该比什么"三个问题,扎扎实实进行了辨析讲解,没有华丽的辞藻,也没有繁复的形式,但教师的引导字字入心,句句动情。问题来源于真实的生活,在教师的用心引领、巧妙讲解后,我们听到了孩子心底静静流淌的声音。

(三)拓展巧妙

教学必须与儿童的生活世界相关联,才能真正促进儿童的成长。儿童的知识是通过其在生活和学习中的直接体验、思考、积累而逐步建构起来的,因此,因地制宜地拓展教学时空就成了生活指导教学的永恒追求。只有这样才能进行符合儿童成长和发展需要的切实指导,让教学更有针对性和实效性。

《小学生生活指导》六年级上学期第15课《遇到失败和挫折怎么办》,讲述了我国著名数学家华罗庚历经三劫才一举成名的故事。名人故事极具震撼力,但是距离学生生活遥远,学生在学习中会心潮澎湃,但是课后会逐渐消退。这就需要教师在课堂教学中拓展贴近学生生活的事例,激发共情,引起共鸣,让课堂所学能够及时指导学生的生活。因此,徐老师用书信的形式巧妙拓展了这样的例子:

大家好,我是小飞,是一名六年级的学生,以前我的成绩一直徘徊在中上水平。进入新学期,我暗下决心,要在期中考试中取得好成绩。后来,因为我有一些应用题不会做数学考砸了,没有得到"优",成绩出来后,我被父母骂了一顿,心里特别难受。我想不明白:为什么我努力了,但还是没有得到"优"。从那以后,我对学习越来越没有兴趣,暑假里又迷恋上了电脑游戏,现在成绩更差了。

徐老师引导大家读了小飞同学的信以后组织小组讨论:"刚开始,小飞还是决心好好学习的,是什么原因促使他考后大变样?"通过讨论,大家明白了,正因为小飞对待挫折的态度是悲观失望、自暴自弃,所以他的成绩越来越差。接着徐老师又组织大家进行小组讨论:"如果你是小飞,考砸了以后该怎么办呢?把你想到的方法,写在'奋斗脚丫卡'上。"写的过程中可以互相交流,然后每组派一名代表进行汇报。最后经过总结,大家想出了"寻找原因、合理宣泄、寻求帮助、树立信心"等方法,来帮助小飞度过受挫之后最艰难的时刻。

此拓展妙在内容选择。随着年级的上升,小学生在学业上的挫败感也会逐年增强,尤其是六年级的学生,此时他们正面临学习生涯中一个比较重要的转折期,因此对失败的感受也就特别强烈,有的学生考差了就一蹶不振,再加上父母、老师对其期望值较高,无形中又增加了他们的压力。小飞同学的故事贴近六年级学生生活,符合学生心理发展的需要,针对性非常强。此拓展妙在形式选择。采用书信形式来拓展,让学生帮助小飞解决问题,其实也是在解决自己的问题。这样既维护了学生的自尊,又巧妙地转变了学生看待挫折的方式,激发了学生战胜挫折的勇气和信心,提高了他们的抗挫能力。在这样的助人活动中,学生收获了战胜挫折的勇气和信心,获得了积极乐观的人生态度。这样的拓展把学生的个人知识、直接经验、生活世界看作是重要的课程资源,并进行开发利用。

综上所述,"小学生生活指导课"课堂教学评价,就是要遵循学生的差异性、个体性、独特性,让学生多角度、多起点、多层次地思考问题;就是要培养学生思维的敏锐性、灵活性、求异性,让他们不断地将观察到的事物,体验到的情感,与已有的知识经验联系起来进行比较,获得发现;就是要用生活中真实的情境来引导学生,让生活成为教育的源头和活水,让教育成为生活的延续和提升。

二、学生评价:依据学情,分段检测,和谐对接

"小学生生活指导课"是一门贯穿六个年级的校本课程,根据每个年段学生的年龄特点、认知特征和心理倾向,根据课程目标和内容,我们本着"以人为本,促进学生人格健康养成"的评价标准,从学习指导、心理指导、人际交往、生活自立四个方面实施分段检测,努力做到和谐对接。(见表5-2)

表 5-2

评价标准	年段			评定结果
	低年段	中年段	高年段	
学习指导	1. 知道主要任务是学习，能根据师长的安排独立按时完成学习任务。会合理安排时间 2. 勤奋好学，上课专心，能大胆发言、提问，按时完成作业，书写工整。读书、写字姿势正确 3. 按老师的要求阅读课外书	1. 学习目的明确，态度端正。努力学好每一门功课 2. 学习有计划性，能在老师指导下进行预习和复习。能合理安排并充分利用时间 3. 能阅读观看有益的图书、报刊、音像和网络信息	1. 树立远大的理想，自主探索，能主动预习、复习，能科学合理地安排时间 2. 能够独立思考，大胆质疑，遇到难题主动请教老师和同学 3. 能大量阅读中外名著，在阅读书籍的过程中树立正确的人生观、价值观、生活观，崇尚真实、高洁、创新	
心理指导	1. 活泼，常见笑容，不为小事长时间生气，不如意时能接受劝慰 2. 乐观向上，能正确对待表扬和批评 3. 有一定的自控力、竞争意识和上进心，能树立近期目标	1. 能在集体中锻炼自我，善于发现别人的优点并虚心学习，从而健康成长 2. 诚实守信，言行一致，不说谎话，知错就改。答应别人的事务力做到，做不到时表示歉意。考试不作弊 3. 知道嫉妒是一种不健康的心理，树立正确的竞争观念	1. 遇到挫折不失败、不气馁，学会在逆境中奋起，以独立自主的态度接受生活的挑战 2. 有理想，有道德，自尊、自信、大度、宽容，有同情心，有责任感，能严格要求自己 3. 知道自律的重要性，学会控制自己的情绪。懂得实践出真知，勇于探索与研究	
人际交往	1. 尊敬父母，外出回家能够主动打招呼 2. 尊敬老师，见面行礼，主动问好 3. 有参加集体活动的意愿，知道自己所属的集体，能在集体中大胆表达自己的愿望 4. 愿意和同学一起活动，知道活动中不能只顾自己，能主动帮助同学	1. 尊敬父母，关心父母身体健康，体谅父母的辛苦 2. 尊敬老师，虚心接受老师的批评 3. 有一定的集体荣誉感。能积极参加学校组织的各种活动，多观察，勤动手，同学之间互相尊重 4. 同学之间友好相处，不欺负弱小，做到互相信任、互相理解、互相配合、互相支持	1. 尊敬父母，能主动为父母分担家务，和父母谈心 2. 虚心向老师求教，能主动与老师交流谈心 3. 有一定的集体荣誉感。能积极参加学校和社区组织的各种实践活动，学会合作、接纳。懂得真诚守信是交往第一原则 4. 不欺负弱小，不讥笑、戏弄他人。尊重残疾人。尊重他人的民族习惯	

(续表)

评价标准	年段			评定结果
	低年段	中年段	高年段	
生活自立	1. 爱惜粮食和生活用品。节约水电,保护庄稼、花木与公物。 2. 学习卫生知识,注意个人卫生,衣着整洁,不随地吐痰、乱扔杂物、乱涂乱画。 3. 在公共场所不拥挤,不喧哗。遵守交通法规,过马路走人行横道。不在公路、铁路、码头玩耍和追逐打闹。 4. 遇到意外情况能够沉着应付,有一定的自卫意识	1. 到他人房间先敲门,经允许后再进入,不随意翻动别人的物品,不打扰别人的工作、学习和生活。 2. 不比吃穿,不乱花钱。不在课桌椅、建筑物和文物古迹上涂抹刻画。 3. 自己能做的事自己做,衣物用品摆放整齐,学会收拾房间、洗衣服等家务活。 4. 遇到危险懂得机智自卫,形成一定的自护能力。并敢于同坏人坏事做斗争	1. 遵守公共秩序,乘坐公共汽车主动购票,主动给老弱病残孕让座。具有社会责任感。 2. 注意安全,防火、防溺水、防触电、防盗、防中毒,不做危险的游戏。 3. 懂得卫生知识,养成良好的生活、饮食和卫生习惯。 4. 不参加封建迷信活动,不进入网吧等未成年人不宜进入的场所	

  小学生天真烂漫,但是对事物已经开始有了自己的看法和见解,也能够自主地表达,因此我们每月组织学生进行一次自我评价和小组评价;同时,让家长也共同参与,正确评价学生并鼓励其主动发展。在整个评价过程中,我们充分发挥教师的发展性"导评"作用,让学生在自我认识的"参评"中,清楚在人格养成中的心理障碍,引领学生发扬自我优势,克服自身弱点,明确发展方向,增强发展动力。这样,学生的能力也在评价中被不同程度地激发出来。比如有的学生语言表达能力较差,平时不爱说话,但在小组评价过程中,要求每一个学生都要发表自己的观点,既要说出自己一个月来取得了哪些进步,还要对小组其他同学进行适当评价,这样就势必推动学生去和同学交流,既拉近同学间的感情距离,又有利于学生培养自信、大度、自律、真诚等健康的人格品质。

  经过实践,我们深深地体会到,一种科学有效的评价方法,是促进学生健康成长的有力手段。小学生生活指导课程评价是在理论研究和实践探索的基础上,创造出的一种新的教育评价模式,可以促使每一位学生在每个年段都拥有相应的目标和方向,使每一位学生在每个年段得到相应的发展和提高。因此,在课程评价实施过程中,我们十分重视评价过程的多元性,特别是学生的自我评价与反思,与同伴、家长的互助分享与协作,旨在通过自评、互评、小组交流、家校合作等形式,逐步引导学生形成良好的评价心理与沟通技巧,为学生搭建一个"真诚与真实""自主与自觉"的评价平台。这样,我们的课程评价就为学生创造了广阔的发展空间,增强了学生自我发展的内在积极性。

第六章 课堂教学:小学生人格养成的肥美养分

课堂是学习知识、提高素养、养成人格的主阵地。课堂教学,理所当然是小学生人格养成的肥美养分。生命关怀下小学生人格养成教育的课堂,氛围必然是自在的,学习必然是自主的,思想必然是自由的。在教师的帮助、引导下,学生乐于学习,积极参与课堂活动;学生善于学习,和老师、同学、教材等展开有效互动;学生勤于学习,能大胆质疑、主动提问……这样的课堂,既关注学生当下在课堂上是否能快乐地进入学习过程、是否能主动地掌握各种知识,更关注学生的语言是否得到拔节、思维是否得到拓展、精神是否得到成长等。可以这样说,在这样的课堂里,学生是时刻成长着的。同时,这样的课堂,也促进了教师的发展与成长。因为,它孕育并实践着先进的教学理念,酝酿并形成了鲜明的教学风格,锤炼并彰显着无穷的教育智慧。

第一节 敬畏生命:生命关怀下小学生人格养成教育的课堂基本特征

一、氛围:自在

"自在"是一种良好的课堂气氛,会给教师和学生轻松愉悦的刺激,使师生双方精神焕发,思维活跃,灵感迸发;使师生双方在教学过程中情感交融,心理共振,配合默契;使教师教的最佳心理状态和学生学的最佳心理状态相吻合,从而激发师生潜能的充分发挥。

要形成"自在"的氛围,应该做到如下几点。

(一)呵护童心

杨再隋教授说:"儿童敢想、敢说、敢喜、敢悲、敢恨、敢怨,并会用自己独特的体验方式,以独特的语言表达自己的感受。教学作为一种创造性活动应是撞击儿童心扉、震撼儿童心灵的活动。"我们的教学就是要学生保持自己原有的童心,真真实实地在解决问题中求创新,在创造过程中求发展,在发展过程中提高与成长。

(二)回归生活

一切优秀的创作作品,它们的灵感都来自于创作者对生活自由自在的体验。同样,在教学中我们也要把学生的目光引向丰富多彩的学校生活、喜怒哀乐的家庭生活、纷繁复杂的社会生活,指导他们留心观察周围的环境与身边的人和事,让他们回归生活,体验生活,感悟生活,尽享在生活中学习、在学习中快乐生活的乐趣。在此基础上开展丰富有趣的学习活动,完善每个学生的认知结构,并帮助每个学生形成合理的学习观念,促进良好的生活习惯和学习习惯有效地融合,为学生终身学习奠定有益的基础。

(三)评价多元

课堂上,教师真诚的语言、亲切的语调,会如同春雨滋润学生的心田;教师期待的目光、友善的微笑,会让学生的心底洒满灿烂的阳光;作业本上教师充满鼓励的批语,会让学生感到受关注而更加努力。充满激励的评价会激发学生主动参与学习、不断创新的欲望和需要,品尝成功的欢乐和喜悦,增强学习的信心和力量。

1. 评价要尊重学生

教育者的根本责任是促进学生发展,帮助学生成长,而"发展"也好,"成长"也罢,都是学习者的主动行为,是他们作为主体的自觉的行动。尊重学生,不仅会赢得真情,而且会激发学习主体的积极性、能动性,从而实现教育的目的。

2. 评价要宽容学生

有一位老师让学生用"洗"字组词。当一个小女孩说出"洗鸡"这个词时,老师没有拉下脸来、大声呵斥,而是说"你的这个词很有创意,老师因为你肯动脑筋而奖励你一片小花瓣"。此时此刻,小女孩是很开心的,并且认为自己是很对的。我们知道,"洗鸡"这个词是没有的,所以,该老师又不失时机地委婉地对她说:"但是,人们不容易读懂这个词,所以人们都说的是'给小鸡洗澡',明白了吗?"这句话其实是在正确引导小女孩下次不要组这个词了。这样,既保护了小女孩的自尊心,又纠正了小女孩的错误,多高明的评价啊！这样的宽容是一种境界,是一种艺术,更是一种智慧。它必定会让小女孩终身受益。

3. 评价要赏识学生

真诚的赏识是帮助学生树立信心的支撑点,是思维加速的兴奋剂,是打开心门的电火花。故,于永正老师提出"准备好一百顶高帽子给学生戴"。下面,请看他在教"当解说员写通讯报道"一课时是如何赞赏学生的:

师:口齿多清晰,还真有点宋世雄的味儿呢！

师:同学们说得真漂亮,不亚于宋世雄！

师:好！同学们第一次练习就说得这样漂亮,宋世雄退休后,你们可以到中央电视台接班了。

师:就凭你这句话,已达到宋世雄的水平了。

师:魏荣说得比宋世雄还棒！你可以叫"盖世雄"！

……

于老师的赞美之词,有层次且非常得体。对学生敢于肯定,勇于赏识,学生积极性空前高涨,课堂成了学生的乐园。同学们感到"我能行、我很行",看到了成功的希望,从而增强他们继续超越自我的自信心。让赏识给学生送去快乐、滋生乐趣、带来干劲吧！这样的赏识性评价能让每一个儿童都有成就感,进而走向成功。

二、学习:自主

自主学习是学生不断成长的体现,生命关怀下的小学生人格养成的核心之一就是要使得学生能正确地认识自我,自觉主动地规划自我并具有独立、自主的能力。因此,课堂教学就要为学生的自主学习提供良好的环境和沃土。

(一)遵循规律,创设自主学习空间

叶圣陶先生曾这样说:"请老师们时刻想到,学生跟种子一个样,有自己的生命力,老师能做到的只是供给他们适当的条件和照料,让他们自己成长。如果把他们当作工业原料,按照规定的工艺流程,硬把他们制成一色一样的成品,那肯定是要失败的。"审视现在的教学,比如有的语文课上对某一个字的认识,可能会借此生拉硬扯出许多"联系";作文也是先入为主地教条条框框,结果是学生记住了条文,但搜肠刮肚却写不出好文章。有的数学课,为了所谓的节省时间,教师包办代替学生完成一些动手实践的环节。有的英语课,为了让孩子们考得更好,教师东拼西凑若干个考试要点,要求学生记牢背熟,而忽略了小学生学习的规律。教师经常慨叹课程越教越烦琐,孩子越来越不会学习。是什么造成学习的被动与不会思考的现象呢?我们不得不反思我们的教学是否还在把学生当作一个独立存在的人。

因此,在课堂教学的过程中,我们应遵循儿童的生长方式和规律,改善课堂生活各方面的关系和因素,为学生学习营造良好的环境,提供自主发展的土壤、空气、阳光和雨露。学生拥有了属于自己的时空,才能投入地思考、真诚地表达,才会生长出自己的思想。

(二)注重方法,培养自主学习的能力

提供给学生学的方法,犹如交给学生打开知识大门的钥匙。学生掌握了方法,才能真正把握学习的主动权,真正彰显学习的主体位置。这样才能真正促使学生养成健康的人格,把自主学习作为支持终身学习和合作学习的手段,为适应今后的学习、工作和生活打下必要的基础。

1. 授之以渔,掌握自主学习方法

以语文教学中的指导学生自我修改作文为例,如果说兴趣是学生修改作文的前提,那么设法教给学生修改作文的方法与技能,就是提高学生作文修改能力的基础。这是一项艰苦细致的工作,但也是学生自主学习能力提升的重要阶段。教师要以极大的热情和耐心,循循善诱,因材施教,分层指导。可以采用以下方法使学生较为愉快轻松地掌握作文修改的方法:总体批阅,范文示例;自改为主,合作交流;分层分类,合作批改;学会比较,取长补短……

2. 持之以恒,养成自主学习习惯

习惯是什么?一个思想,一种行为,多次重复,就能进入人的潜意识,变成习惯性思想、习惯性行为,这就叫习惯。习惯一经养成就会成为支配人生的一种力量,成了行为的自动化,不需要刻意的意志努力,不需要别人的监控,不论在什么情况下他都会按已形成的意志去行动。习惯对人极为重要,从某种意义上说,"习惯是人生最大的指导"。习惯伴随着人的一生,影响着人的生活方式和个人成长的道路。因此,在教学中要不断地养成和强化学生自主学习的习惯。

3. 善于质疑，形成自主学习能力

通过不断提高学生质疑能力，可以有效地促进学生的自主学习能力的养成。在课堂中，要想让学生自主提出一些深层次、有价值的问题，教师就必须精心设计自己的课堂提问。

例如，教学《素数和合数》时，教师首先让学生回忆前面的知识：我们在研究非零自然数时，以是不是2的倍数为标准进行分类，可以分成哪两类？然后顺势追问："这节课我们继续研究非零自然数，还要讲它们按因数个数的多少分类。你想研究什么？"由于有了前面的认知基础，学生很快地提出自己的问题："可以分成几类？每一类叫什么名字？"这样直接触及概念的本质，更能清楚地让学生在头脑中建构数学模型，带着自己提出的问题，学生探求新知的兴趣更浓厚了。

在不断积极参与活动的过程中，学生的独立思考能力和自主学习能力得到提升和发展，其有效学习的能力和健康的人格养成也会更加完善。

三、思想：自由

思想的自由，是指个人的思想能够不受社会的、传统的、宗教的、民族的、他人的既成观念、思维方式和基本理念的束缚和左右，而是以自我的、独立的眼光去观察、审视和验证，并在此基础上进行探索和发现。思想自由的外在表现则体现在师生的互动过程中，因而我们应该为学生思想"自由"地发展提供良好的互动平台。

（一）精心组织活动：让思想自由起飞

实践证明，活动的过程（如讨论、游戏、竞赛、角色扮演、Do a survey 等形式）是最受学生欢迎的教学环节，活动的开展不仅有利于巩固学生所学的知识，锻炼学生的输入输出能力，更能提高学生的独立思考能力，促进学生的全面发展，为课堂增加无穷的魅力和活力。

（二）展开深度对话：让思想自由翱翔

对话是互动的重要载体。教学中对话的深度，决定着师生情感交流、智慧交流对于儿童人格养成教育的积极作用的最大发挥。课堂教学中的深度对话，就是"要深入学科教材的本质，深入学生的心灵深处，逐步推进学生的理解,释放教学的多重内涵与完整价值"(摘自:沈建范新浪博客 2014 年 3 月 31 日博文《关于课堂教学中的深度对话》)。通过深度对话让学生对学科核心问题有深入思考,最终促进学生学习能力的提升。

（三）及时反馈交流:让思想自由碰撞

在课堂教学中,师生之间的教学关系不应该是教师"倒"、学生"装",而应像连通器一样,教师的"大桶"与学生们的四五十个"小桶"连在一起。教师通过"导"的作用把知识之水"引"过去,激发学生去思考、探索,学生的回答又汇成涓涓细流不断涌入"大桶"中,及时反馈让知识交融的同时不断碰撞、激发出智慧的火花,从而实现师生的共同发展。故教与学中的及时反馈,是体现师生、生生、生本思想碰撞的关键环节。

实践证明,"自在的课堂氛围""自主的学习能力""自由的思想碰撞"是实践小学生人格养成教育的重要课堂教学特征。

第二节　崇尚自主:生命关怀下小学生人格养成教育的课堂实践探索

一、情感:积极参与

新课程强调教学过程是师生交往互动、共同发展的过程,教师不再只是知识的传授者,而是学生发展的促进者和引导者。教育的首要问题就是培养学生学习的自主性。为此,教师要创造条件帮助学生积极参与学习,师生双方相互交流、相互沟通、相互补充,分享彼此的想法、经验和知识,交流彼此的情感、体验与观念,形成一个"学习共同体"。在课堂上,教师要激活课堂教学,调动学生学习的积极性,引导学生主动参与教学过程,促进学生自主地、富有个性地学习。

"没有学生的主动参与,就没有成功的课堂教学。"实践证明,学生参与课堂教学的积极性和参与的深度与广度直接影响着课堂教学的效果。然而,在我们的课堂上,常常可以看到大多数学生坐姿端正、神情严肃地盯着授课老师,整个课堂看上去秩序良好,学生认真听讲,但实际上大多数学生犹如接受知识的容器,只是被动地接受知识,机械地记着笔记,没有进行主体意义上的积极、主动的学习。那么,怎样才能激发学生想学乐学的情感,帮助其培养积极向上的进取心,摆脱被动学习的困境,积极主动地参与课堂学习呢?

(一)浓厚兴趣是一种甜蜜的牵引

教育家夸美纽斯说:"铁匠在打铁以前便先去把铁烧热……一个做教员的人在传授学生知识之前,必须同样先使他的学生渴求知识。"这句话形象而深刻地说明了培养学生学习兴趣的重要性。

1. 形象感知,提高学习兴趣

让学生积极主动参与到教学活动中来,成为教学活动的一个难点。要解决这一问题,在教学活动中首先要诱发学生的学习兴趣,因为"没有兴趣的学习,无异于一种苦役;没有兴趣的地方,就没有智慧和灵感"。有了兴趣才能叩开思维的大门,智力和能力才能得到发展。

例如,数学知识原本就比较抽象,不像语文具有描述性,美术具有直观性,体育具有身体参与性。数学各种概念的描述既枯燥又无味。要使抽象的内容变得具体、易懂,就得从生活中挖掘素材,在日常生活中发现数学知识,以提高学生学习的兴趣。教学生认数和记数时,我们可采用具体形象的事物和一些有趣的故事来激发学生的兴趣。比如:为了让学生记住数字1—9的字形,可以让学生背诵顺口溜:"1像铅笔,2像鸭子,3像耳朵,4像小旗,5像钩子,6像口哨,7像镰刀,8像葫芦,9像蝌蚪。"以此来帮助学生记住字形。通过这样的教学,赋予数学内容一定的感情色彩,将数学的知识与生活中常见的事物联系起来,从而激发学生对数学的学习兴趣。

2. 设置悬念,激起探索欲望

课堂上适当设置悬念可以集中学生注意力,激发学生兴趣,诱发学生的期盼心理,促使学生产生对知识的渴望,让学生在疑惑中产生认知需求,进入学习的积极状态,收到事半功倍的学习效果。值得注意的是,教师在设置悬念时要依据学生实际和教学需求,如果太简单会让学生觉得无趣,如果太复杂会打击学生的学习积极性。

例如,在语文课堂上设置悬念,可在讲读课文前采用"抛砖引玉"的方法,也可在讲读课文中采用"故作悬念"的方法,还可在讲读课文结束时采用"余味无穷"的方法。比如教学《狼和鹿》一课时,首先以活泼有趣的话语导入课题:"今天,老师给同学们带来了两位动物王国的客人,猜猜它们是谁?"这句话仿佛是一块磁铁,产生了巨大的吸引力,学生的兴趣一下子被调动起来。再借助课件先后向学生展示狼和鹿的图片,并让学生说说对狼和鹿的初步印象。紧接着,把学生对狼和鹿的常规认识做一下小结:"是呀,在我们的印象中,狼贪婪凶残,是应该消灭的坏家伙,而鹿活泼美丽,是我们应该保护的对象。可是,我们的课文最后却这样评价狼和鹿——人们做梦也不会想到,他们捕杀的狼,居然是森林和鹿群的'功臣'。人们特意要保护的鹿,一旦在森林中过多地繁殖,倒成了破坏森林、毁灭自己的'祸首'。"(马上出示课文的最后几句话)凶恶残忍的狼是功臣?美丽善良的鹿是祸首?此时,学生的情感认识马上与课文内容产生了巨大的反差,学习的兴趣也油然而生。这时,教师趁热打铁抛出学习任务:"狼怎么可能是功臣,鹿怎么成了祸首呢?课文是怎么讲述这个故事的呢?我们一起到课文中去找找原因,好吗?"

在以上教学中,教师一直让学生保持积极的学习兴趣,打破常规的教学方式,先从课题入手,让学生聊聊对狼和鹿的原有认识,再出示文中对狼和鹿的评价,让学生看到"狼是森林和鹿群的功臣,鹿是破坏森林、毁灭自己的祸首"这个结论,与他们自己的认知形成强烈的反差,进而引导学生探寻其中的原因。这样,如同节目的预告片一样,先把文章的魅力、事情的高潮、结果之中某个突出的片段讲给学生听,让学生不由自主产生追根问底的愿望,在教师的带领下自然而然地进入学习的大门,真可谓是"水到渠成"。

确实,兴趣就像是一种甜蜜的牵引,牵引着学生满怀热情地积极参与到课堂学习中去,去寻求自己想要的答案。

(二)尊重理解是一份温暖的呵护

在课堂上,学生是学习的主人,教师是引导者,这就要求教师必须围绕"以学生的发展为本"这一中心,努力为学生创设一个自由的研讨氛围,这也是提高课堂教学效率的前提条件,只有在这种氛围中师生之间、生生之间的合作交流才会成为一种可能,成为一种需求;在这种氛围中才会有足够的时间与机会让学生表现自我,同时在无形中也产生一种力量,促使学生大胆、真实地表达自己的思想和情感,真正参与到课堂中来。而在这个过程中,只有充分尊重和理解学生的内心世界及自我感受,才能激发他们参与课堂学习的热情并增强其自信心。

1. 面对质疑,巧妙应对

智慧的课堂要求营造和谐的人际环境。在课堂上,教师不是居高临下的,学生不是被动接受的。教师对学生应该真诚地表扬,热情地激励,公正地评价,善意地批评,诚恳地指点;学生与学生之间应该友善地相处,平等地交流;学生对教师应该坦诚地尊重,但不盲目地迷信。师生之间应该讲诚信,讲民主,讲互动。

比如在教"日月潭的传说"一课时,引导学生想象大尖哥和水社姐一路上所遇到的困难时,教师出示了一组形容环境恶劣的词,帮助学生创设情境。其中有一个词"赤日炎炎",教师和绝大部分学生都没留意。这时,有一位学生举起了手,原以为他是回答问题的,却没想到他这样说:"老师,太阳不是被恶龙吃了吗?怎么还会赤日炎炎?"他这么一说,老师顿时意识到自己犯了一个低级错误,马上向这位学生表示感谢,诚恳地承认了自己的错误,并夸奖这位学生看问题比较全面,思维缜密,而且敢于提出疑问。这样的处理方式并不会使教师下不了台,只会让学生感受到教育的平等,懂得不能盲从,要有疑必问,深入思考,大胆交流。

2. 面对失误,正确引导

教育具有引领生命不断向上发展的功能,理解生命、善待生命,用耐心和柔情呵护每一个正在成长中的生命,是每一个教师生命意识的终极体现。教师应该静心倾听生命之花怒放的声音。

徐老师班里有个叫小唐的学生,朗读一直很出色,但一次课上出现了失误:"孙中山又是生气又是心疼,便对妈妈说:'你为啥要姐姐受这份罪呢?姐姐缠了脚,还能下活干田吗?'"(应该是"下田干活")顿时,教室里哄堂大笑,小唐脸涨得通红,趴在桌上哭了。要是小唐觉得自己丢了脸,抬不起头,从此一蹶不振,那多糟呀!或许,还会给她的心里蒙上淡淡的阴影,从此不再愿意发言,不再愿意大声朗读。等教室里的笑声平息,徐老师故作高兴地说:"小唐,谢谢你!你让我们的课堂充满了欢声笑语,给大家带来了欢乐。""是呀!是呀!"大家一起附和。然后,同学们争先恐后地举起了小手:"小唐,我们不是嘲笑你,我们是善意的。""小唐,你朗读那么棒,读错一点点算不了什么。""小唐,你真幽默!"在同学们的安慰声中,小唐慢慢抬起了头,破涕为笑。徐老师趁势对学生进行了教育。这一举措不仅让学生懂得要善待他人的失误,更是触动了小唐稚嫩的心,让她重拾了自信。孩子的心灵是需要我们用心呵护的。理解、尊重就是搭建在师生之间的桥梁。

3. 面对胆怯,热情鼓励

教学中教师及时地做出适当的评价与鼓励,可以让学生获得积极的情感体验,充分感受到教师的真诚。尤其对后进生,更要注意他们的一举一动,观其眼神,察其面色,只要觉察出他们有一点主动参与的迹象,就要充满信任地邀请他们发言,从情感上有力地支持他们,鼓励他们表现自己。如果学生回答错误,教师要谨慎机智地进行处理。

一次数学课上,李老师在教一道思考题:"把一条绳子剪成六段,至少要剪几次?"题目有些难度,学生思考了好一会儿也没人举手,李老师发现有位学生似乎想举又不敢举,就鼓励他试一试。他腼腆地站起来说:"我觉得只要剪一次。"话音刚落,同学们马上哈哈大笑起来,这位学生的脸一下子就红了,马上就低着头坐了下去。看到他局促不安的样子,李老师示意大家安静,然后对他说:"你的想法有一定的道理,能跟大家说说是怎么想的吗?"在教师的引导下,他说出了自己的思考方法,教师适时鼓励:"你观察得真仔细,从不同的角度想出了和大家不同的方法,这样想有没有道理呢,大家可以根据他的方法动手试一试。"最后大家从动手操作中发现,确实只要一次就可以将绳子剪成六段,都很佩服地向他竖起了大拇指,这位学生的脸上露出了愉悦的微笑。

毋庸置疑,学生只有在课堂交际活动中被尊重、被关注、被理解、被欣赏,才会激发起自信心和上进心,并积极努力地参与其中。

(三)大胆放手是一次无声的激励

北京师范大学周玉仁教授倡导:凡是学生能自己探索得出的,决不替代;凡是学生能独立思考的,决不暗示。课堂教学时,我们要敢于大胆放手,给学生多一点思考的时间,多一点活动的余地,多一些自我表现的机会,多一些体尝成功的喜悦,使他们以饱满的热情参与学习、习得本领。

1. 给学生创新的时间

知识的形成并不是一蹴而就的,作为教育者,我们应该学会等待,给学生提供充分的从事活动的时间,帮助他们在自主探索和合作交流的过程中真正理解和掌握基本的知识和技能、思想和方法,获得广泛的活动经验,在等待中找寻学生的一点新发现、新想法、新办法。

比如教学《10 的认识》时,刘老师让学生在计数器上从 1 拨到 10。刚开始很顺利,学生在个位上一个珠子一个珠子地往上拨,当拨到 10 的时候,很多小朋友在 9 颗上又拨了 1 颗。这时刘老师抓住这一机会,向学生提出了问题:"小棒满了 10 根就把它们捆起来,10 个一就是 1 个十,那个位上的珠子满了 10 颗,该怎么办呢?""是呀,该怎么办呢?"学生的心里产生了强烈的疑问,疑问的产生点燃了学生学习的热情。此时,我们要多等待一会儿,给予学生充分思考的时间,让孩子思维的火花发生碰撞,从而形成正确的概念。

2. 给学生创新的空间

创新需要时间,创新更需要空间。学生只有在活动的过程中才能感悟出学习的真谛,才能逐渐养成创新的习惯,才能培养创新的意识和能力。离开了探索的空间,离开了学生的活动,创新能力的培养就成了无本之木、无源之水。所以我们要给学生创设一个良好的活动空间,让学生在这个空间中去发现、去探索、去创造。

比如教学《长方形和正方形的特征》一课时,陆老师先让学生寻找身边的长方形和正方形,仔细观察长方形和正方形,初步感知长方形和正方形的特征,并对学生通过感知发现的长方形和正方形的特征进行验证。然后,学生以小组为单位探索、验证自己的观察结果,学生的思维活跃,想出了多种方法。在汇报时,有的学生通过量一量的方法验证出长方形的对边相等、正方形的四条边相等;有的学生通过折一折的方法也验证出了上述结论;还有的学生通过中间物体比一比的方法也得到了长方形和正方形有关边的特征。在这样的学习过程中,学生不仅比较主动地获取了新的知识,而且在积极的探索过程中,体验了解决问题的过程,积累了解决问题的经验和策略,同时也点燃了学生学习数学的热情。

有了创新的时间和空间,学生就有了动脑思考、动手操作、动笔尝试、动口表述的探索问题的机会,学习的积极性、主动性得到了最大限度的发挥,学习的效果自然也就完全不同。

（四）激情感染是一股温暖的力量

在教学过程中，教师情感的投入对于激发学生课堂参与意识的作用不可低估。教师积极、热诚的情感投入有助于构建学生的自信心，激发学生参与课堂活动的内在动机，使学生在轻松愉悦中自觉地融入课堂的交际活动。教师用情感为学生营造的宽松的课堂氛围，有助于鼓励学生获得参与课堂活动的动力。

教师的激情是点燃学生学习热情的导火索。教师就像一个演员，在课堂这个舞台上淋漓尽致地表演，感染每一个学生，让学生主动参与进来。教师课堂上的言行往往对学生影响很大，学生可以从教师的面部表情、声调、身姿、手势的变化中体验到教师对自己的看法。真正做到情感投入的教师在课堂中能够以饱满的热情感染学生，并积极利用课堂机会鼓励、引导学生主动投入课堂活动。教师可以借助身体语言来传情达意，弥补有声语言的不足。教师说话时柔和的语调、温暖的声音以及愉快的面部表情都具有传递功能和感染力。教师可以用肢体语言，如拥抱、握手、轻抚学生的头等方式，可以用面部表情，如微笑、欣喜等方式，还可以用亲切的眼神传递出鼓励、赞赏、信任等信息。这些都是激发学生表现热情的重要方式。

在课堂教学中，让我们营造和谐民主的课堂氛围，把学生的兴趣点燃，指引着他们成为学习过程中真正的主人，让他们积极投入地参与课堂学习，真正锻炼自己的思维、开发自己的智力、发展自己的能力，体验到学习的快乐；让我们给予学生充分的尊重和理解，呵护他们幼小的心灵，给他们提供一次次创造的时间和空间，充分挖掘他们的潜能，让他们大胆地发表自己的见解；让我们全身心地投入课堂教学，给予学生生命的关怀。这样的学习才是一种真正的学习，才能使学生真正地掌握知识，才能使学习达到高效。这样的课堂才是充满生命力的课堂，它能让我们看到学生的成长，听到他们拔节的声音。

二、方式：有效互动

观察一线课堂，我们不难发现：一些教师为了"高效"，把教学简单化，以落实知识教学目标为任务，使教学成为单纯追求应试成绩的工具；也有教师照本宣科，对教材、教学内容和学生缺少整体研究，使教学陷入了教师"一言堂"的沼泽；还有的教师为了追求课堂教学的"好看"，在设计教学过程策略时，重形式、轻实效,重"华丽"、轻务实,重格式、轻生成,重结果、轻过程,许多教学设计均脱离了学生的认知规律,使教学成为教师自我基本功的表演展示。而这些高耗低效现象的存在,均是因为教师没有掌握师生有效互动的策略,也就导致其不能带领学生开展行之有效的课堂教学活动。

互动通常指的是人与人之间的相互影响,互动中的双方是互为主体的;互动需要借助一定的媒体来实现,通常是言语的方式,也可以是非言语形式;互动的内容除了信息外,还有态度与情感等;互动的目的在于主体之间的交流与沟通。

所谓教学互动(Interactive Activity)当然不是指学生单纯的活动,而是指教师和学生在教学内容中彼此交互作用(Interactive Effect)和相互影响(Influence Each Other)的各个过程,是课堂教学重要的有机组成部分。它具有链状循环、动态化的特点。课堂师生互动是由教师与学生共同构建的双向活动,即教师以"教"来促进学生的"学",学生以"学"来促进教师的"教"。师生互动是教师与学生在自觉活动的基础上相互作用的教学。它最终的目的是达到课堂气氛活跃,学生学习兴趣浓厚和学习有效性的提高,具体表现为以下两个生命性。

第一,通过教学过程中师生间的有效互动提升"教学内容"的生命性。激活书本知识,即实现书本知识与生活世界的沟通,实现书本知识与学生经验世界的沟通。通过这些沟通,使书本知识呈现出鲜活的生命性。

第二,通过教学过程中师生间的有效互动提升课堂教学中"人"的生命性。把教学过程看作是师生为达成教学目标,围绕教学内容,共同参与,通过对话,产生交互影响,以动态生成的方式推进教学活动的过程。这种特殊的师生关系是创造主体之间的交往关系,二者皆为创造主体,课堂才会真正实现智慧的生长。

那么,怎样的教学互动才是有效的呢？一定是教师将教学锁定在学生的内部需要基础上的,从学生现实需要出发,由此构建出教师与学生双向进行的活动,在教中学,在学中教,有着实实在在的教学相长。

那么,如何提高课堂师生互动的有效性呢？

(一) 转换教师角色,营造互动氛围

有交往才能有合作,有合作就要有交流,而交流就意味着平等。那么教师要尽量走出"师"的角色,以一位"旁观者"的引导者的身份,将"话语权"让给学生,使学生产生互动的契机。在学生合作交流的过程中,绝不能让优秀学生独唱,其他学生干看,而是要"众人划桨开大船",彼此倾听,彼此学习,体验成功。学生学习中所遇到的各种问题,教师也要懂得辨别:对于个体性认知问题,要"开渠引水",抛出问题,大家共同思考,当场加以解决;对于典型性或是共性问题,就要"筑巢引凤",学生组合,成立小组,互相启发,共同探讨,集体交流,正所谓"互动中,交往中,成长中"。而实现以上种种有效互动,正是要以"转换教师角色,营造开放课堂"为前提。

例如在教学译林版牛津英语四年级上册第八单元"Dolls的Story Time"时,因为课文内容是学生彼此介绍自己带来的娃娃,涉及的句型有"Look at... Her/His... is/are...",主要涉及的单词有"hair, eyes, ears, nose, mouth, big, small, fat, thin, long, short, tall"。针对如此的文本背景和教学目标,滕老师设计了一个"我要来采访"的教学巩固环节。她先成为第一个记者,手拿话筒,走下讲台询问学生:"Can I have a look at your doll? What's your doll like? Can you show us?"由此打开了学生的话匣子,之后她又将采访特权下放给了学生,让他们每个人也成为一名光荣的"小记者",离开位置采访"群众"。

新课标让教师改变传统的"布道者"面孔,在课堂上不再拥有"话语霸权",不能再唱"主角",所以滕老师走下讲台,走近学生,成为他们的知心朋友,与他们一起英语会话,与他们分享布娃娃的美丽。在日常的教学中,遇到问题,不一锤定音,与学生一起商量;遇到困难,不大包大揽,甘当学生助手;遇到争论,不息事宁人,敢当"煽风点火"者;遇到"话柄",不躲而避之,而是调转船头,生发话题。不摆面孔,不端架子,鼓励学生"试一试""读一读""议一议"。因为成为课堂中的"主持人""策划者""助产士",是我们一线教师不断的追求。

(二)设计核心问题,打造互动课堂

教育家波利亚曾提出:"学习任何知识的最佳途径是自己去发现。""自己去发现"就意味着学生在面对新的学习材料或是活动时,要有一种发现下去的冲动,要有一种探究到底的决心来满足自己的心理需要。否则就算教师给学生再多的机会去发现,去实践,学生也不会领情,最多是疲于应付罢了。为此,在课堂上,教师要有效设计各种适合学生的问题,拓展他们的思维,激发他们的思考力。所以每一次教学尝试之前,教师就得想方设法地提炼出一两个明确的话题,并且在学生感悟的交汇点上选中一个观点鲜明的话题,作为教学互动的切入口,在教学过程中教师便可以出奇制胜地抛出这枚"绣球",满足学生好奇求新的心理需要,激发他们学习下去的心理欲望,让教学互动走向有效。

例如译林版牛津英语四年级上册第五单元"Our New Home 的 Cartoon Time",课文大意是:"Sam 和 Bobby 遇到一只伤心的 little bird(小鸟),为了让它开心,Bobby 和 Sam 要给它吃美味的 orange(橘子),还有可口的 hot dog(热狗),可是 little bird 都一一拒绝,原来它想要吃树上自己够不着的 worm(蠕虫)。"学习这篇小短文,除了一个新句型"What would you like?",其余也就无新意可言了,对于四年级的学生来讲真是小菜一碟,如果教学仅仅停留于此,貌似学生也不太甘心,于是滕老师这样追问学生:"What will happen then?"为了让学生的思维发散得有针对性,她设计了三个小情景"① The bird would like something to drink. ② The bird would like Mum. ③ The bird would like to play games."之后,就放手让学生自行选择合适的场景,分组设计他们心中的英语故事了。

传统的教育教学中,教师俨然是"导演",对学生呼来唤去:学生接受提问,被动回答;接受检查,被动做题……一直被动,就如"算盘上的珠子",不时地被拨来拨去。如今,学生翻身成为自己的主人,自己可以自行讨论,共同表决,选择场景,自编自导他们感兴趣的故事,这其中可以纳入他们无限的想象、内心的感悟、自己的特长。他们可以在课堂的舞台上,扮演关心别人的猫咪 Sam,好奇的老鼠 Bobby,着急不开心的小鸟 Little Bird,甚至同样着急的小鸟妈妈,还可以自我生发出各式饮料、食物、游戏等。课堂成为学生张扬个性、展示自我的学堂,一切围绕学生的学,一切服务于学生的学。

(三) 优化小组模式,提高互动能力

众所周知,学习是一种脑力活动,但是若是这种活动陷入消极,那就意味着活动效率低下了。为此,作为教师就要在教学活动中,激发学生的主观能动性,可是后进生因其自身的特殊性,他们学习的主观能动性不是轻易就能激发出来的。他们必须要在自我认同的安全感中,才会产生将自我学习活动进行下去的动力,那么有效的小组学习方式便是最佳推进模式了。尤其是英语课堂在缺少课外语言环境的情况下,就必须基于师生的有效互动,教师想方设法地激发学生主动学习的能动性,让学生彼此间学会积极合作。而在课堂中最便于管理也最能出彩的合作方式就要数"小组模式"了。小组模式可以是三人,也可以是四人,还可以是五人,有时甚至可以更多的人参与合作。但若是教师完全放手,不加指引,任学生随波逐流,就常常会出现讨论时小组热闹非凡,汇报时学生面面相觑的情形。为了改善这样的教学状况,就要在小组教学模式操作的有效性上下功夫,避免合作流于形式,教学互动成为摆设。

经过实践研究,我们可以采用"1+1+n"的小组模式,对各个小组进行职务划分,第一个"1"是一位优秀生,他担任组长,负责组员的任务安排,第二个"1"是一位中等生,他是组里的中坚力量,要和组长一起完成任务中最具挑战性的内容,而"n"主要考虑班里的后进生,再配搭其他班级成员,目的是在营造出的和谐共进的小组氛围里,激发出后进生积极参与的热情。

在这样的教学活动中,教师是活动的设计者,优秀生是活动的分工者,中等生是实施活动的中坚力量,而后进生也是大家合力帮助的对象。为了唤起后进生的积极参与性,组长和其他组员自然会将最方便完成的任务交给他们,自然他们也就有了要与大家合作到底的信心了。由此可见,在有限的课堂时空里,教师要在考虑学生个体差异性的基础上,在小组合作模式的启动中,不断地召唤、激励所有的学生投入到一个围绕教学创设的"运动场"中,让同学们都能在这一"运动场"上争当参赛的"运动员"。

(四)组织多种活动,拓宽互动途径

课堂活动,是最重要的教学元素。课堂活动不是为了完成教材的学习任务,而是为了让学生在活动过程中长知识、增才干,获得精神上的成长。活动,不仅要包含本身的学科特征(即工具性),还应该体现一定的人文性,这样的活动就会拓宽师生互动的途径,使课堂显得轻松高效。

例如,教学《小露珠》一课中,"小动物们都喜欢小露珠"这一段,黄老师通过创设情境,让学生戴上头饰,把自己当成可爱的小动物来演一演。

"小青蛙是怎么过来跟小露珠打招呼的呀?"黄老师问。一只小青蛙"蹦"了过来。

"小蟋蟀是怎么过来跟小露珠打招呼的呀?"黄老师又问。一只小蟋蟀"爬"了过来。

"小蝴蝶呢?"黄老师继续问。一只小蝴蝶"飞"了过来,落在花朵上。

"请同学们把目光聚焦到小动物们不同的运动方式上,你有疑问吗?"

一石激起千层浪,学生纷纷举手:"为什么写小青蛙用'蹦',写小蟋蟀用'爬',写小蝴蝶用'落'呢?"问得真好!经过讨论研究,互换动词,小组表演,学生明白了这就是"一一对应",这就体现了作者用词的准确性。学生演一演小动物,一方面丰富了学习形式,拓宽了互动途径;另一方面通过"在文本中来来回回地走",保证了课堂活动在思维能力训练上的"张力"。

又如,教学译林版牛泽英语三年级下册第五单元"How old are you?"时,因为涉及的主要单词都是数字,所以滕老师邀请学生一起玩数字游戏,比如说一说前一个数字,后一个数字,听写电话号码,做一做加减算式等,学生在她的带动下,时而两人一桌,时而四人一组,甚至进行了大组之间的对抗赛,将英语数字玩于"股掌之间"!

学生语言能力培养的主阵地在课堂。有趣的课堂活动,拓宽了互动的途径,是师生之间互相激活、共同成长的过程,也是学生语言能力不断提高的过程。

(五)展开智慧理答,深化互动内容

理答就是教师对学生回答问题的反应和处理,是课堂问答的重要组成部分。它是教师对学生的回答做出即时评价,以引起学生的注意与思考的一种互动方式。可以说,理答是一种重要的教学对话,直接影响学生对某个问题的理解和下一步的学习进程,也影响到学生对一堂课甚至一门课的学习兴趣与态度。"理答"之"理"有理解之意,有理性之意,有理想之意。有效课堂理答,能深化互动内容。

语文课本"练习4"的口语交际中有这样一个内容:说漫画。漫画中有两只一模一样的狗,他俩去照哈哈镜。一个照的是凹面镜,镜子中的自己顶天立地;一个照的是凸面镜,镜中的自己小如蚂蚁。照过镜子之后,他俩发生了翻天覆地的变化,一个从此变得趾高气扬,一个从此就变得畏畏缩缩。学生看懂图意,说完图上内容后,哈哈大笑起来。

师:同学们,在真实生活中,狗真的会照镜子吗?

生:(笑声戛然而止,一脸茫然,全都摇头)

师:那么,谁才会照镜子呢?

生:人类会照镜子,看看自己美不美。

生:小朋友会照哈哈镜,哈哈大笑。

师:我们小朋友们都很聪明,照哈哈镜时,不会看到镜中的自己高大,就认为自己真的很高大;也不会因为看到镜中的自己矮小,就觉得自己真的很矮小,对吧?那么谁会当真呢?

生:(陷入沉思,教室里鸦雀无声)

师:这个镜子仅仅指——镜子吗?(教师启发追问)

生:不仅仅指镜子,我觉得——(学生卡壳)

生:可能指家里很有钱,他就整天得意扬扬的,感觉自己很高大。

生:也可能指家里比较穷,他就很自卑,觉得自己很矮小。

师:渺小。

生:也可能指父母是大官,他就很得意。

生:我认为,这图画中的镜子不仅指可以照的镜子,还指人的生长环境。

生:(纷纷点头)

师:那么回看漫画,这一组漫画究竟想告诉我们什么呢?

生:每个人生下来都是一样的、平等的,要正确地认识自我。

生:不要因为生长环境而错误地认识自我。

生:不要因为生长环境好就自高自大,也不要因为条件差就看轻自己。

生:我们每个人都要努力,未来掌握在自己手里。

是呀!这就是漫画的魅力,能让我们在会心一笑中受到启发。怎样让学生透过表象看到本质呢?课堂理答起了关键作用。"同学们,在真实的生活中,狗真的会照镜子吗?"显然不会。"那么,谁才会照镜子呢?"答案直指人类。"这个镜子仅仅指——镜子吗?"这个问题很有深度,引领学生思维的触角向前延伸。教师不断追问,不断理答,犹如层层剥笋一般,带领学生逼近问题的本质,这不是告诉,不是灌输,这是智慧的理答——追问。富有智慧的理答就是激疑布惑,诱导学生向着未知领域探幽发微,把学生带进"山重水复疑无路"的困境,然后抛砖引玉,使学生对问题心领神会,豁然开朗。这种追问的理答方式在课堂中是非常有效的。学生不仅深刻地理解了漫画内容,同时也明白了漫画中蕴含的道理。有效的课堂理答,深化了互动的内容。这样的课堂显得更有深度,更有厚重感。

课堂教学过程中的有效互动是一个朝着目标不断交互作用而螺旋上升的过程,其中教师的行为对学生产生影响,学生根据自己的理解调整自己的行为;学生的行为又反过来影响教师的判断和理解,促使教师相应地调整教学内容、活动方式等来延续这种互动。互动双方不断地影响对方的行为,同时不停地调整自己的行为,最终达成目标。

(六)链接丰富生活,扩大互动空间

陶行知先生曾说:教育与生活是一个东西,不是两个东西。我们深信生活是教育的中心。《义务教育课程标准案例式解读(2011年版)》也指出:要建构一种新型的教学生活,把教学过程还原为生活过程,把教学情境还原为生活情境。① 所以,我们认为生活无时不变,生活无时不含有教育的意义。链接丰富的生活,可以扩大互动的空间,能充分激发学生的兴趣,激活他们的情感,引领学生品味多彩人生。请看"你必须把这条鱼放掉!"一课的教学片段:

师:"……爸爸坚定的话语也一直回响在他的耳边。"爸爸的哪一句话让小汤姆时常回想起来呢?

生:"不管有没有人看见,我们都应该遵守规定。"

师:在生活中,当我们遇到哪些情况,我们也会想起汤姆爸爸的话呢?

生:我想随手扔垃圾时,会想起汤姆爸爸的话,我就不扔了。

生:我想随地吐痰时,会想起汤姆爸爸的话,我就拿出纸巾。

生:我想偷看同桌的答案时,会想起汤姆爸爸的话,自己埋头思考起来。

生:我想抄近路,准备从草坪上走过时,会想起汤姆爸爸的话……

生:我急着上学,红灯亮了,想闯过去时,会想起汤姆爸爸的话……

师:你们觉得汤姆爸爸是一个怎样的人呢?

生:他是个遵守规定、堂堂正正的人。

生:他是个令人敬佩的人。

---

① 朱家珑.义务教育课程标准案例式解读(2011年版)[M].北京:教育科学出版社,2012.

师:让我们牢牢记住汤姆爸爸的话,做他那样的人,好吗?

生(齐读):"不管有没有人看见,我们都应该遵守规定。"

触及学生心灵的感悟,对学生的影响是深远的。显然,学生以后会牢牢记住"不管有没有人看见,我们都应该遵守规定"这句话,并且也会践行这句话。在"非常时刻"经历思想斗争,最终"正义"战胜"邪恶",这可不是简单的说教啊!依托文本链接生活,这是无痕的教育,此时情感得到升华,课堂迎来高潮。因此,课堂链接丰富的生活,就能不断扩大互动的空间,提高互动的有效性。

总之,师生有效互动要把握好三个维度:一要恰当地体现出教材所传递的信息;二要分析学生对教学内容的知识储备;三要尽可能地激发学习者的思维。无论何种学习方式,教师都应将教学过程定位在教与学相互影响的动态发展过程中,通过重建新型的师生关系,对互动进行有效调节,形成交互影响,不断产生思维共振,实现提高教育教学质量、促进学生全面和谐发展的目的。

三、能力:主动提问

问题是学习的心脏,应该始终成为学习的内在驱动力。问题既是教学的起点,也是教学的延伸。传统教学中的"问题"往往有两种:一种是课堂由教师提出的"问题链"组成,表现为教师问、学生答,一个问题引出下一个问题。这样的教学,问题虽然不少,但本质上仍然是以教师为中心的,教师牵着学生走。另一种是"问题讨论式"的教学,即由教师提出问题,组织学生共同讨论。这种方式的教学似乎慷慨地给了学生一些学习的自主权,但教师全然不管这些问题是否是学生真正想问的问题,更没有考虑到学生学习中所产生的问题的差异性,教师还是课堂的统治者。

其实,课堂教学中要真正确保学生的主体地位,就必须培养学生的问题意识。学生在问题中主动探究学习,教师在问题中参与师生对话并引导课堂学习的深化。那么,怎样才能有效培养学生的问题意识呢?

(一)营造良好氛围,使学生敢问爱问

融洽的师生关系和良好的学习氛围,是学生产生问题的土壤。在和谐的师生关系、宽松的心理环境中,学生的思维才会异常活跃。教师应放下架

子,创造一种推心置腹交谈交流的气氛,比如:亲切自然的鼓励;微笑、点头及肯定的目光;摸摸头、拉拉手等动作,都能把教师和学生的距离拉近。师生之间的距离近了,学生的思维就更加活跃,学生才敢无拘无束地把自己对文本的各种感觉,包括质疑的态度带到课堂上来,从而主动参与到学习活动中去。很多时候,学生的一些问题往往都是刹那间的灵光闪现,这时有的学生如果脱口而出,教师要适当地给予机会和时间,让他说出自己的问题和想法,并耐心倾听,设身处地地感受学生的所思所想,允许出错,允许改正,允许保留意见,对于学生提出的一些意想不到的高见,更要及时采纳并给予充分肯定。

放手让学生自己提问,教师可以从中了解学生对文本理解的实际程度、困惑和学习期待。因为学生的个体感知、理解能力不同,问题可能很"杂",甚至有些可能不得要领、没有价值,而且课堂教学也不可能解决学生所有问题,但这丝毫不影响学生提问的价值本身。所以,对于能提出问题的学生,教师都应给予鼓励和肯定。这样,学生质疑的积极性得到了保护与鼓舞,就会以能问、善问为荣,从而乐之、爱之,不知不觉养成敢问、爱问的良好的学习习惯。

营造良好的氛围,还在于教师精心挑选教学内容,利用学生已建立的认知结构与当前面临的学习情境之间暂时的矛盾与冲突,让这种矛盾与冲突成为课堂的火种,点燃学生的思维火花,引发学生的思维碰撞,促使学生在疑惑中探究,在探究中思辨。如此,知识的本质特征也就会自然而然地凸显出来。

例如,在学习了周长和面积的知识之后,陆老师出示这样一道题目:"面积大的图形的周长一定比面积小的图形的周长大吗?"学生借助日常的生活经验,往往不假思索地认为面积大的图形的周长一定比面积小的图形的周长更长。

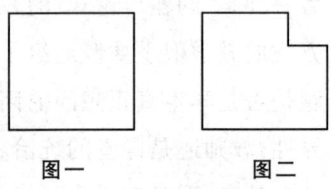

图一　　　　图二

但这种答案是错误的。面对老师的否定回答,学生质疑:"难道还有例外情况?"陆老师出示图一和图二,让学生来说一说,哪个图形的周长更大?然后,陆老师适时引导学生用小棒来摆一摆。在操作的过程中,学生发现,两个图形的形状明明不一样,但是都是用12根相等的小棒围成,也就是说这两个图形的周长相等。从而得出一个结论:周长相等的图形,形状可能不相同。问题的解决并不是到此为止，这种有悖"常理"的事实触发了学生的认知矛盾。在这样的氛围中，学生自然而然会提出："会不会面积大的图形的周长反而小呢?"根据学生的提问，陆老师接着呈现出图一和图三，这一操作活动让学生发现，此时"小"的(指面积小)图形的周长还是比"大"的(指面积大)图形大。在解决这个问题的过程中，学生把注意力从对图形面积的大小的关注集中到围成图形的小棒的根数。关注小棒根数的多少，其实也就是关注了周长这个概念的本质属性，即一周边线的长短。

数学来源于生活，学生凭借生活经验，对一些数学概念有着自己独特的感知和体会，但是这些生活经验往往是粗浅的、不成系统的，有时候甚至是错误的。利用学生的生活经验和数学概念之间的矛盾，制造冲突，学生在发现新知的"匪夷所思"之时，会自然而然地质疑提问，去寻找数学知识的"本真面目"。

（二）适时提出要求，让学生多思多问

新课程背景下的教师角色，应该定位于"组织者、引导者"，而萨特说："阅读是一种被引导的创造。"所以，在学习过程中，作为引领学习之旅的教师，必须及时提出要求，促使学生自然生疑、积极质疑，进而自主解疑。以下简介两种语文阅读教学指导策略。

方法一：授课前让学生先预习，并针对预习提出要求。要求学生边读边想，尝试读懂课文，记下没弄懂的问题，提出有困惑、有异议的问题以及自己感兴趣的问题。如此明确的要求避免了自读的肤浅，促使学生把"读"和"思"结合起来，把读引向深层。而探索"读""思"的有机结合，也使学生注意力更集中、思维更活跃，从而更易发现问题。

方法二：有意识地引导激发，变无疑为有疑。刚开始，学生常常在初步感知后感觉无疑，教师就要有意识地指导学生细细品味，引导学生抓住空白点、生长点、关键点等自主质疑。比如在阅读教学的读书过程中可以有选择地让学生的思维在某句话上定格，帮助其发现问题。

数学教学也是如此。例如在教学《平移和旋转》这一课时，研究一条横向摆放的线段是如何平移的。教师先出示问题：线段向（　　）平移（　　）格。

面对这个问题,学生有几种不同的答案。生1:线段向右平移了3格。生2:线段向右平移了1格。生3:线段向右平移了2格。教师请三位学生结合屏幕上的图分别说说想法。认为平移1格的学生:我是看从红点到黑点(线

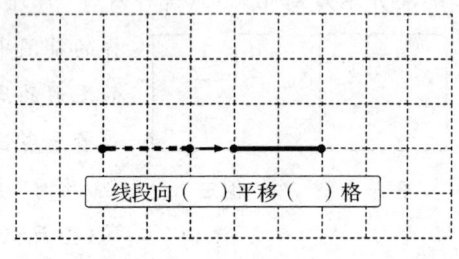

段右边红点与线段左边黑点之间确实只是一格的距离)。认为平移2格的学生:我是看从黑点到红点(这位学生表述的是线段本身的长度)。最后认为平移3格的学生:我是看从黑点到黑点(这位学生找的是对应点平移后的位置)。在听了三名学生迥然不同的交流之后,学生就会产生一种疑问:"到底该听谁的?平移的时候,我们又应该看哪两个点之间的距离呢?"抓住学生提出的这个问题,在动手操作的过程中,教师顺其自然地引出了应该看图形上对应点的平移的数学知识。整个环节,利用学生的质疑,教师成功地引导学生从探寻"线段平移"回归到探究"点的平移",抓住了平移的本义。

(三)注重方法指导,使学生能问善问

敢问不难,善问不易。一个人的手指有长短,学生的思维能力、理解水平各不相同,所提问题的质量也就参差不齐。这些问题,有的提得较好,有研读、讨论的必要,有的很幼稚,无思考价值,无探究意义。针对类似情况,教师首先应该鼓励学生多问,然后把所有问题一一罗列出来,引导学生评价哪些问题提得好,并说出理由。引导学生评价、提炼问题,是在学生提问基础上进一步组织探究学习的必要环节,可以说也是十分关键的环节。"提炼"的主要任务:一是让学生找出众多问题中的核心问题,二是指导学生对问题进行合理有序的分类和归并。所谓"核心问题",就是在众多问题中最为关键的问题,能起到牵一发动全身的作用,是众多矛盾中的"主要矛盾"。对问题的"提炼",有助于让教学朝着相对明确而集中的重点目标深化,又有助于培养学生分析、筛选、归纳、综合的诸多思维能力。另外,提炼的过程本身也是学生之间互相启发思维和学习的过程。这样质疑、比较、评价、提炼的学习过程就是学生习得提问方法的过程,也是创新思维不断生长、发展的过程。

第三节　立足生长:生命关怀下小学生人格养成教育的课堂评价标准

一、课堂:关注当下,指向远方

课堂是学习知识、提高素养、养成人格的主阵地。生命关怀下小学生人格养成教育的课堂,必须践行"学为中心,以学定教"的教育理念,关注学习本体,以绝大多数学生的需要为基础,科学地制定教学目标,合理地组织教学内容,有效地开展教学活动,高质量地完成教学任务。

因此,我们得摸清学生的学习起点。不管我们的课堂教学怎样发展,教学流派怎样多元,教学风格怎样迥异,了解学生的学习起点,依然是课堂教学的风向标。

理由一:学习起点是教学目标设定的基础。

不顾及起点的教学目标往往是空中楼阁,只有真正了解学生的已有知识经验和学习需要,才能确定其在不同学习活动中的最近发展区,而从知识技能等方面来阐述,最近发展区就是教学目标。

理由二:学习起点是教学内容分析的依据。

不考虑起点的内容分析往往是一盘散沙或无的放矢,只有针对不同学习基础与达成目标的学生,才能界定教学内容的重点、难点和盲点。

理由三:学习起点是教学活动设计的根本。

不顾及起点的教学活动设计往往是教师一厢情愿地自我表演。不了解学生学习的"原点"与"远点",任何讲解、操作、练习、合作都很可能流于形式。

可见,不关注学生学习起点的课堂就是无效的课堂。同样,只传授知识的课堂也是低效的课堂。课堂不能异变为将知识从一个容器注入另一个容器的中转站,不能只是传授知识、获得知识的场所,而应该是探究知识、得到成长的场所。我们的课堂,应该既能帮助学生掌握必要的知识,又能促使学生养成良好的习惯,形成独立的思维,掌握灵活的方法,习得扎实的能力;我们的课堂,应该不仅能展示知识的魅力,更能展示思想的力量与生命的灵动,推动学生的可持续发展。这样的课堂,是扎扎实实实施素质教育的主阵地,是真真切切体现生命张力的空间。很多课堂看似热热闹闹，但是静下心来回味，如果教师是主角，学生是配角，或者说课堂教学来源于教师视角，而不是学生视角，我们就可以说，这节课精彩得几乎荒凉！因此，我们的课堂教学，需要加强学情研究，真正了解学生的学习起点；更需要践行"学本课堂"，真正促使学生在课堂上得到成长。

（一）加强学情研究，了解学习起点

了解学习起点，才能找准学习切入点，确定有针对性的教学目标；了解学习起点，才能变"一刀切""齐步走"的教学内容为"照顾不同层次、可以自主选择"的课堂学习内容；了解学习起点，才能真正研究每个学生的生命状态、学习能力发展，才能真正找到适用于学习个体提高综合素养的最佳路径。

教学的服务对象是学生。高效的课堂，必须"目中有生"，必须"以学定教、因学施教"。要想上好一节课，光从文本材料上去分析准备，是远远不够的，最重要的是要摸清学生的底细，也就是要扎扎实实进行学情研究，清清楚楚了解学生已经知道了什么、经过努力可能达成什么，对学生的学习起点做到心中有数。教师可以采用个别访谈、问卷调查的方式进行分析。

比如在教学《认识乘法》前，刘老师就随机抽选了20个学生进行学情调查，主要想测试学生与乘法有关的生活经验、知识经验及实际应用能力三方面的内容。

问题一：你听说过乘法吗？是从哪里听说过的？

在被调查的20人中，有17人听过，3人没有听过。针对这17人，刘老师继续追问：你在哪里听说过的？调查发现，有12人是听父母说的；有5人是在书上、文具盒和墙上贴的乘法表上看到的。

问题二：你知道什么是乘法？能举例说说吗？

在这20人中，4人不知道什么是乘法，16人能说出乘法算式。而在这16人中，2人既能说出乘法算式，又能说出一两句口诀，但仅仅是数字较小的乘法口诀。6人能根据乘法算式或乘法口诀说出表示的意义。

问题三：口算结果，你能说说几个几相加吗？

刘老师给出了三个算式，计算正确的有15人，错误的有5人，主要集中在第二题。在正确的15人中，用乘法口诀计算的有1人，其余的都是用连加来计算的。根据这三个算式,让他们说说几个几相加时,有18人能准确说出前两题是几个几相加,有15人认为第三题不能说出几个几相加,并能说出原因:因为这些加数不一样。随后,刘老师又继续追问:怎样的算式才能说成几个几相加?13人认为每个数都一样的加法算式能说成几个几相加,并能举例。还有1人利用凑十法,将第三题转化成"10+10=20",即2个10相加。

问题四:根据几个几相加,说出相应的算式。

第一题2个5相加,有19人能准确地用加法表示,只有1人算成"2+5=7"。第二题5个2相加,有17人能准确地用加法表示。对于这两题有4人既能用加法表示,又能用乘法表示。

问题五:你能根据"3+3+3+3=?"这个算式,编一道题目吗?

有14人摇摇头不会编题,有6人能自己编题。在这6个人中,有5人是根据加法的意义编题:如,树上原来有3只鸟,先飞来3只鸟,又飞来3只,再飞来3只,一共有多少只鸟?又如,小刀3元,笔3元,本子3元,尺3元,这些物品一共多少元?只有1人在所编题目中体现了乘法的意义:一个玻璃杯3元,我买4个玻璃杯,要多少元?

前两题测试学生对乘法的了解程度,通过测试结果不难看出学生虽听说过乘法,但对乘法的认识是模糊的,有的甚至不理解。后两题是测试同数连加和几个几相加,绝大部分学生能正确数出几个几或说出连加算式,说明学生对学习乘法已具备较好的知识基础。但也有少数学生数错或说错,说明这些学生对"几个几相加"不理解。最后一题把同数连加的算式还原到生活中去,在具体应用中来测试学生是否具备灵活运用的能力。只有少数学生能做到这一点,大部分学生还不能做到学以致用、灵活运用。

有了这样详尽的学情分析,教师对学生已有的知识经验、生活经验,学生缺乏的经验、能动的经验都了如指掌,就能找到学生的最近发展区,更加有针对性地展开课堂教学。

(二)践行"学本课堂",促进情智生长

课堂是学生生长的地方。著名特级教师薛法根说:"课堂,呈现的应该不仅仅是'鲜花',还应该有'花开的声音',课堂上最美的声音是学生生命里'拔节'的声音。"因此,我们的课堂,要关注学生从走进课堂到走出课堂,在习惯、知识、技能、方法、能力、思维等方面是否有变化,如果有变化,那么这就是充满生长气息的课堂,是具有生命张力的课堂,是真实高效的课堂。

生命关怀下小学生人格养成教育的课堂,真正体现"以学为本",改变了课堂关系和学习方式,真正促进了学生情智生长。"学为中心,以学定教",就是始终以学生的发展为本,把"教"转化为"学",解放学生,让学生的学习主体地位在课堂上落地生根,高度尊重学生,充分相信学生,全心成就学生,让学生好学、想学、善学。在课堂上,学生要有"三个度":① 自由度。学生有话语权,敢于提出问题,能通过讨论来互相解决疑问。不同层次的学生能从不同方面发表自己的见解,敢于说出心里话。参与提问、回答、交流的学生不少于全班学生的一半。学生之间有互动,互动能为目标达成提供帮助。② 自主度。自主学习的形式不少于3种。学生自主探究、合作体验、交流展示等自主学习的时间每堂课不少于20分钟。自主学习有序而活跃,学优生能起引领作用,学困生能尝试着参与,能合作解决问题。③ 自信度。学生有求知、好奇、探究的欲望,能清楚响亮地表达自己的观点,展示自己学习的成果,并能感受到教师在倾听自己表达中的鼓励,体会到教师在理答、评价中的启发和肯定。因此,我们的课堂要从以下几方面来努力。

1. 目标让学生知晓

明确、具体、集中的目标,能让学生清楚地知道"自己要到哪里去"。目标要做到"三个化":① 具体化。表达规范清晰,学生看到后可以领会,努力后可以做到。② 实际化。目标必须突出学科本质,凸显年段特点,契合学生的起点和生长点;目标能根据学生当堂学习情况进行调整,而不是一成不变。③ 阶梯化。目标要分层,给基础弱的学生找到起跑点,给基础好的学生找到起跳点,让不同能力的学生分别达到"吃得了""吃得饱""吃得好"的目标。

2. 过程让学生经历

现代认知科学认为:"知识并不能简单地由教师或其他人传授给学生,而只能由每个学生依据自己已有的知识和经验主动加以建构。"经历体验式的学习,是人本主义学习理论的精髓。过程远比结果更重要。探究式的强调过程的学习,并不在于让学生得出什么结论,更不是引导学生搞发明、搞创造,而是要让学生立足于长期的、大量的、平凡的、琐碎的探究过程,养成严谨的态度、批评的意识、独立的精神,以及相应的合作能力和实践习惯。

(1) 问题让学生面对。教育应是一个不断地产生问题、发现问题、解决问题,再产生新问题的螺旋式上升的过程。要让学生学会自己提出问题,并学会分析问题、解决问题,才是切实真正的有效教育。直面问题,学生不仅能自己发现问题、提出问题,还能多途径、多角度解决问题,并在解决问题的过程中产生新的思考,创生出新的问题,对学生学习能力的提升有至关重要的作用。

(2) 方法让学生总结。教师教给学生方法,就好像父母挣钱给孩子花,孩子没有体验到挣钱的艰辛,就认识不到挣钱的价值。只有自己辛苦挣来的钱,孩子才能学会合理地使用它。学习方法的总结也是这样,自己总结的方法,哪怕只是总结失败的教训,对学生都有百利而无一害。

(3) 评价让学生参与。学生的评价,虽说不可能面面俱到、清楚明白,而且很多时候,"找碴儿""挑刺"比"肯定""表扬"多得多。但这并不完全是坏事。会"找碴儿",会"挑刺",不正说明学生已经参与学习过程,已经学会或已经在思索了吗? 老师的激励、肯定与同学的批判、指正融为一体,可谓是评价体系的完美结合。"我认为张敏没打过电话,要不怎么会先拨号码再拿起话筒呢?""林林说话没有表情,一点儿也不热情,要是我,就不会接受邀请。"……谁能说这样的评价没有实效? 学生很纯真,没有学会成人那套所谓的"欲抑先扬"的方法,但就是这样的原汁原味,才真正对他们彼此的成长有益。当然,教师如果能适时地加以引导与点拨,让学生明白评价时可以先肯定、赏识伙伴的优点,那就更能增强学习兴趣,提高学习能力。

3. 结论让学生得出

不能让学生做结论的见证人,而要让学生做结论的证明人。要真正把课堂还给学生,让学生自主学习,自我约束,自立发展,教师只以平等的学长身份,参与学生的发展过程,决不越俎代庖。

这样的课堂,与传统课堂相比,体现了三个明显的变化:① 观念之变:从"教师立场"转向"儿童立场"。在课堂上,学生是鲜活的人、完整的人,也是发展的人。② 教学之变:从"烦琐"指向"清简"。教学目标简明,教学内容简约,教学环节简洁,教学策略简便,教学用语简要。③ 学生之变:从"被动"走向"主动"。目标——学生清楚,疑问——学生讨论,过程——学生经历,结论——学生得出,方法——学生总结,练习——学生自选。这样的课堂,教学目标以学生为中心,教学过程以学生为圆心,教学评价以学生为准心,是真正意义上的"学为中心、以学定教",能真真切切地促使学生卷入学习之中、情智得到生长。

二、学生:语言在拔节,思维在拓展,精神在成长

学龄前儿童虽能进行简单的日常交谈,但由于语言发展处在无意识状态中,他们的语言在文法结构、逻辑系统和得体性方面都不是很完善、很严谨。进入小学后,应使学生的语言由"自我为中心"向社会化语言过渡,由不规范的语言向规范的语言发展。小学阶段,学生的思维以形象思维为主,并逐渐向抽象思维过渡。因此,应引导学生运用分析、比较、推理、综合等方法让思维具有一定的灵活性、深刻性和独创性。此外,小学课程还承担着提高学生综合人文素养的任务,即学生通过课程能够开阔视野,丰富生活经历,发展创新能力,形成良好的品格和正确的人生观、价值观。

(一)语言在拔节

小学阶段是一个人发展语言的黄金时期。我们常说"童言无忌"。的确,孩子是天真无邪的,他们通常想到什么就说什么。但是,由于受生活环境和语言环境的影响,一些孩子胆小、害羞,没有当众大胆、清楚表达的习惯,还有的孩子怕说错或是说得不好而被其他同学笑话或是得不到老师的肯定,因此不敢说,不愿说。所以尽快让每个孩子动起来,敢于发表自己的意见,培养口头表达能力,是我们的课堂教学刻不容缓的任务。

1. 争先恐后,大胆表达——学生敢说

和谐的课堂氛围是上好课的前提条件,和谐的课堂氛围能产生良好的教学效果。和谐的课堂氛围应该是民主平等的,只有在这样的氛围中,学生才会感到被尊重和被理解,孩子的嘴巴才能得到真正的解放。只有在这样的氛围中,学生才会敢于表达自己的想法,尤其是表达与老师、同伴不同的想法,学生的思维才会活跃起来,才会主动参与到学习过程中。

因此,在课堂教学中,我们应把课堂时间尽可能多地还给学生,教师少说,学生多练,充分调动学生的积极性和创造性,把课堂真正变成学生沟通交流的场所,让学生通过自己和小组的共同努力,体会到成功的喜悦。

例如,以译林版牛津英语三年级上册第一单元"Hello!"为例,本单元以打招呼为话题,让学生掌握一些交际用语,学会合理运用英语与人打招呼。"Story Time"呈现的是以 Mike 为主线的一天的在校学习生活。上午,Mike 先后和老师 Miss Li,同学 Liu Tao、Su Hai 和 Yang Ling 互致问候;下午,Miss Li 上课前与大家互致问候。当教学完"Story Time",大部分学生可以大声朗读后,盛老师请学生上台来表演时,大家就面露难色了,小手都藏得好好的,生怕老师叫到他。几个胆子大一点的孩子表现出想举手又不敢举的样子,生怕自己表演得不好或说错。这时,盛老师根据自己的经验,拿出事先准备好的头饰,邀请几个会说的学生和自己一起先给大家做示范。在示范的过程中,有的学生说错了,回过头看看他,他给予的是赞许的目光和笑脸。示范结束后,盛老师肯定了各位同学的表演,并说明课堂就是犯错误的场所。在接下来的表演中,孩子们的手都举得高高的,个个争先恐后,有的生怕老师看不到甚至伸到了老师的脸上。

学生的语言技能或语言的应用能力,必须通过其本人的不断实践才能真正提高。仅靠教师的讲解灌输无法培养学生的听、说、读、写等技能。只有把大部分的课堂时间留给学生,让学生积极参与各项语言实践活动,让学生真正成为课堂的主人,变消极被动为积极主动,才有希望实现语言综合应用能力的提高。

2. 七嘴八舌,能说会道——学生善说

掌握语言知识的最终目的是将所学习和掌握的知识运用到语言实践中去,能进行真实的交流。随着年段的升高,教学时要以学生的能力发展为主,引导学生走出文本、走向生活,围绕语篇的主题,利用已经构建的知识结构,抓住重点句型,在实践活动中把文本活化为生活中的真实语言。难度变大了,小学生口语表达的能力下降了,老师提问时,举手的同学常常寥寥无几。在实际教学中我们可利用纲要信号、图示板书来降低学生表达的难度,给学生一定的支撑,产生"跳一跳能摘桃"的效果。让学生在获得知识的过程中,充分发挥个体的创造力、想象力,从而体验学习的乐趣。

如译林版牛津英语六年级下册第一单元"Who Is Younger?"A 板块,该语篇主要通过主人公 Su Hai 在公园散步途中遇见同学 Ben 及其表弟 Jack,三人之间展开闲聊这一情景,引出两种事物的比较这一话题。语篇在内容上以"Who is younger?"为话题侧重两组角色的对比:"① Who's younger,Su Hai or Su Yang? ② Who's younger,Jack or Jimmy?"语篇中出现的形容词的比较级是学生理解语篇的难点。教师通过一系列的学习活动对语篇进行解读和深入教学,借助纲要信号、图示板书帮助学生理清文章的脉络。如下图所示:

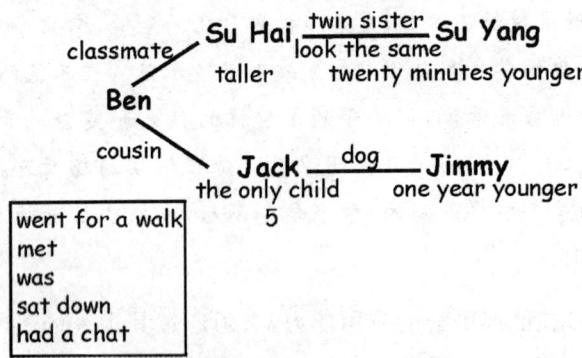

在引导学生复述时,盛老师发现学生一改之前害怕、紧张和焦虑的神情,参与积极性很高。从课堂反馈来看,教学效果是明显的,学生基本厘清了本堂课语篇的脉络,英语口语表达也流畅多了。

古语云"亲其师,信其道",作为一名教师,必须明确:学生是一个个充满活力的主体,而不是一个个简单的装知识的容器。教师要善于发现学生身上的长处和闪光点,活用教学方法,鼓励学生积极参与课堂活动,大胆发表自己的看法和见解,发挥学生的主体作用。

(二)思维在拓展

思维能力是一个人素质结构中的重要方面。没有良好的思维能力和丰富的思维方式,就不会有良好的素质,更谈不上创造性能力的培养。《英语课程标准》提出:"语言既是交流的工具,也是思维的工具。""英语课程应成为学生在教师指导下构建知识、发展技能、拓展视野、活跃思维、展现个性的过程。"北京外国语大学张连仲教授在讲座中也强调培养学生思维能力的重要性,他认为小学英语教师要让学生走向能力,走向思维,走向情感。在众多思维中,发散性思维又称头脑风暴,它是一种推测、发散、想象和创造的思维过程,具有思维的积极性、求异性、广阔性、联想性等特性。在小学英语教学中运用得非常频繁。

以译林版牛津英语六年级下册第七单元"Summer Holiday Plans"为例,上课伊始,盛老师呈现了以下几个开放性问题:"What holidays do you know?" "What holiday do you like best? Why?"以此来启发学生的思维。学生结合自己的生活实际和已有的知识给出了许多不同的答案。然后教师根据学生的回答顺势导入新课:"You like summer holiday. Mike and his friends like it too. They are talking about their plans for the summer holiday. What do you want to know about their plans? Can you ask some questions?"通过上述问题,请学生对课文主人公的计划进行提问,也就是运用学生已有的知识,围绕问题,思考后再输出。

教师通过问题设疑,激发了学生学习课文的兴趣,促使学生主动获取语言知识,进而获取用语言知识解决实际问题的能力。

再如,数学学科中进行的一题多解、一题多变的训练,也是在培养学生的发散思维,帮助学生克服思维的狭隘性。通过讨论和尝试,启迪学生的思维,开拓学生的解题思路,在此基础上让学生通过多次训练,使其既增长了知识,又培养了思维能力。学生通过训练不断探索解题的捷径,使思维的广阔性得到进一步发展。

总之,学生思维能力的培养,主渠道是课堂教学。教师要最大限度地发扬课堂民主,调动学生参与学习的积极性,让学生愉快思考,主动探索,大胆创新。还应巧设问题,善设疑点,给学生创设一个自由发挥的天地,提供积极参与的思维空间。

(三)精神在成长

儿童的精神成长有其内在的潜能和自然的步骤,儿童有着不同于成人的精神特性。教育就应当建立在不断了解儿童的基础上,不仅要通过日常生活对儿童形成直觉的认识,还要通过学习中的科学探索和思维提升,深入儿童的精神世界,从而更深刻地认识和促进儿童的精神成长。在素质教育深入实施的今天,教师不仅要教会学生知识,更重要的是培养他们的科学素质和精神品质。

1. 主动学习的热情

兴趣是最好的老师，也是学生动机中最现实、最活跃的因素，它直接推动学生去探求新知识，发掘潜在能力。人本主义心理学家罗杰斯指出：当学生认为学习内容与达到自己的目的有关时，就会全身心地投入到这种学习中去。所以，我们在课堂上除了要努力创设和谐民主的师生关系、宽松民主的学习氛围外，还要以灵活多变、富有情趣的教学手段与方法激发学生的学习兴趣，变"苦学"为"乐学"，变"要我学"为"我要学"。

如在语篇教学中根据标题或前言请学生对语篇内容进行预测，可以很好地激发学生阅读的兴趣。在教学译林版牛津英语五年级上册第七单元"After School"时，盛老师在出示前言后问"After reading, what do you want to know?"学生纷纷发表自己的看法，归纳如下："① Where is Wang Bing? ② What is Wang Bing doing now? ③ Does Gao Shan find Wang Bing?"然后带着这些问题学习下面的语篇，学生自主学习的欲望和兴趣已悄然点燃。

2. 课堂交流的自信

学生信任教师，并乐于接受教育，有利于教师激发学生的自信，使其产生内在学习动机。自信是一种积极、肯定又切合实际的自我评价。人们往往是通过别人对自己的态度和评价来感知自己，然后做出相应的自我评价。如果外部评价不恰当，就会产生由于缺乏正确的自我知觉而妄自尊大或妄自菲薄的后果。学生的外部评价主要来自教师，因此教师的评价十分关键，尤其是对那些后进生的评价。对他们的评价应遵循"评价积极性原则"，即用发展的眼光来评价学生。

例如，在课堂上，在学生回答问题时，盛老师总是认真倾听，面带微笑，眼光流露出热情。答对了，就及时肯定。如："Very good!""Excellent!"对表现一般的，也用"Good!""Well done!"来表扬，让他们品味成功的欢乐和喜悦，激发他们学习英语的兴趣。答错了，则使用建议性的、易接受的、委婉的语言进行评价。比如："Would you like to think it over?""Take it easy.""It doesn't matter. Just have a try.""Try it again.""I believe you can do it better next time."这类鼓励性的话，使他们感觉到自己也在不断进步，从而消除惧怕、紧张的情绪。

3. 直面困难的勇气

有位名师曾说过,让学生直面学习中的困难,打破快乐轻松学习的神话,这是每一个明智的师长要做的事情。在这一过程中,学生收获的将不仅是知识,更有毅力、恒心、克服困难的勇气等重要的非智力因素。

在英语学习中,记忆单词一直是学生的拦路虎,许多学生因此成了学困生。在实际的教学中我们可以教给学生记忆的方法,如:① 联想记忆。音与形的联想,即根据读音规则记忆单词。形与义的联想,如,把"eye"两个"e"看成两只眼,把"banana"中的"a"看成一个个的香蕉,把"bird"中的"b"和"d"看成两只翅膀。② 同义记忆。通过同义词一起进行单词记忆,可确切理解词义,这时不必注意它们的意义的区别。③ 反义记忆。通过反义词一起进行单词记忆。同时,引导学生根据自己的实际情况选择恰当的方法记忆,突破记忆困难。

总之,要让孩子勇于面对学习困难是学生成长路上必须经历的一课。我们要教育孩子学会坦然面对困难,把困难看作前进道路上的必经关口,从而增强其心理的韧性。只有这样才能让孩子直面困难,踢开人生路上的绊脚石。

三、教师:理念在孕育,风格在酝酿,智慧在锤炼

从初出校门的学生到走上讲台的教师,从当初的满腹才华、踌躇满志到面对孩子时的交流障碍、不知所措,几乎每一个教师都经历了这一角色转变的不适和困扰。随着岁月的流逝,每天的教学工作成了教师再次学习的站点;每一节课成了教师修炼的阵地;每一次比赛成了教师进一步提升的阶梯。教师是发展中的教师,是进行适应和调整的不断追求的人,是有着独立价值和尊严的人,所以教师要不断认识自我、分析自我、挑战自我、提高自我,努力锤炼自身风格,同时,在锤炼的过程中及时更新自己的教育教学理念,提升自己的教育教学智慧。

(一)教学风格的基本含义

教学风格是指教师在长期的教学实践过程中形成的,在一定的教学理念指导下,创造性地运用各种教学方法和技巧,所表现出来的一种个性化的教学风貌和格调。教学风格与教师个人的思想修养、专业水平、思维方式、个性特

征有关。教学风格的形成是一个艰苦而长期的教学艺术实践过程,也是一个不断地追求自我、超越自我的发展过程。

(二)教学风格的基本类型

教师的教学风格与个人的兴趣、爱好、能力、个性、气质、风度等有关。有的豪放,挥洒自如;有的严谨,一丝不苟;有的幽默,趣味横生;有的机智,妙语连珠。教学风格的基本类型有如下几种。

1. 理智型

教师讲课深入浅出,条理清楚,层层剖析,环环相扣,论证严密,结构严谨,用思维的逻辑力量吸引学生的注意力,用理智控制课堂教学进程。学生不仅学到了知识,也受到了思维训练,还受到教师严谨治学态度的熏陶和感染。

2. 情感型

教师讲课情绪饱满,充满激情。讲到动情之处,往往是情绪高涨,慷慨激昂,滔滔不绝,扣人心弦,震撼人心,引起学生强烈的情感共鸣。学生所获得的不仅仅是知识的训练价值,还包括人格、情感的陶冶价值。

3. 幽默型

教师讲课生动形象,机智诙谐,妙语连珠。生动的比喻,开启学生智慧之门;恰当的幽默,给人以回味和留恋;哲人警句、名人箴言不时穿插其中,给人以思考和警醒。学生心情舒畅,获得一种心智训练。

4. 技巧型

教师讲课时各种教学方法、技巧信手拈来,运用自如,恰到好处,丝毫不带雕琢痕迹。课堂教学环节过渡自然,搭配合理,有条不紊。无论是讲解和分析,还是提问和练习,都能照顾到学生的心理特点和接受能力,体现出教师对知识重难点的准确把握。

5. 自然型

教师讲课亲切自然,朴实无华,没有矫揉造作,也不刻意渲染,而是侃侃而谈,娓娓道来,师生之间在一种平等、协作、和谐的气氛下,进行情感交流,将对知识的渴求和探索融于简朴、真实的教学情景之中,学生在静静的思考、默默的首肯中获得知识。教师讲课虽然声音不高,但神情自若,情真意切,犹如春雨渗入学生的心田,润物细无声,它虽没有江海波澜的壮阔,却不乏山涧流水之清新,给人一种心旷神怡、恬静安宁的感受。

（三）教学风格的形成

1. 理念的学习

伴随着社会的高速发展,教育改革的进程也在迅速推进,特别是美育被列入国家教育方针之后,音乐教育事业获得迅速发展。与之前的程式化、重"双基"的音乐教学相比,教改后的音乐课已经把"培养学生良好的审美情趣和人文素养"制定为课程终极目标,把新中国成立以来的音乐教育上升到一个崭新的高度,为音乐课程的发展预留了广阔的空间。

同一教学内容的不同教学设计往往较能反映教师不同的教学理念、教学思想,不管是着重关注人文知识对于整节课的影响,还是重在培养学生在艺术实践活动中对音乐的感悟与表现能力,都需要教师有足够的理论基础、专业素养,并在不断实践中孕育教学理念。请看"可爱的家"的两个教学片段。

教学片段一：
(1) 多媒体播放班级学生的全家福照片。
(2) 请照片中的主人介绍自己的家庭。
(3) 多媒体出示教师本人的全家福照片。
(4) 教师介绍自己的家庭。
(5) 多媒体播放"家"字从甲骨文到简体中文字的演变过程。
(6) 学生讨论:画面中给你印象最深的是什么？
(7) 教师用毛笔书写"家"字,并解释:"千万个人有千万个关于家的说法。有的说,家是一种文化;有的说,家是一种时光;有的说,家是一种情怀。拥有它时,它平凡如柴米油盐酱醋茶;失去它时,掏心掏肝也找不回。孤独时,家是黑夜里的北斗,是沙漠中的绿洲;失足时,家是谅解的甘露,是宽容的怀抱。"

教学片段二：
(1) 随《可爱的家》音乐配以舒缓的律动走进教室。
(2) 在歌声中选择符合歌曲意境的照片展示在墙上。
(3) 在音乐和照片的包裹中感受歌曲温馨的情感。

比较两个教学片段,片段一用时 7 分钟左右,但在这 7 分钟里,所有的教学环节、教学活动都是围绕汉字"家"展开,音乐《可爱的家》始终没有露脸。教师使用了大量画面和历史、文学材料,但却唯独忽略了音乐,让人听上去更像是一节语文课或是思想品德课。片段二伊始就把音乐呈现出来,音乐与实践活动同时进行,学生一直在音乐的熏陶中从事着音乐实践,默默地感受着音乐的润泽,为歌曲情感、课堂基调铺好了恰当的基石。

2. 风格的练就

音乐课程的感受与欣赏、表现、创造及音乐与相关文化等四大教学领域包含了众多的音乐教学范围和知识,作为执行每节课的具有独立人格的教师,每个教师都有自己的性格特点和个人喜好。因此,在课堂教学中选择什么作为立足点、以什么为抓手、阶段性地培养学生的哪些能力、如何处理教材等,都会折射出教师的独特的教学风格。评价教师的教学是否成熟的标准之一亦是看教师是否形成了自己的教学风格。请看《我的妈妈叫中华》第二乐段教学片段:

(1) 同学们,你们爱自己的妈妈吗?那你会带着怎样的感情说"妈妈"这两个字呢?

(2) 达成度:学生腼腆、亲切地喊"妈妈"。

(3) 引导学生亲切、自豪、激动地喊"妈妈"。

(4) 同学们,让我们一起激动地喊"妈妈"吧!

(5) 我觉得感情还可以再真挚一些、再浓稠一些,再来一次:"妈妈,我爱你!"

(6) 其实,祖国也正如妈妈一样用她宽广的胸怀包容着我们,用她甘甜的乳汁哺育着我们,那你会对祖国妈妈说些什么呢?——"祖国,我爱你!"

(7) (学唱歌曲高潮部分,略)

(8) 同学们唱得太棒了。现在我有一个提议:这一次我们站起来唱(起立)。请大家想象一下,我们站在泰山之巅,放眼望去,绿树成林,河水奔流,处处可见重峦叠嶂,山影磅礴。祖国啊,你真是太美了,我们要把对你的爱唱出来,我们要把歌声传得很远很远……(完整演唱歌曲)

《我的妈妈叫中华》是五年级的一首歌曲,单二部曲式,A段平铺直叙,B段抒发感情。这首歌要唱会并不难,但要唱好就不太容易了,既要把握歌曲的结构层次、情感基调,又要注意声音的圆润和优美。尤其是 B 段,集中在高音区,同时又是歌曲的高潮部分,教师让学生想象自己站在山顶登高望远,再加上之前教师到位的情感渲染与启发,学生已经到了自己想表现的时候了,这时候的歌声真可谓情景交融、声情并茂!

从这个教学片段看,教师在歌曲层次的把握上预见性地认识到只把目光聚焦在歌谱、高音等音乐要素的学习上,不但在短时间内达不到声音上的要求,而且会显得课堂练习较为枯燥,因而她选择了在音乐能力的基础上用情感启迪孩子,以情带声地演唱第二乐段,用技术、情感的双重作用引导学生把握歌曲的层次,表现歌曲的情感。这位教师比较善于运用人类的情感,并能巧妙地将其移情到音乐学习中,把知识技能的学习和丰富情感的体验结合得自然流畅。

3. 智慧的积淀

教师工作的对象是活生生的孩子,每个孩子都有自己的意识和思想,因此当教师有计划地呈现自己的教学步骤时,有时会出现学生表达不同想法的情况,这时怎样处理突发情况,用什么办法打消孩子的疑虑或怎样把孩子的思维拉回到教学思路中,都体现了教师的教学智慧。

例如,《我是小海军》是一首学生非常喜爱的歌曲,歌中表现出的中国海军的强大、坚定、威武让孩子们憧憬不已。在教学的过程中,某教师播放歌曲的范唱,想让大家一起感受这种威武的士气,却发现几乎所有的同学都大声地跟着录音唱了起来。原来,幼儿园里已经教过这首歌了,学生都会唱,但是学生的演唱无论是曲调还是歌词都有很多错误,这一突发状况打乱了教师的计划,一切变得慌乱起来。接着,这位老师不得不被动地、一句一句地纠正孩子们的错误,但是一年级的小朋友活泼好动,根本没有耐心跟老师逐句重学,再加上错误已经根深蒂固,最后老师教得筋疲力尽,学生学得唉声叹气,效果很差。

课后这位教师进行了认真反思,在其他平行班的教学中,她推翻了原有教案,根据实际情况重新进行了设计。

首先,她出示了中国人民海军在海上执行任务的图片,学生一下子被图片上海军的飒爽英姿所吸引,接着让学生听一段音效,"你能听出海军叔叔们在干什么吗?"形象的声音让学生马上就听出"他们是在集合、训练"。"你们能用

'喊嚓喊'模仿叔叔的脚步声吗？""叔叔们从远处走过来声音会怎么样？""越走越远,声音又有什么变化?"学生在老师循序渐进的引导下用嘴巴口技般地模仿出了海军集合出操时的情景,尤其是渐强、渐弱的完美控制让教师不得不惊叹孩子们的潜能！有了这样一个精彩的开场,后面的教学便顺畅了许多。接着,教师播放歌曲的纯音乐,让学生感受情绪,并哼唱旋律表现情绪。朗读歌词,理解含义,表现其精神面貌。听、唱结合让学生有机会发现错误、改正错误。教师还让表现得特别到位的同学到前面来当教官,这时教师为学生装扮"教官"提前准备好的军帽、军装、军旗激起了课堂的又一次高潮,孩子们都用最好的表现争相到前面当"教官"。最后,学生在"教官"的指挥下,列着整齐的队伍,模仿着队伍由远及近的脚步声走到教室正中,他们自豪、威风地演唱了《我是小海军》,随后模仿着逐渐走远的脚步声慢慢离开教室。

  上例中的第一次教学暴露出该教师缺乏足够的教学智慧,当课堂遭遇突发情况时缺乏足够的应变能力和重新组织教学的勇气,处理事情较为被动。经过自己的深刻反思,教师在教学目标的确定上提升了高度,教学设计上更加新颖,对于低年段学生的学情也了解得更加深入。教学中,对于文本预设的实践也体现了该教师教学能力、教学智慧的提升,因此修改后的第二次教学让师生都很快进入了角色,并在其中浸泡、浸润,最终产生"化学反应"。

  总之,"生长就是目的,在生长之外别无目的"。"立足生长""指向生长""为了生长"等课堂评价理念及标准的确立,一定能让教育教学在正常的状态下"静悄悄地革命",让师生在自然的场域中"活泼泼地生长"。

第七章 教师人格魅力：小学生人格养成的璀璨阳光

教师的教育能力，不仅仅是肉眼看得到的技术、技巧之类，更多的恐怕是教师的人格魅力。学生人格的塑造不是"自发形成"的，也不是在知识传授和能力培养过程中一蹴而就的。只有人格才能影响人格。只有具有高尚人格的教师才会用自己的人格力量去感染学生，用自己的一言一行去感化学生，让自己的人格魅力成为学生人格养成的璀璨阳光。一个具有人格魅力的教师，一定拥有博大的胸怀，容得下所有思想的精髓，装得下所有孩子的嬉笑怒骂；一定能了解学生的爱好、才能、个性特点和他们的精神世界，能尊重和宽容每一个学生，公平公正地对待每一个学生；一定能走进学生的内心世界，用自己的信任与关切、赞扬与鼓励，给予学生美好的祝愿、积极的动力和坚定的信念。

第一节 亲和：带给儿童亲情式的情感滋养

一、蹲下身子观察

"蹲下身子看孩子"，是特级教师于永正的一句名言。老师与孩子之间存在着一定的年龄差，孩子的经验世界、思维方式与成人不同，要想帮助孩子健康成长，只有蹲下身子让自己的心倒退到孩童时代的"高度"，你才会明白孩子们的所作所为其实都是顺理成章、理所当然的。蹲下身子看孩子，能拉近我们与孩子的心灵距离，发现一个真实的儿童世界，让教育真正融入孩子的心田。

（一）用儿童视角观察世界

我们时常抱怨，孩子为什么这么不听话？脾气为什么这么大？错误为什么总不改正？……其实我们在埋怨孩子的同时，是否应该反思一下自己，或许错在我们成人身上，我们总是站在自己的立场和角度，用自己的视角看待问题，而孩子的眼光和成人是不同的，孩子看到的世界和我们成人看到的世界也是不一样的。在我们成人世界里，花是花，草是草，树是树，而在孩子的眼中，花或许是仙子,或许是精灵,树或许是将军,或许是妖怪。只有蹲下身子,试着从孩子的角度去观察,你才会看到那个曾经熟悉,如今却已陌生的孩童世界。下面就是陈老师的一段亲身经历:

清晨,一缕阳光透过窗子射进客厅,将客厅内的物品镀上了一层温暖的金色。年幼的儿子在客厅内跑来跑去,一刻也不愿闲着。忽然,儿子在方桌前停住了脚步,踮起小脚伸手去抓桌上的一只玻璃杯子。我担心他会打碎杯子,对他说:"宝宝,乖,咱不要那杯子。""花,好看。"儿子兴奋地回答。"哪有什么花?不就是一只玻璃杯子。"我边说边将他从桌子边拽开。可儿子却死死抱住桌腿,依然指着杯子说"花,花"。当我强忍住心中的怒火,不情愿地蹲下身子,目光和他在一个视角时,我惊呆了!清晨的阳光透过水杯,被折射成一道五彩缤纷的"彩虹",笼罩在水杯的一侧,煞是好看。孩子没有撒谎,孩子是对的。错的是我……

教育家陶行知先生说过:"小小儿童,大大世界。"我们过多地留意到他们只是"小小儿童",却很少关注他们眼中和心中的"大大世界"。在成人的世界里有着许许多多的规则,杯子只是个易碎品,孩子不能碰,借着"爱"的外衣,我们始终想把这样的观点强加给孩子。而孩子的眼中,杯子却是好玩的玩具,能看到美丽的"花",在孩子天真无邪的世界里,一切都是那么美好,没有对错。可见,我们不妨蹲下身来,站在孩子的高度,用孩子的视角去观察。你会发现,那些所谓的错误背后有着孩子充满好奇的心,有着孩子想去探索的欲望,有着孩子善意的动机。看来,成人最大的问题,就是忘记了自己曾经是个孩子,忘记了孩子的天性,忘记了孩子的生活方式,总是希望孩子按照我们为他规划好的道路前行,这是导致孩子成长过程中不愉快甚至出现极端情况的主要原因。"我们必须会变成小孩子,才配做小孩子的先生。"我们非常赞同陶行知先生说的话。

(二)用儿童大脑思考问题

蹲下身子看孩子,不仅是位置和角度与他们一致,更重要的是一种思想、观念的"放低",和孩子站在同一视平线上交谈,了解他们的思想,才能真正了解孩子眼中的世界。孩子作为未成年人,其内心世界与成人迥然不同,他们思考问题的观点和角度有自己独特的一面,虽然有时幼稚不全面,但却符合孩子的年龄特点和认知特征。而有些教师,往往无视孩子的年龄特点,对孩子的要求也往往带有成人色彩,这就造成了教师与孩子思维方式的冲突。久而久之,孩子为了迎合教师,假话、大话、空话随之而出,孩子的言语逐渐失了真。由此,我们要学会用儿童的大脑来思考问题,去聆听孩子幼小躯体里高尚的灵魂独白,而不是急于把孩子引向成人世界,用成人的标准去"修剪"我们的儿童。请看张老师的一个教学片段。

上完《坐井观天》一课后,张老师请同学们以"青蛙跳上井口之后"为题,进行续写。同学们发挥想象,有的说:"青蛙跳上井口之后,发现山清水秀,阳光明媚……"有的说:"青蛙看见花鸟虫鱼、飞禽走兽都在自由自在地生活着……"也有的说:"青蛙跳上井口,感慨万千,'世界真奇妙,不看不知道'……"同学们用各种丰富的语言,赞美着人间美景,描述着自己的想法。然而就在这时,有一位同学却说:"青蛙从井里跳出来,到外面看了看,觉得还是井里好,又跳回了井里。"他的话音刚落,就有同学脱口而出:"那你就永远做一只井底之蛙吧!"……教室里哄堂大笑。课后,张老师了解了孩子的真实想法,觉得青蛙也许真的会这样说、这样做,不禁惭愧地对他说:"对不起,原来老师才是真正的井底之蛙。"

如果这位老师在课上能用肯定的语气说:"你的想法与众不同,能分享一下吗?""青蛙跳出井口,它来到一条小河边,想喝口水,'别喝,水里有毒'!果然,水上漂着不少死鱼。它抬头一看,原来不远处有一只老青蛙正在跟它说话。它刚要说声谢谢,就听到一声惨叫,一柄钢叉已刺穿了那只老青蛙的身子,青蛙吓呆了,急忙又跳回了井里。还是井里好,井里安全啊!"如此,这位同学的真话肯定能得到阵阵掌声,携手保持环境、维持生态平衡的意识也会在孩子心中生根发芽。

蹲下身子看孩子,蹲下的不应该仅仅是成人的身子,更要蹲下成人自己的一颗心,孩子们虽然年龄小,身心尚未成熟,但同样有着他们自己的思考和声音。爱孩子,不妨先听听孩子怎么想、怎么说,倾听孩子的声音便很容易走进孩子的内心,才能真正了解孩子眼中的世界,才能真正了解孩子的所思所想,从而与他们更好地沟通。

(三)用儿童情感包容学生

蹲下身子看孩子,不是对孩子的放任与迁就,也不是对孩子的说教与束缚，而是应该站在孩子们的角度，设身处地将心比心地去看待和对待所发生的一切。在孩子的成长过程中，由于家庭、学校、社会各方面复杂因素的影响，他们的行为不可能完全向着我们大人预设的方向发展，必然会出现这样或那样的问题。这就需要教师拥有一颗包容的心，允许孩子个性张扬，允许孩子犯错，适时蹲下身子，依据孩子的心理特点，自觉进行心理移位，移情体验，学会角色扮演，用心去体察孩子的思想感情，运用成人的智慧，潜移默化地展开教育。下面是发生在许老师身边的故事。

"丁一的数学练习册不见了。"班长向我报告说。练习册不见，以前经常发生，有的是因为学生忘记在家里，有的是因为学生作业没做完故意说不见了。我慢慢走到丁一身边，说："再好好找找，今天课堂上要讲练习册的。"这时的丁一急得直冒汗，一脸无辜地说："我昨天放学前就订正完了，根本没有带回去，可就是找不到。"一旁的小文同学把我拉到一边，悄悄地说："昨天放学后，我看见孙涛在翻丁一的课桌，拿了本练习册放自己书包里了。""怎么可能？孙涛学习成绩优秀，还是他们组的小组长。不可能，不可能……"我摇着头说。"搜书包，每个人的书包都要搜！"有同学起哄道。我偷偷瞄了一下孙涛，见他一脸不自在，心里似乎明白了。可是该怎么办呢？既要找到练习册，又要顾及孙涛面子。突然我灵机一动，大声说道："可能是小组长收了订正的练习册，忘记发给他们了，请每一位组长查看一下自己的书包。"就这样，练习册回到了丁一的手中，教室里很快恢复了平静……

事后，孙涛主动找我承认了错误，原来丁一弄坏了他的一支自动笔没有赔给他，他想报复。他特别感谢我给他留面子，并保证绝不会再犯同样的错误了。

是啊，金无足赤，人无完人。任何人都避免不了错误的发生，更别说是心智尚在成长中的孩子，他们凭借一时之气，不考虑后果就去做了。设身处地想一想，给予学生最大限度的宽容，给学生一个台阶，定能赢得学生的信任。蹲下身子，多和学生进行角色对换，化冲动为冷静，用宽容代替生气，用能够理解并接受的方式平等地与他们沟通，不仅可以避免矛盾升级，同时在保护学生自尊的同时，也必将能点燃学生良知的火花。蹲下身子和孩子一起用童眼观察世界，用童心体验世界，用儿童情感宽容学生，让自己成为一个"长大的儿童"，以"自己人"的身份深入孩子的内心,这是教育的起点,也是教育的支点,它是一种理念,更是一种境界。童心是我们当好教师所必不可少的"精神软件",只有这样,学生才会"亲其师,信其道"。

二、竖起耳朵倾听

倾听,是打开孩子心灵的金钥匙,是师生沟通的灵丹妙药,更是一名合格教师应具备的基本素养。魏书生曾说过:走到孩子的内心世界中去,就会发现那是一个广阔而又迷人的新天地,许多百思不得其解的教育难题都会在那里找到答案。因此,教育教学工作所需要的不仅仅是一颗热爱孩子的心、一双善于洞察的眼睛和一张能说会道的嘴巴,更要有一双灵敏的耳朵,要学会倾听。真诚的倾听有时会比语重心长的教导更有作用。难怪古希腊先哲苏格拉底说:"上天赐人两个耳朵一张嘴,就是要我们多倾听少说话啊!"教师学会倾听能更好地融洽师生关系,走进孩子心灵,获得意想不到的教育效果。那么我们怎样才能倾听到孩子的心声呢?

(一)微笑倾听,引导孩子敞开心扉

倾听中最重要的一种品质就是能够给予倾诉者一个放松宣泄的环境,作为教师必须具备这种品质。微笑是人类最美丽的语言,它意味着欣赏、宽容、接纳和理解,它可以缩短师生间的距离,让师生心意相通。教师的工作是心灵的艺术,以心灵才能赢得心灵。微笑可以向学生传递这样的信息:"你好,我喜欢你,你使我感到愉快,我非常乐意走进你的内心。"教师微笑面对倾诉的儿童,一下子拉近了与儿童的距离,儿童没有了心理压力,就能畅所欲言。刘老师是这样给孩子们上第一堂班会课的:

每接到一个新的班级,开学的第一堂班会课,我都是先微笑着做个自我介绍,让孩子们了解我,然后亲切地问孩子们:"你们希望我是一位怎样的老师?"一开始孩子们畏畏缩缩,不敢讲真心话。我继续微笑着说:"缘分让我们相识,我有幸成为你们的老师,在即将相处的两年中,我会努力成为你们心目中期望的好老师。"这下,孩子们终于敢说了,有的说:"你一定要按时下课,不要拖堂。"有的说:"希望你的作业少一些。""为什么呢?"我故意问起了原因。他们开始给我分析:"你看,如果你拖堂了,下课时我们没有时间去上厕所,刚上课

如果想去,后面来上课的老师就会说我们上厕所的时间太长,影响他上课,拒绝我们,你说忍一节课不上厕所多难受啊!"看来孩子们是有切身体会的。"为什么作业要少一些呢?"他们接着说:"留作业太多,我们就没有机会看课外书了!""留作业太多,我们甚至没有时间和父母沟通交流了!""我们本来都是爱做作业的孩子,低年级时班上很少有同学不做作业。可是现在呢,随着年级的升高,不做作业的人就变多了。"孩子们在宽松的氛围中向我提出了许多建议。我微笑着,倾听着,时而点头赞许,时而竖起大拇指点赞。最后,我让班长把这些建议记录并归纳出来,让孩子们来监督我。

走进孩子的心灵我们才知道,学生对学习的兴趣都是让我们给抹杀掉的,原以为用心出的一份份试卷会帮学生查漏补缺,没有想到过多的复习题只会让学生产生讨厌、唾弃的情绪。所以,我们应及时调整教育理念,陪伴孩子度过轻松快乐的学习时光。

(二)耐心倾听,了解孩子真实情况

苏霍姆林斯基任校长期间,曾发生过这样一件事。校园的花房里开出了一朵很大的玫瑰花,全校的同学从没见过这样大的玫瑰花,就都赶来欣赏,纷纷称赞不已。有一天早晨,苏霍姆林斯基正在花园里散步,看到幼儿园的一个小朋友跑过来把那朵玫瑰花摘下来,拿在手里,正往外走。苏霍姆林斯基很想知道这个小女孩为什么摘那朵玫瑰花,就弯下腰,亲切地问:"小朋友,你为什么要摘那朵玫瑰花呢?"小女孩很认真地回答:"我奶奶病了,病得很重,我告诉她学校里开了这么大的玫瑰花,她不相信,我摘下来拿回去让她看看,看完就送回来。"听了孩子天真的回答,苏霍姆林斯基的心震撼了,他牵着小女孩到花房里又摘了两朵大玫瑰花,对小女孩说:"这两朵玫瑰花一朵是奖励你的,因为你是一个有爱心的孩子;另一朵是送给你妈妈的,她养育了一个你这样好的孩子。"

是的,教育首先应该关怀备至地、深思熟虑地、小心翼翼地去触及孩子幼小、纯洁的心灵。成长的烦恼,或许在成年人看来微不足道,但在孩子看来却是天大的事。我们要学会耐心倾听孩子的诉说,要站在孩子的角度去理解孩子,了解他的心理和想法,进而提供有效的帮助。吴老师就是这样做的:

一次,我踏着铃声,早早地走进了教室,按照惯例,我又开始了例行的工作,同学们看到我这个班主任站在讲台上,都急匆匆地跑回教室。过了一会儿,差不多人都到齐了,我正要把扫视教室的目光移开,突然看见我班颇为顽皮的男同学从厕所那边跑过来。

我当时就想:"这小子肯定是躲到厕所里玩去了,才会上课迟到!这是我亲眼所见,准没错!"一下课,我就把他叫到办公室,严厉地批评他只顾玩,上课又迟到。平日里大大咧咧的他这下可急了,我分明看见眼泪在他眼圈里打转。"您冤枉人,我根本没去厕所玩,我是……"我见他急得快哭了,断定他是受委屈了,赶紧递给他一张面巾纸,先让他擦干眼泪,继而让他坐下。"说吧,究竟是怎么回事?"他吞吞吐吐地说:"一下课,我就上厕所去了,出来后在洗手池那里看到一位同学流鼻血,我就陪着他在水池边清洗。""真的是这样吗?那个同学是哪个班的?""应该是我们隔壁班的。老师,不相信你可以去问。"他目光坚定。后来经过了解,他的确没有撒谎。幸亏我给了孩子倾诉的机会,幸亏我能耐心倾听孩子内心真实的声音,如果我一时鲁莽武断,就会伤了一个孩子稚嫩的心灵。孩子的心是脆弱的,伤害了就不容易愈合。我们作为教师,在批评学生之前,一定要先问问自己,事情搞清楚了吗?事实是这样的吗?你已经耐心听完孩子的倾诉了吗?千万不能凭主观臆想就草率处理。

苏霍姆林斯基说过:"教育艺术的基础在于教师能够在多种程度上理解和感觉到学生的内心世界。"耐心倾听不失为一种最好的方法,教师应该静下心去听,与学生亲切交谈,从中了解学生的某些思想动向。能说会道的老师很多,耐心倾听的老师少之又少。我们把大量的时间用来训练自己的演说能力,却忽略了倾听能力的培养。教育的目标是为了培养人,教师能否走进学生的内心世界,能否耐心聆听学生的心声,是教育成功与否的关键。班里上课有学生迟到,作业经常不写说忘带的现象时有出现,刚开始面对这样的事情可能还有些耐心去倾听学生说的原因,可次数多了,不再听取他们的解释,偶尔还会出现严厉斥责的情况。静下心来想想,作为教师,有时凭自己的主观臆断去对待学生实在不应该。因为教育的过程也是教育者和受教育者平等对话、双向交流的过程。教师和学生是平等的,只有让学生体会到老师对自己的尊重,学生才能更加信任老师,从而和老师以心换心,以师为友。这样,教育才会成为一种美好的享受。

(三)用心倾听,听懂孩子弦外之音

教师倾听学生言说的时候,要专注,要仔细认真,同时在专注中包含着警觉,对来自学生的每一种声音的方向、特点和隐藏的变化趋势要时刻保持敏感,以便能捕捉学生的言外之意、弦外之音,并能洞察出学生的细微变化,尤其是学生的情感、心理等方面的变化。曹老师就曾有这样的一段经历:

小龙是我班最棘手的男生,开学才几天,坏事接二连三,我把他父亲叫到学校,他无奈地说了一句:"我这孩子,就是让人头疼!"从内心来讲,我最喜欢这样的孩子,因为把他们转化过来之后,他们会发生质的变化,这是做班主任最有成就感的地方。我开始默默关注小龙。我发现他有一个最大的优点,一下课就跑到我身边来找我聊天,可是话题却都是针对女班长的。"老师,早读课我明明读书声音很响,班长却不把我的名字记到黑板上的表扬栏里去。"他噘着嘴巴,满脸不服气。"是你早读只有三分钟热度吧。"被我点穿后,他灰溜溜地跑了。可是接连几天,他都来告班长的状。我觉得小龙同学一定有情况,我在等待时机。

一次体育活动课,他拿着长绳故意去甩美丽的女班长,并快速跑去告诉其他同学:"班长哭啦,班长哭啦!"我装作没看见,回到教室,他赶紧走到我身边,笑眯眯地告诉我:"老师,班长在哭呢。"我故意很惊讶地说:"怎么回事呀?""不知道!"他一脸狡黠,目光开始有些游离。我请他坐下:"你能及时向我报告班级里发生的事,真不错。"他得意地摇头晃脑。"可是据我所知,班长是被你惹哭的,是吗?"我一边温和地说着,眼睛一直盯着他看。"不是我。"他的声音明显低了下去。"你的一举一动我都知道,早读课,你故意起哄,和管理早读的班长对着干;课间,你故意把班长的文具盒藏起来,让她急得团团转;刚刚体育活动课,你故意用绳子去甩班长,把她惹哭了。"他一下子怔住了,可能怕我接下来会训斥他。"虽然你的行为有些过分,但我还是很喜欢你,因为你做这些事是有原因的。""什么原因啊?"他的脸有些红了。"真要我说出来吗?""那你就说给我听听。"我把他拉到身边,对着他的耳朵悄悄地说:"因为你喜——欢——班——长。"我故意拉长了调子。"切,你怎么知道啊?"他油腔滑调地看着我,小眼却开始放光了。"老师可是学过心理学的,你的这一套,我当然懂了。而且,我上学的时候,也遭遇过班长一样的事。""啊,这么巧啊,老师,当初

是谁欺负你,我去替你揍他。"他紧握小拳头,开始生气了。"要揍的人是你,现在你在惹事呀,请你换位思考一下。"他马上领悟过来了,不作声了。"不过我还是要表扬你,因为你挺有眼光的,喜欢班级里最出色的女孩。但是,喜欢她就要让她开心,而不是去招惹她,就像你爸爸保护妈妈一样。""老师,我懂了。"他蹭地一下站起来,走到班长座位前,赔礼道歉去了。放学后,我又找班长谈话,她知道事出有因,没有计较小龙同学的行为,并试着和他成了好朋友。

小龙同学表面上看是在说班长的坏话,实际上他是喜欢班长的。为什么要去惹班长,为什么总喜欢到老师面前说班长的坏话,是因为他喜欢班长,想让班长关注他。班主任除了要有一双慧眼,还要善于倾听孩子的诉说,并从中听出弦外之音。

倾听是实施有效教育的基础和前提。心理学研究表明,人在内心深处,都有一种渴望被别人尊重的愿望。教师要对学生进行有效的教育,就必须尊重学生,倾听学生的心声,了解学生的疾苦,知道他们在想什么,做什么,有什么高兴的事,有什么忧虑。倾听既能满足儿童寻求关心和渴望得到帮助的心理需求,又能使教师走进儿童的内心世界,成为他们的引路人。

看来,教师如果能蹲下自己的身子,把耳朵贴近孩子的小嘴,把心贴近孩子的心灵,认真倾听孩子们的心声,了解孩子们的真情实感,就能走进他们的心灵,帮助他们塑造健康的人格。

第二节 尊重:促使儿童获得精神上的依托

一、师生平等,搭建尊重的平台

在瑞典首都斯德哥尔摩市普兰顿学校的校园内,镌刻着18世纪英国著名哲学家、思想家、教育家约翰·洛克的一句名言:"父母越不宣扬子女的过错,则子女对自己的名誉就越看重,因而会更小心地维护别人对自己的好评。若父母当众宣布他们的过失,使他们无地自容,他们越觉得自己的名誉已受到打击,维护自己名誉的心思也就越淡薄。"这就是瑞典人"尊重教育"的"理论根由"。

为了搞好班级学生的思想教育工作,取得好的教育效果,教师必须要尊重学生,善于引导学生主动地认识错误、改正错误,并争取进步。如果教师不懂得尊重学生,采用强迫的手段教育学生,教师在教育学生时,就会很容易陷入被动状态。

在教育教学中,教师和学生的身份虽然不同,但在人格上却是完全平等的。陶行知先生说:"唯有平等,才能将'人与人之间的隔阂完全消除,才会发生人格的互相感化'。"教师与学生在道德人格和法律人格上是完全平等的。处在教育活动主导地位的教师具有主动尊重学生人格的义务。教师为了未来而教,学生为了未来而学,为了共同的目标,师生必须互相尊重。尤其是教师,更应该设身处地地从学生所处的位置、角度、环境去看待、理解和处理事情,领悟学生的所思、所感和所为,给予学生同等的关注、欣赏和信任。我们倡导用欣赏的眼光理性评价、看待学生的每一个想法、每一次进步,发现他们的可爱之处和闪光点,尽量给予鼓励和期待,不吝惜爱心的投入,以情动人,建立平等的师生关系,变学生被动接受管理为主动自我管理,用真诚和鼓励唤起学生的自信,让学生在活动中体验成长、感受进步,走出自卑的阴影,从而促使他们树立自信,发挥个性特长,体会自身价值得以实现的愉悦和幸福。

因此,教师必须拿起表扬的武器,蹲下来和孩子说话,做学生的良师益友。曾经有这样一个故事:一位作家,经常在许多事情上和自己上幼儿园的孩子意见不一致,父子间常有矛盾。有一天,他蹲下身来与孩子交谈,无意中从孩子的视角看去,原来所看到的事物与成人是如此不同。从此,他改变了自己的思维方式,尽量站在孩子的角度去思考问题,结果父子关系变得十分融洽。作为教师,更应时时刻刻、全方位地了解学生的内心感受。班队会上,我们可以诚恳地对学生说:"请同学们大胆发表自己的见解,对我们的班级管理大胆提出批评和建议;如果有困难请告诉我,我愿意做你的朋友,让我们共同分担痛苦和快乐……"有了这样亲密无间、平等和谐的师生关系,学生怎会不愿意听从老师的教育?

二、公平公正,架起沟通的桥梁

新时期对教师在师生交往中的师德素养有了明确的要求,要求教师为了学生健康全面的发展,爱护、尊重学生,把学生当作独立、自主的个体,保证公正、公平地对待每一个学生;明确认识学生是发展中的个体,体谅、宽容学生的缺点;同时又要严格要求学生,在不伤害学生身心健康的前提下慎重使用惩罚。在学校,学生往往在乎教师的评价,在意教师能否实事求是、一视同仁。

有媒体曾经对某校一部分学生进行调查,结果有82%的学生认为"公正"是"教师工作重要的职业品质";94%的学生认为,"偏私和不公正"是"最不能原谅的教师品质缺陷"。"世界上没有两片相同的树叶。"人更是如此,每个人都是一个个性鲜明的个体。坐在后排的那个捣蛋鬼十年后说不定会历练成名噪一方的大老板;那个从不敢开口说一句话的孩子,将来可能就是一位农民企业家;而那个你一天不批评就心里不舒服的学生可能就是将来给你关心问候最多的人!

电视上曾经播过这样一个专题片,内容是采访一个中国到法国的小留学生。这个学生在上海读书时成绩非常优秀,深得老师喜欢。当记者问他喜欢在法国读书还是在上海读书,这个小男孩思考了一下,说还是比较喜欢在法国读书。记者问他为什么,他腼腆地笑笑说因为觉得这儿的老师对每一位学生比较公平。然后他就向记者讲述了一件以前发生在他身上的事。他还在上海读书时,有一次数学测验,当快要交卷的时候,他才发现没有把答案写在答题纸上,那位监考老师认识他,知道他是成绩很好的优等生,就默许他超时把答题纸填完整了。而在法国,老师肯定不会这么做,因为他们会说这对其他人是不公平的。

不再戴着有色眼镜看待每一位学生,公平、公正地对待每一位学生,拉近了学生与教师的心理距离,师生关系和谐,就可以做到"教师快乐地工作,学生快乐地学习"。让我们每一位教师尽可能平等地对待学生,做到爱无厚薄,一视同仁。

三、因材施教,铺设成长的道路

学生的个性千差万别,有的聪明、伶俐、思维敏捷,而有的思维迟钝、做事马虎。学校教育不是要抹平学生的独特性,而在于寻找每一个学生身上个性的最强点和闪光点,帮助学生在无数的生活道路中,找到一条最能鲜明地发挥自己创造性和才能的道路,帮助每一个学生发现和找到他自身潜藏的能力。教师应该善于发现学生身上的闪光点,挖掘学生的内在潜能,促进学生的发展。我们要对孩子多点爱心和信任,用真心去对待他们,尊重每个学生的个性发展。

（一）对学习困难的学生多一点期待

美国学者霍华德·加德纳的多元智能理论认为,每个人都是聪明的,但聪明的范畴与性质却呈现许多个别差异。各种智能是以潜能的形态存在于人们的心灵之中,只要给予恰当的鼓励、引导和教育,几乎每个人的某项智能均可获得最大限度的发展,而且可以远远超乎所预期的结果。由此,教师要从学生的实际情况出发,尊重他们的个性心理;要坚持发挥学生的特长,扬长避短,使其主要方面能够"大有所为"。那种课上课下、校内校外一律要求均衡发展的做法,那种用强制手段去逼迫学生形成兴趣爱好的做法,用心虽好,效果却很差,是不可取的。这就需要我们在实施教育时培养学生的"个性化",或者说是发展学生的"多样化"。素质教育强调给学生提供"全面性"的教育机遇,当然不等于要求每个学生必须"面面俱优"。相反,这"全面性"的教育机遇恰恰是为学生的"个性化"发展开辟了多种选择的可能性。下面是发生在刘老师身上的一个真实故事:

上个学期,我有幸参加了女儿班级与培智学校的"手拉手"活动。在活动中,一个叫阿哲的孩子走上了舞台,虽然他穿着雪白的衬衫,系着红色的领结,可是一看就知道他的智力是有障碍的。他大方地鞠躬,傻傻地一笑,然后走向钢琴。这时候,他的老师出现在舞台上,用收录机播放了一段音乐,是那首我们都很熟悉的《茉莉花》。阿哲很认真地听着,然后很淡定地把手放在黑白色的琴键上,一串串音符从他手下流淌出来。旁边的孩子窃窃私语:"《茉莉花》,我也会弹啊!"这时,阿哲的老师拿起话筒,邀请台下的孩子随机点歌。孩子们来了劲,纷纷说出一首首歌曲的名字,不管孩子们点什么歌曲,阿哲都能用钢琴演绎出来。这时候,台下的孩子们都惊讶了、佩服了。阿哲的老师拉起阿哲的手,微笑着向我们介绍:"阿哲是个智力障碍儿童,有一次音乐课上,我偶然发现了他超强的听音能力。所以,我就把他往这方面培养,现在他已经能够很流畅地弹奏几十首钢琴曲了。"阿哲虽然没有说什么,可是他的笑容却是那样灿烂。如果没有老师的尊重与耐心,怎么能开发出孩子的潜能?正因为老师的尊重与耐心,这些有缺陷的孩子才找到了自信,他们在舞台上表演时的神采奕奕让我难忘、让我挂怀。

可见,能够"面面俱优"的学生是极少数的,而"一无所优"的学生也是极少数的。教师和学生既是师生,也是合作伙伴。因此,教师应该放下师道尊严,抛弃权威和"金口玉言",遵循学生的个性特征及其内在潜能,重视与学生的交流,以增进师生之间的互动。只要教育得法,尊重学生,给学生提供发挥自身所长、获得成功发展的机会,大多数孩子都会成为有用之才。

(二)对自卑的学生多一点鼓励

古今中外,人人渴望成功,而"望子成龙""望女成凤"更是一代又一代父母的梦想。可是,当今社会上以分数和名次等所谓的统一标准评优劣,必定让多数人成为失败者。自尊心是一种自己尊重自己、爱护自己,并期望受到他人的尊重与爱护的心理。自尊心人皆有之,并与自信心、进取心等密切相关。因此,教师一定要注意维护学生的自尊心,特别是对有问题的学生,切忌当众羞辱或体罚,迫使他们服从自己的意志。苏霍姆林斯基曾说过:"一个好老师,就是在他责备学生、表现对学生的不满、发泄自己的愤怒的时候,也要时刻记住:不能让儿童'成为好人'的愿望的火花熄灭。"我们教师要做个有心人。我们要清醒地认识到处于弱势的所谓"学困生"的人格尊严更应尊重。下面这段经历是孙老师提供的:

经过长期的观察,我发现所谓的"差生"有很多毛病,但主要问题是自信心差,学习积极性差。为什么会自信心差、学习积极性差呢?很简单,就是当学生在学习过程中反复失败的时候,他觉得自己不是读书的料,就不想读书,学习成绩就一步步下滑。这时候,别人也认为他不是读书的料,他就更觉得自己不是读书的料。于是,他就进入一个反复失败的恶性循环。我记得女儿刚上幼儿园,回来滔滔不绝地讲述幼儿园的事情:"妈妈,我告诉你,我们班有三个傻瓜!"我听了一愣,问:"是不是你们老师说的?"女儿连连摆手,答道:"老师没有说过。"我更奇怪了,我料想不到没上学的女儿也能跟我聊"差生"的问题,我继续追问:"那你怎么知道他们是傻瓜的?"女儿更来劲了:"只有傻瓜才不知道什么叫傻瓜。他们三个人,老师的问题一个也回答不出来,不是傻瓜是什么?""哦,原来这样啊!"反复失败的孩子,在幼儿园就成了傻瓜,即使老师不说他们傻,小伙伴也会自动把他们说成傻瓜、差生。久而久之,这些"傻瓜"真的就认定自己是"傻瓜"了。这多么可怕啊!

而有一个幸运的方同学却摆脱了差生的命运,一天他在厕所遇到了校长,校长叫出了他的名字,还夸他作文写得不错。方同学大受触动:全校几千名学生,校长怎么会认识我?说明我的作文水平真的很出色,还是有点名气的。从此,方同学信心大增,对作文的兴趣越来越浓厚。后来,他当上了一个中学的校长,并成为一名作家,写出了《戚继光传》等作品。

学困生长期形成的自卑心理,很容易使内心的自尊之花凋落,而自尊心恰恰是促进学生身心健康发展的不可缺少的因素。所以,决不能冷落、歧视学困生,应在学习、生活上给予他们更多的关注,真正从内心接纳、尊重他们的人格,使他们感受到人与人的平等,以及被关注、被理解的温暖。教师在教学过程中要善于赞赏学生的学习成果,让学生从成功中增强自信,享受成功的快乐。我们要坚信每个学生都有成功的潜力。当然,尊重不仅是要表扬,也不只是物质奖励,更重要的是和学生共同分享进步、成功、胜利,共同面对失败。让学生感受到你因为他们而快乐、自豪,和他们共同分担忧愁与痛苦,这对他们来说是最大的馈赠和福祉。

(三)对调皮的学生多一点宽容

经过长时间与学生们的相处,我们不难发现学生的素质不一,性格各异,也自然会发现他们的长处、短处和与众不同之处。这时候,要抓住学生的闪光点加以激励,而且态度要热情,语气要诚恳。如果别人说这孩子没有优点,那么我们就要去发掘他潜在的优点,看一看孩子有什么进步,就算是点滴进步也有表扬的价值;或者给孩子制造一个表现优点的机会。陈老师曾经遇到过这样一个学生:

午休时分是孩子们最快乐的时光,三个一群、两个一伙地做游戏,好不热闹。在生机勃勃的操场上,某一个角落引起了我的注意。

一群孩子围在一起蹲在地上,聚精会神地看着什么。中间的一名男孩子正用树枝拨弄着地上的什么东西。见我朝这边观看,几名围着他的同学跑过来告诉我:"他把一只昆虫的触角和翅膀掐断了,还用树枝捅它。看见它痛苦挣扎的样子,他还笑呢。我们让他别弄了,他根本不听。他太残忍了!"

看到同学们向我告状,他抓住虫子就跑了。

第二天,我找到这个男孩儿,并请他到我的办公室聊天。他在我身边坐下,从他的目光中,我读出了些许紧张。

他性格内向,有些拘谨。我问一句,他答一句。慢慢地,他的话多起来了。他告诉我,他一直跟着父亲。父亲脾气暴躁,只要犯一点小错,就是一顿打骂。"我见得多了,就觉得打人没什么。所以我把班上的同学基本上都打了一遍。"他的脸上掠过一丝得意。

我话锋一转:"我很想知道昨天那只昆虫的命运。"

"我昨天就把它扔草地上了。"他满不在乎。

我启发他:"被掐断触角和翅膀的昆虫,丧失了对周围环境的感知能力,失去了可飞翔的能力,它还能活吗?它和你一样有生命,是大自然的生灵。它也知道疼,知道痛苦,它也有活下去的权利。"

我找了一张绿色画纸,请他画出记忆中的昆虫的模样。他画得非常认真,画上的昆虫很完整,有触角,也有翅膀。我把昆虫的轮廓剪下来。拉着他的手来到他昨天丢弃昆虫的草地上:"我们为它举行一个葬礼吧!"他默默点头。

我们用小树枝挖坑,把纸昆虫埋起来,再用土和树叶轻轻盖好。一直无动于衷的他,噙着泪水,嘴里喃喃自语:"对不起,对不起……"

"老师送你一句话,希望你永远记得——你心怀慈爱,将来一定会有幸福的人生。"

以后每次在校园遇到,他总是憨憨地叫我:"老师好!"

到了月底,班级里要评奖了。黑板上出现了他的名字。在讲述评奖理由时,班长大声地宣告:"他的进步可大了,好长时间不在班级里打人了。我们还要评他做这学期的'进步之星'呢!"

我冲他伸出大拇指,拍拍他的肩膀:"好样的,真为你高兴。继续努力!"

人的心灵深处最本质的需要应该是渴望得到认同,得到赏识吧!获得老师的肯定、欣赏与赞美是学生的心理需要,而这种需要一旦得到满足,就会成为他们积极向上的学习动力,可以激发他们的灵感和创造力。而对一个学生的任何疏忽都有可能打击他的自信心,使他走向自卑,关上心扉。相反,对每一个学生的关注都可能帮助他远离自卑而重拾自信,使他能够敞开心门,从而逐渐走向成功。曾看到过这么几句发人深省的话:有人说,这个世界上有很多东西,给予他人时,往往是越分越少的,而有一样东西却是越分越多的,那就是爱。高尔基也说:"谁爱孩子,孩子就爱谁。只有爱孩子的人,他才可以教育孩子。"可见,只有用爱心去灌溉,以尊重去耕耘,才能让那些幼苗茁壮成长,绽放出鲜艳的花朵。

教师的尊重、信任和关注，如同那寒冬中温暖的阳光，一旦照在学生的心灵上，便可能产生一股强大的力量，促使他们成人和成才，影响他们身心的发展、个性的形成，或者是人生道路的转变，甚至会改变他们的一生。因此，我们应该把无限的爱投入到每一个学生的身上，喜爱他们，尊重他们，唯其如此，学生才可能如同天空中那些璀璨的星星，闪烁出耀眼的光芒。

第三节　赞赏：促进儿童得到心灵上的归属

一、指向要明确

赞赏，指赞美、赏识之意。真诚地赞赏是一种积极的心理激励手段。苏霍姆林斯基说过："人的内心最本质的愿望是希望得到赞赏。"每个人都渴望得到赞赏，得到认同，得到肯定。学生尤其如此，在愉悦的情绪中，学生更容易接受教师的教诲，激发自尊心、自信心和上进心。教师一句激励的话语，一个赞美的眼神，一个鼓励的手势……往往能带来意想不到的效果。赞赏可以使儿童得到心灵的归属。

由于每个学生的性格、学识、经验和优点不同，教育教学内容、手段不同，要使赞赏达到最佳效果，就必须灵活掌握赞赏的方法和技巧，让它具有指向性和实用性。

赞赏要有指向性，要有明确的赏识内容。那种不着边际的空泛表扬并不会在孩子心中产生喜悦和激励效应，只会产生疑惑。在学校常常听到教师对学生说"你很好""你真棒""你很聪明"等，这样的"赞赏"语言太笼统、太空泛，没有指出到底好在哪里，对学生缺少实质性的指导。一方面对学生具体的优质行为起不了强化的作用，另一方面还会让学生感到自己确实各方面做得都不错，从而产生自我满足感，当遇到批评和竞争的时候，无法面对挫折和失败。因此，我们在赞赏时切忌笼统，应该不断寻找新的突破口，有的放矢，指向明确，切中要害。实践中，我们可以从以下几个方面对学生进行赞赏。

（一）赞赏学生良好的行为

赞赏是为了增强学生的良好行为。教师认可学生的某种状态或学习行为,就要针对这种行为或状态,进行强调。当你的赞赏指向具体的行为时,孩子对哪些是好的行为就越清楚,遵守这些行为的可能性就越大。

平时,只要有机会,我们就可以及时肯定学生的正确行为:"小唐的动作可真快!早上一进教室,马上放下书包开始打扫卫生了。""瞧,小姜读书多带劲,既有感情又有表情。"……这些针对具体行为的肯定既培养了学生的积极性,又使学生找到了操作方法,同时也给其他同学指明了努力的方向。在表扬声中,学生的优点越来越多,学得越来越带劲,不知不觉中就养成了良好的行为习惯。

(二)赞赏学生努力的过程

赞赏孩子的时候,应该指向孩子后天的努力,而不应该关注孩子的容貌等先天优势。有关研究发现,赞赏学生付出的努力较赞赏学生的智能更能有效地提高他们面对挫折的能力。"努力不一定会成功,但成功却永远需要努力。"教师经常有意识地表扬学生在求知过程中的努力成分,会让学生从小关注努力对于成败的影响。这样,学生在求知的过程中,会把成败与自己的努力联系起来:成功,是因为自己的不断努力;失败,是因为自己没有付出足够的努力。这样的赞赏,对于培养学生积极的生活态度和健康的心理都极为有利。刘老师就是这样践行的:

考试后,我会请考得好的和进步明显的学生上台来汇报自己的学习心得。一次,我看到小陈同学在每日感言中写道:"马上就要数学单元检测了,我的目标是满分。这几天,每天做完作业后我就开始复习做过的卷子,把错题一道道再重新做一遍。这样,考试的时候就会得心应手。"我及时给她的感言打星点赞,并加上点评:"有目标,有计划,有行动,相信你的努力和坚持会换来满意的成绩!"果然,小陈在后来的单元检测中获得了满分。晨会课上,我请小陈读了她的每日感言,并用她的例子告诉所有学生:"一分耕耘,一分收获。成功,不会从天上掉下来,是用努力和汗水换来的。相信凭着这份执着与刻苦,小陈在其他学科也会取得骄人的成绩。"孩子们都向小陈投去赞赏的目光。小陈也激动得小脸通红。通过这样的引导,学生对于考试就不只追求最后的分数,而是去注重追求知识的过程。

同样,当孩子获得了奖项,我们不要从获奖本身来夸奖,因为奖励只是对孩子努力行为的一种褒奖，我们应当多从孩子的付出和努力来进行表扬和鼓励。

我班小余同学在江阴市当堂作文竞赛中获得了一等奖。当大家向她祝贺的时候，我向同学们展示了她的一叠作文书和几本平时的练笔习作。大家看到她细致的圈画、批注，反复的修改、润色，佩服极了："哇！原来小余花了这么多心血！""她真是一个有毅力的同学！"通过这样赞扬孩子的努力，孩子就知道被赞扬的真正原因，就会把长处或优点继续发扬光大。

（三）赞赏学生进步的表现

"尺有所短，寸有所长。"学生接受知识的能力不尽相同。如果经常把学生进行横向比较，就会在无意中打击一大片。表扬学生正确的方法应该是多做纵向比较，把学生的过去和今天相比，表扬其进步的一面。对那些智力发展迟缓的学生，特别要让他们对自己充满信心。我们要积极给他们创造表现的机会，对于他们取得的每一个微小的进步都要及时给予称赞。这样做，会让学生认为老师时时刻刻都在关注着他，感到自己能行，自己能干好，从而增强信心，积极要求上进。请听曹老师的讲述：

小田是我刚接手六年级的一个学生。这个孩子很爱表现，每节课都积极举手发言，下课也会关心老师，主动向老师问好，但学习习惯差，做作业时静不下心来，字迹潦草，错误较多。为了激励他，我在课上积极给他创造机会，让他发表意见，上台板演。一次，也许是因为板书的字少又简单，所以他写得特别工整。我及时捕捉到这一细微的进步，表扬道："这几个字不但横平竖直，起笔、顿笔也很到位，给人美的享受。粉笔字能写得这么好，本子上也一定能写好！"回到座位的小田两眼紧盯着我，坐得特别端正。

第二天批家庭作业时，我又有了新的发现：小田的字写得格外端正。如果不看名字，我都快认不出是他写的字了。晨会课上，我把他的作业本放在实物投影上，让大家猜这是谁写的字。大家都没猜出来。当我揭晓谜底时，大家都惊讶地看着小田。他脸上露出了自信的微笑。接着，我把他的这次作业与以前进行了比较，说道："虽然小田的字还算不上优秀，但他却是我们班写字进步最大的同学。小田，你能把这进步保持下去吗？"小田使劲点着头。课后，大家都围过去看小田的作业，我乘机让他拿着作业本从第一组走到最后一组，进行

"巡回展览"。小田在一次次鼓励中进步着,行为习惯、学习习惯也慢慢开始转变。即使在紧张的毕业考前复习阶段,他作业中的字也写得比较端正,成绩也一点点进步着。

其实班级内最渴望得到赞赏的正是那些默默无闻的大多数学生,他们的点滴进步都来之不易,更应该得到教师的积极发掘和表扬。教师要对他们的每一点进步予以关注、喝彩,及时地鼓励他们、赞美他们,你就会发现孩子真的朝着你鼓励的方向在前进。

(四)赞赏学生美好的品质

以分数看待学生、评价学生是班级管理的套路,也是教育教学工作的误区,我们要把对学生的赞赏指向学生的个性品质,不以成绩高低论好坏,更不能只注重学生的学业成绩而忽略其良好品德的发展。

班里有一些学生看起来普通、平凡,如果我们做个有心人,就会发现他们身上隐藏的良好品质。他们可能心地善良,可能为人正直,可能艰苦朴素,可能乐于助人,可能礼貌孝顺……教师要善于在平凡的行为中挖掘、凸显这些美好品质,点亮孩子平凡的人生。吴老师就是这样一位有心人。

我班小夏同学性格十分内向,因父母总是将她与各方面都比较优秀的妹妹进行比较,所以她十分自卑,平时沉默寡言。因为个子矮,她坐在最前面,座位紧挨着英语老师批作业的桌子。每天下午三节课后,我发现小夏总会默默地整理英语老师课桌上的默写本,仿佛已经成了一种习惯。放学前,我让大家把目光投向小夏前面那两张课桌,上面的作业本、英语卡片等摆放得井然有序。我告诉大家,这都是小夏的功劳,她这种默默为班级付出的品质令我感动。大家一起用掌声感谢小夏的付出,小夏都有点不好意思了。渐渐地,大家发现卫生角、图书角、讲台边,都可以看到小夏那忙碌而快乐的身影。小夏的朋友越来越多,课堂上也能勇敢地发表自己的见解了。

每个学生都从心底里希望老师认为他是个好学生。真诚地赞美学生的优秀品质,能培养学生乐观向上的精神,改变学生的心灵,为他们创造更好的成长环境,帮助他们走向人生的新境界。

二、语言要恰当

赞赏学生的方法很多:明确而富有激励性的语言,亲切而有力的动作,生动而自然的表情,还可以辅之以适当的小奖品……其中,赞赏性的语言是每一个教师教育教学中的主旋律。教师赞赏的话语说得好不好、到不到位,直接影响到赞赏的有效性。教师应根据不同的需要和情境,组织恰当的言语内容,去打动学生的理智和心灵,或具体生动,或循循善诱,或幽默风趣,或以理服人,或以情感人,达到"春风化雨"的效果,充分体现教师的教育智慧。

(一)具体形象的语言

赞美学生,如果信口开河,学生不一定能听进去。作为老师,要联系学生的具体事实,把赞美细化具体到针对学生的某一点上。语言力求具体形象,有较强的可感性,尽量描述你所看到的细节与内容,尽量描述你的感受。这可以帮孩子发现自己的优势,也能促进他继续努力。

例如,打扫卫生时,一位学生不但用湿抹布把讲台擦得光亮如新,还用干布把电脑、实物投影上的灰尘擦得干干净净。教师此时可以说:"你可真细心,不但注意到了讲台外表的清洁,连电脑、实物投影那么隐蔽的地方都擦干净了。老师站在这么干净的讲台边上课真是一种享受。谢谢你!"教师这样具体的赏识就是在向孩子传递一个信息,那就是"擦讲台就该这么擦""细心是正确的行为",那么下次无论做什么事,他都会认真细心地去对待,这样的赏识就达到了教育与引领的目的。

(二)幽默风趣的语言

教育家斯维特罗夫认为:"教育最主要的也是第一位的助手,就是幽默。"幽默是一种含笑的启示,是一种情趣与哲理的统一。恰如其分地运用幽默风趣的语言唤醒、激励学生,会使师生关系倍加融洽。它在给学生以愉快欢悦的同时,能促使学生深入思索,悟出"笑外之音",从而起到积极的教育作用。

特级教师于永正常常以恰到好处的幽默语言赞赏学生,为课堂增添亮色,给人留下难以磨灭的印象。如在教《我爱故乡的杨梅》一课时,于老师请一个学生朗读课文,让其他学生边听边想象情节。学生声情并茂地朗读,仿佛把大家带入了果实累累的果园。这个学生读完后,于老师看了看全班同学,煞有介事地说:"这位同学读得多好,有一位同学听得都入了神了。我发现他在边看边听的过程中,使劲咽过两次口水。"回过味来的同学们都哈哈大笑起来。于老师接着说:"课文中描写的事物,肯定在他的头脑中变成了一幅鲜明生动的画面。我断定,他仿佛看到了那红得几乎发黑的杨梅,仿佛看到了作者大吃杨梅的情景,仿佛看到了那诱人的杨梅果正摇摇摆摆地朝他走来,于是才不由得流出了'哈喇子'。"学生又一次大笑起来。于老师又郑重其事地说:"如果读文章能像刚才这位同学这样,在脑子里'过电影',把文字还原成画面,那就证明你读进去了,就证明你读懂了。老实说,刚才我都流口水了,只不过没让大家发现罢了。"这回,同学们笑得更厉害了。

在这节课中,于老师用幽默的语言,既肯定了那位同学精彩的朗读,又借助听课同学的表现,把一个重要的读书方法——"边读边想象,把抽象的文字还原为生动的画面"揭示出来了。而学生们发自肺腑的笑声,则表示着他们对课文的理解和对教师语言能力的折服与钦佩。在这样轻松愉悦的情境下学习,学生怎么会不感到学习的无穷乐趣呢! 当然,接下来的朗读也会越读越有味。

人人都喜欢幽默,幽默的评价可以让学生笑着接受,且印象深刻。我们应努力使用幽默性的语言,更多地从正面引导学生。

(三)富有时代气息的语言

伴随着时代的发展,产生了许多新的词汇。尤其是一些网络语言日新月异,热词频现。学生对这些新兴词汇很感兴趣,而且喜欢"学以致用"。面对这种变化,教师应当学会让自己的话语靠近"流行",和学生一起品味"时尚",这样才能更好地走进学生的世界,拉近和学生的距离,更加容易达到教育的目的。刘老师就曾使用一些网络语言、流行语言赞赏学生。

我曾经在一篇用网络语言写作的学生日记后附上这样的话:"谁说你是'菜鸟',我看只要你多加努力,不久你就可以是'达人',拥有无数'粉丝'。"在这种"另类"的网语赞赏中,学生心领神会,与我这个班主任的关系也更加融洽了。当然,我也会适时告诉学生使用网络语言的弊端,帮助他们有选择地运用。

我们还可灵活运用一些时尚的流行语来赞赏学生,这样会使学生感到格外亲近、贴心,更容易为学生理解、领会、接受。一次中队活动中,对于一位学生的精彩演讲,我大赞:"声情并茂,妙语连珠,你真是太有才了!"对于合作成功的小组夸奖道:"你们真是黄金搭档,牛!"

平时,我也喜欢给有特长的学生赋予明星称号:爱好打篮球的就是我班的"小姚明";爱好打乒乓球的是"小马龙";爱好唱歌的是"小杰伦";足球踢得好的就是"小梅西"……这些称号让学生信心倍增,激发了他们的上进心。

融入时尚元素的话语生动传神,新鲜活泼,具有强烈的时代气息,能够与时代发展同步,与社会节奏合拍,与学生心声吻合。因而能让学生入耳入心,起到较好的激励作用。

(四)"反弹琵琶"式语言

人们总习惯于沿着事物发展的正方向去思考问题并寻求解决办法。其实,对于某些问题,尤其是一些特殊问题,敢于"反弹琵琶",运用逆向思维去思考和处理,更能出奇制胜,柳暗花明。对学生的一些不太成熟的观点,甚至是错误的想法,老师也可以用欣赏的目光去看,用赏识的语言去说,使学生以感激的心态接受这剂带有"甜味"的"良药"。

要想用好"反弹琵琶"式语言,首先就要善于发现学生身上的闪光点,尤其要从学生的错误行为中发掘出值得表扬之处,哪怕是极其平常的细节也要积极利用。

著名教育家陶行知在担任校长时,看见男生王友用泥块砸自己班上的男同学,当即制止了他,并令他放学时到校长室去。放学后,陶行知来到校长室,王友已经等在门口准备挨批了。陶行知非但没有批评他,反而送了一块糖果给他,说:"这是奖给你的,因为你按时来到这里,而我却迟到了。"王友惊疑地接过糖果。接着,陶行知又从口袋里掏出一块糖果给王友,说:"这块糖也是奖给你的,因为当我不让你再打人时,你立即住手了,这说明你很尊重我,我应该奖你。"王友迷惑不解。陶行知又掏出第三块糖果,说:"我调查过了,你用泥块砸那些学生,是因为他们不守游戏规则,欺负女生;你砸他们,说明你正直善良,有跟坏人斗争的勇气,应该奖励你呀!"王友感动极了,他流着眼泪后悔地说:"陶……陶校长,你打我两下吧!我错了,我砸的不是坏人,而是自己的同学呀!……"陶行知听后满意地笑了,他随即掏出第四块糖果递过去,说:"为你正确地认识错误,我再奖给你一块糖,可惜我仅有一块糖了,我的糖奖励完了,我看我们的谈话也结束吧!"

陶老"四块糖"的教育艺术,妙就妙在明明是要批评王友打同学的错误行为,却一改常规,表扬其诸多优点,使原本抱着挨批心理的王友因受到意想不到的表扬,主动地自省自责,与陶老产生和谐共振的心理,愉快地接受了批评。

卡耐基说:"听到别人对我们的某些长处表示赞赏后,再听到批评,心里往往会好受得多。"因此,有经验的老师经常会采用"赞赏—批评—激励"的方式来教育学生。这种先扬后抑的方式学生不但容易接受,而且会增添学生前进的信心和勇气。比如,某个学生在做算术题的时候,由于马虎,经常会在运算最后一步的时候出错,我们可以这样对他进行引导:第一步,赞赏——"这几步运算都很正确,字也写得很清楚";第二步,提醒——"只是这最后一步大意了,出了点小小的差错";第三步,激励——"这么难的题都会运算,以后把最后这一步也认真检查一下,就不会出错了,我相信你"。经过这样的教育,学生不但立刻意识到了自己的错误,而且以后做题时一定会谨记老师的这番话,改掉马虎的毛病。

除此之外,我们也可以根据情况采用先抑后扬的方式对学生进行心理暗示。如一位同学数学测验考砸了,课后老师对他说:"你这次数学没考好吧?但是老师不为你着急。因为我知道你现在已经在行动,相信你下次一定不会犯这样的错误了。"这样的语言,坚定地传递着老师对学生的信任,它的作用是不言而喻的。

赞赏,其实解决的并非是孩子的现实,而是改变了孩子的心理感觉。如果我们在赏识孩子的同时告诉他某个地方能够再改进一下,那么孩子就会在这种良好的心理感觉下向着目标迈进,这样我们赏识的目的就达到了。

教师恰当的赞赏语言,虽不是磁铁,但可以牢牢吸引学生;虽不是蜜糖,但能让学生感觉到甜蜜;虽不是航标,但能给学生指引正确的方向。它能让我们欣赏到学生灿烂的笑容,体悟到学生飞扬的个性,感受到学生在快乐地成长。

第八章 一段人格之旅:从荒芜到扎根、拔节、开花、结果

历史是由每个曾经活过、挣扎过、奋斗过和思考过的人书写的。对历史的书写,既是重现历史的过程,也是再构个人内在自我生命的过程。作为"人格养成教育"的亲历者,我们被这一研究活动包裹着、浸润着、滋养着……回首以往,我们发现,今日之我,已非昨日之我;展望未来,我们期盼,灵魂受到震撼,行为发生质变。"教"的改变必将带来"学"的转变。我们坚信,"人格养成教育"带给老师们的独特恩赐,必将惠泽每一位学生的生命成长。

第一节 经验积淀:生命关怀下小学生人格养成教育的特征表述

一、基点:平等双主的师生关系

教师和学生是教育教学活动最主要的参与者,彼此之间的关系构成决定着教育教学活动的形态,因此历来是教育教学理论研究的基本对象。近年来,国内基础教育领域大力提倡建立民主平等的师生关系,这是顺应中国社会发展和教育进步的举措,极富现实意义和理论价值。在这一主张为人们广泛接受并且逐渐进入学校教育教学实践的过程中,不可避免地衍生出一些认识上的偏差和行为上的错乱,主要表现为:在理论层面,弘扬民主平等的同时,没有清楚地界定和阐述与一直以来教育教学活动所主张的教师主导之间的关系;在实践前沿,许多教师接受这一提法并且身体力行时也产生了这样那样的困惑,以致摇摆不定。查阅近几年的教育文献,几乎见不到明确使用"主导"这一概念的,即使谈到教师作用,也只是讲"引导者""促进者""组织者"云云,至于这些角色是否与主导一致,大多语焉不详。流行话语的背后,折射出的是观念上的模糊和动摇,似乎民主平等与教师主导是相互冲突甚至是非此即彼的对

立关系。有鉴于此,在课题实施过程中我们提出了重构新型师生关系的两个视角——平等与双主。

(一)平等与双主:重构新型师生关系的两个视角

师生关系是学校生活中最为普遍和主要的人际关系。在这种关系中,存在两个不同的方面,或者说,可以从两种不同的视角加以审视和考察:社会学和教育学。平等与双主,就是分别从社会学和教育学视角对师生关系给出的规定,它们共同存在又各有自己特定的内涵。生命关怀下小学生人格养成教育视野下的师生关系,就可以从这样两个视角来把握和分析。

1. 社会学视角——平等

从社会学角度来看,生存于特定社会之中的个体,在其活动的各个范畴中总是会与其他个体发生各种各样的相互作用,从而结成各式各样的人际关系。师生关系也是其中的一种关系。在学校教育环境中,学生与教师共同参与和完成各种教育教学活动,在活动中发生种种互动和交往,由此构成了平等的师生关系。

2. 教育学视角——双主

从教育学角度来看,师生关系主要是指教育者与受教育者之间就教育目的和任务结成的人际关系。在这种人际关系中,双方的角色和身份均有独特的色彩,而且这种人际关系,又是存在于特定的活动——教育教学活动之中的。教育教学活动是构成师生关系的核心与基础,没有教育教学活动,也就没有所谓的师生关系。既然师生关系与教育教学活动唇齿相依,那么,教师与学生的关系就不可避免地会迸发"以谁为中心?谁是主体?谁起主导作用?"的争论与探讨。一度我们曾为这个话题争得面红耳赤,也曾踏入非教师即学生、非学生即教师的死胡同,而我们的观点倾向于"以教师为主导,以学生为主体"。身为教师,必当承担起一定的主导作用,这是一份沉甸甸的责任与义务,也是一个客观的存在。我们不能一说要发挥学生的主体作用,就变得躲躲闪闪、无所适从,该告诉的还得告诉,该点拨的还得点拨,该否认的还得否认。任何无视教师主导这一客观存在的言论、行为都是"墙头草"与"耍流氓"。

(二)倾听与点化:打造新型师生关系的两个策略

教育的过程是教育者和受教育者相互倾听与点化的过程。当这一过程被阻断或者处于混乱无序状态的时候,师生之间的交往和沟通、平等与双主的关系就将陷入困境,教育的危机也将随之出现。

1. 倾听——听什么、如何听

(1) 听什么？倾听学生的欲望和需求。学生在教育生活中的欲望和需求往往不是通过他们的行为,而是通过他们的声音表达出来的。它可能是一段叙说、一个句子、一声呼喊,抑或连绵不断的啜泣……对这些声音所表达的欲望和需求的倾听、理解与应答,就成了教师倾听的重要任务。

倾听学生的个性与差异。倾听始终是面向具体和特殊的生命个体的。当各种声音汇集在教师耳边的时候,教师的任务是听出这些声音的差异,听出它们所反映的不同个性和人格。这样的倾听就是面向具体的倾听,因为教师在不同的声调中听出了"具体的人"。

倾听学生的困惑或疾病。当学生不断发出暴躁混乱的声音,或者沉入长久的静默无声时,教师的耳朵就要变成听诊器和探测仪,去寻找孩子存于肉体和精神上的种种困惑或疾病,捕捉到他们的自大、攻击性、抑郁、孤独、痛苦和恐惧。这样的倾听就成了一种诊断和治疗。

(2) 如何听？接纳和平等。一旦教师开始倾听学生,就意味着一种迎接和承纳:不是把学生作为学生来接纳,而是把学生作为一个鲜活的生命来接纳。这种接纳也表明了一种真诚的平等和尊重,这是生命与生命之间的平等,是一个生命对另一个生命的尊重。

鉴赏和学习。一个真正的倾听者,始终会以鉴赏的态度,欣赏每一个被倾听者声音的独特性。这必然也是一种学习的态度,是教师向学生的学习,是成人向儿童的学习。在儿童那里,保留着人的许多可贵品质,保留着人类智慧的原初状态,所以我们常说"师不必贤于弟子""儿童是天生的哲学家"。

参与和体验。教师应在参与中倾听。教师不是被动地倾听学生的声音,而是主动地听,这种主动性在倾听与精神生命的发展之间建立起实质性的联系。参与是在体验中进行的。一方面,教师的倾听注重感受性;另一方面,教师对学生的倾听也构成了教师自身的教育体验,它有助于教育经验的增长和丰富。

2. 点化——点什么、如何点

(1) 点什么？思维的引领。小学阶段,学生正处于知识、情感、价值观的初步发展阶段,他们的知识水平和生活阅历都十分有限。在多数情况下,学生的思维是不可能自发地得到提升和完善的,往往需要教师正确的引领与催化。因此,我们一直怀着将"真正的学校教育应当是一个积极思考的王国"这句至理名言践行到底的信念。

情感的带动。教师劳动的特殊性主要体现在对象的特殊上。人类劳动的一般对象是"物",而教师的劳动对象是"人",是有思想、有情感且处在不断变化之中的学生。教育教学过程中,教师情感不仅影响学生的认知水平和学习兴趣,同时也影响学生人格、心理和情感的发展。作为教师,应将积极正面的情感贯穿于教育教学的全过程,感染和带动学生。

语言的表率。苏霍姆林斯基曾说过:"在拟定教育性谈话的内容的时候,你时刻也不能忘记,你施加影响的主要手段是语言,你是通过语言去打动学生的理智与心灵的。然而,语言可以是强有力的、锐利的、火热的,也可以是软弱无力的。"作为一名教师,要想打动学生的理智与心灵,须悉心雕琢自己的语言,用语言牢牢"黏"住学生的注意力,引导他们在求知、求真、求善、求美的海洋中扬帆远航。

(2) 如何点?点在疑难处。要促进学生主动学习,关键是教师要把"教"的重心指向"学"的疑难处。教师的点拨引导要点在学生经过反复思考并有所体会、想说却说不出来的时候;要点在学生经过冥思苦想而又想不通的地方。这就是所谓的"不愤不启,不悱不发"。这样,才能真正体现"教师为主导,学生为主体"的教学原则。

点在陌生处。王崧舟老师曾这样解读文本秘妙的内在含义:从表达的角度看,文本秘妙就是"人人心中有,个个笔下无"的文本特征;从接受的角度看,文本秘妙就是读者既熟悉又陌生的文字表现与存在。同样,教师在启发、指导时也要点在那些看似熟识实则陌生、看似皆有其实独具的地方。

点在生长处。作为一名学习者,学生肯定会对自己感兴趣的或具有一定挑战性的内容充满好奇与向往。教师只有真正关注学生的内心需要,精准把握学生的学习情况,才能使学生的语言、思维、情感在教学中得到拔节。因此,我们在选择点化的时机或内容的时候,要谨记:不用我们教,学生就会的点不选;即使我们教了,学生也不会的点也不选;应该选择的是需要我们教了,学生才会的,真正能提升能力、涵养素质的点。

二、支点：开放有度的教学内容

开放式的社会环境需要开放式的教育，需要从不同层面打破坚硬而冰冷的"围墙"，主动走向开放，加速实现人才培养模式的改革。然而，当下以教师、教材、课堂为中心的现象还较为突出，教师的教学理念、教学方法、教学评价以及学生的学习内容、学习方式还较为单一，充分发挥学生主体性、促进学生主动发展方面在一定程度上仍停留在形式上。缘于此，我们就从比较容易操作的教学内容入手，进行了"教学内容开放有度与师生发展"的探索与研究，促使教育向人格更深处漫溯。

我们以素质教育理念为指导研制开放的教学内容，旨在改革传统封闭的教育教学方式，创设民主、愉悦的教学关系，诱发学生的学习动机和学习兴趣，让学生成为知识的主动建构者，让教师成为学生建构意义的帮助者和促进者。另外，开放的教学内容，促使学生获得知识、培养能力的途径进一步增多。不过，信马由缰、天马行空式的开放也会导致目标的游离、内容的臃肿、成效的低迷。因此，开放也应"有度"。而"度"的考量要以课标为准绳，以教材为根本，以学情为基础。任何无原则、无限制的开放也同陈旧、封闭的教学内容一样，有百害而无一利。我们不能从一个极端滑向另一个极端，让教育教学走上"悬崖"，坠入"深渊"。

（一）开放有度的教学内容的探寻秘妙

1. 学科内容的拓展与延伸

（1）课外内容的加入，为教学引来源头活水。现代教育论认为：教育的真正意义在于发现人的价值，发挥人的潜能，发展人的个性。这也给一直以来对教材唯命是从的教学内容带来了很大的冲击。的确，书本不再是学生课堂学习的唯一材料。因此，我们密切联系学生的生活实际，努力拉近教材与学生已有知识经验之间的距离，充分地把教材内容生活化，让教学贴近学生、贴近生活。甚至，在合适的时候，我们会从《读者》等优秀刊物中选择一些与教材相勾连、与学情相耦合的内容，作为课堂的"辅料"加以学习。

譬如，我校高年级教师从课外引入了黄兴旺的《每一个生命都值得敬畏》。文章描述的是一只小小的甲虫为了爬上光滑的墙壁，不断地跌落原点、从零开始,可它一刻也不曾停止和放弃过向上爬行。小小的甲虫,用无数次失败的轨迹,在那面墙上写下了两个字:生命。而《石缝间的小花》亦是如此。这两篇美文与中年级的《生命桥》、高年级的《青海高原一株柳》的主流价值一致,都是引发学生对生命的尊重与敬畏。教学完毕,通过调查访谈,我们听到了教学一线最真实的声音。教师和学生都对这样的拓展充满好奇、感到震撼,觉得鲜活、有品质的教学内容就在自己身边,只要有一双慧眼,生活处处有"学材",并且,对生命的体会也有了更深的领悟:墙上的一只甲虫,石缝间的一株小花,它们微弱细小、轻如草芥,很难会引起我们的注意。但是,它们也是生命的一种,生命应该没有大小之分、强弱之别。能不屈于环境,能快乐地生存,它们就是伟大的,值得尊畏的。

(2) 课堂练习的深入,为教学打开思维之窗。凡是具有完备的条件和固定的答案的习题,称为封闭题;而答案不固定或者条件不完备的习题,称为开放题。前者意味着问题只有"单一答案",而后者可能会有"一系列答案"。新课标强调以学生发展为本,以培养学生创新精神和实践能力为核心,重视学生自主探索与合作交流能力的培养。开放题因其显而易见的开放性一直备受广大教师的关注,它是培养学生思维能力、创新精神的一个较佳路径。

针对传统的封闭题内容陈旧、答案唯一、解题方法程式化,学生不能灵活解决问题的现状,我校教师对课堂练习进行了一系列的变革,每门学科都设计了专门的课堂练习纸,这些练习纸或在课堂上作为书本练习的补充,或在课外作为书本练习的拓展,而练习内容也体现一定的递进性与开放性,力求在课堂内外培养学生思维的独特性、敏捷性、发散性,提高学生分析解决问题的能力以及创新的能力。

2. 校本课程的补充与完善

(1) 生活指导课程,搭起课堂与生活的桥梁。课程改革中,校本课程以其与学校、师生的亲密度、亲近感而散发出独特的魅力。为此,我们编辑出版了《小学生生活指导》丛书(共 3 本),分低、中、高三个阶段,借助层递式、阶梯式的内容安排,采用故事、儿歌、寓言、图片、活动方案等孩子喜闻乐见的形式,从学习、心理、交往、自主四个方面对学生的学校、家庭、社会以及个人生活展开了案例式全方位指导。

比如,低年级的《小学生生活指导》就用儿歌的形式提示孩子怎样走路:

"小朋友,这样走——挺起胸,抬起头,迈开两腿甩开手,端端正正看前方,步子有劲雄赳赳。"这里把规范走路的要求通过儿歌的方式告知学生,引导他们按照要求去做。对于读书写字,也通过儿歌提出明确的要求:"读写姿势要注意,眼离书本一尺远,胸离桌沿一只拳,手离笔尖一寸宽。正确姿势早养成,保护视力益终生。"这些要求都很具体、实在,操作性也很强。

总之,对于低年级,我们的指导重在唤醒儿童的人格意识,中年级重在调整学生的行为与心理偏差,高年级则重在明辨是非,引领学生走向独立、自主。正是循着人格养成这条主线,小学生生活指导结合学习、生活实际循序渐进地对学生进行教育与引导,并由"教"逐渐"化"为学生的自主选择和自觉发展。

(2)心理健康课程,疏导他人与自我的关系。心理健康教育又称心理素质教育,简称为心理教育或心育。它是教育者运用科学的方法,对教育对象心理的各层面施加积极的影响,以促进其心理发展与适应、维护其心理健康的教育实践活动。所以,我们特地开辟了心理咨询室,由专业的心理辅导老师为学生消解心理障碍或困惑。同时,各班班主任也利用晨会课、班队课对学生心理进行疏导,从而培养学生良好的心理素质,促进学生身心全面和谐地发展。

例如,我们通过长期观察与分析,对小学高年级学生做出了如下评价:他们正处于第二个心理叛逆期,在心理特点上表现出成人感和独立意识,在情绪上常常会莫名其妙地焦虑、忧郁和愤怒;他们在与别人发生矛盾、处理问题时,鲁莽冲动,利己主义倾向浓厚,缺乏同情之心、尊重之心和宽容之心;表现出自我、固执等独生子女普遍存在的问题。因此,帮助他们掌握一些人际交往的技巧,培养豁达开朗的品格,显得尤为重要。由此,我校高年级班主任选择"宽容"这个主题作为切入口,通过设置相应的情境,引导学生积极参与、分享感悟,认识宽容的重要性,学习换位思考,帮助学生在交往中学会互相尊重,互相包容,互相谅解,从而拥有和谐的人际关系,快乐地生活。

(二)开放有度的教学内容的实施效果

1. 学生的主动意识、主体地位、学习能力得到加强

(1)教学内容的开放,激发了学生学习的动机与兴趣。人本主义认为人总是现实社会中的人,具有人的价值和尊严,有自我实现的愿望和丰满的人性。马斯洛把人的需要看成一个多层次、多水平的系统,特别强调具有高层次

需要的追求和满足才能使人更充实、更幸福。开放有度的教学内容,给学生创设成功的机会,帮助他们体验成功的喜悦,如此就能大大提高他们的学习兴趣,强化他们的学习动机,促使他们怀着满腔热情投入到学习中去。开放有度的教学内容,也使不同层次的学生能在教育教学过程中施展各自的才能和智慧,从而使每个学生都有所得、有所悟、有所思。

(2)教学内容的开放,确保了学生的主体地位,唤醒了学生的主动意识。从建构主义的教学论来看,学生是信息加工的主体,是知识意义的主动建构者;知识或能力不是教师灌输的、强加的,而是由学生在一定的情境下通过协作、讨论、交流、实践主动形成的。开放有度的教学内容,把尊重每一个学生作为教育教学实施过程的基本原则,充分发扬学生的独立自主的精神,注重全体性、全面性、主动性,注重学生发展的个体性、差异性、持续性,促进学生个性、潜能、社会实践能力的发展。

(3)教学内容的开放,培养了学生的创新精神和实践能力。教学内容的开放,能有效地改变以往知识与课堂的孤立、割裂和封闭,从而促使学生形成对知识进行主动探索、发现和体验,尝试对信息进行自主获取、判断和选择,并重视解决实际问题的积极的学习方式。同时,开放的教学内容也鼓励学生进行多向思维,能从多种角度更全面地认识同一种事物,并善于把它们综合为整体性认识,能创造性地运用所学的知识去适应新情况,使自己的实践能力和创造能力得到不断提高。

2. 教师的知识体系、教学能力、科研水平得到强化

(1)教学内容的开放,实现了教师自我知识体系的建构。开放有度的教学内容,促使教师由知识的传授者和课堂的主宰者,转变为学生主动建构意义的帮助者、促进者,课堂教学的组织者、引导者。这就给教师提出了更高的要求:要有终身学习的理念与行动,具备研制开放内容的能力与素养,有较强的教育教学应变能力。这也必将带动教师不断地充实自己、吸纳知识,更好地实现自我知识体系的主动建构。

(2)教学内容的开放,推动了教师自我教学能力的提升。研制开放有度的教学内容,可以更新教师的教育教学观念,教师的角色由"教"者变为"导"者;促使教师引导学生探索未知领域,寻找解决问题的方法;促使教师正确对待每位学生的个性,并针对学生的不同情况给予不同指导;促使教师善于创设

和谐、宽松的教学情境,调动学生的主观能动性,使之积极参与教学全过程,同时促使学生敢疑、善疑,鼓励学生标新立异,探寻具有创新意义的方法。一系列的改变也悄然推动教师提升了教育教学能力。

(3) 教学内容的开放,促进了教师自我科研水平的提高。具有一定的教育科研能力是教师必须具备的一项重要素质。科研能力的培养必须仰望星空、脚踩大地,必须结合自己真实、鲜活的教育教学活动来进行,边学习边实践,边实践边思考,边思考边记录。而开放有度的教学内容的研制,开拓了教师的视野,锤炼了教师的思想,提高了教师学情分析、教材解读、内容选择、效果预判及课堂调控的能力。教师自我科研水平的提高,也使科研更好地反哺教学。

三、动点:互动生成的教学活动

著名教育家杜威曾对灌输式的教学和被动吸收式的学习进行过这样的批判:"教育并不是一件'告诉'和被告知的事情,而是一个主动的和建设性的过程,这个原理几乎在理论上无人不承认,而在实践中又无人不违反。"[1]这说明杜威早就意识到了学生的学习活动在教学中的不可取代性。而建构主义学习理论的基本思想也表现为:知识是学习者在原有知识和经验基础上的主动建构,而非被动地接受或吸收;教学从以往被动的、以教师为中心转变为以学生为中心,强调学生的主动学习、独立性学习和学科上的个性发展。可以说,杜威的观点与建构主义学习理论异曲同工。

西方国家关于教学过程的理性认识为基于中国本土实践的课堂教学研究开启了新的视角,提供了带有共性的研究框架体系。叶澜教授1997年发表的《让课堂焕发出生命活力》一文,在国内最早提出要以"动态生成"的观念重新、全面认识课堂教学。在叶澜教授思想的感召下,伴随国内课程改革的推进,理论界和实践领域开始关注课堂教学的互动生成问题。但随着研究的深入,也出现了一些"病态"的互动生成:教学过程在没有预设的前提下肆意地展开,课堂教学表现为随意、无目的地"生成",甚至出现学生"满堂跑"的现象。这种课堂看上去学生都"动"起来了,却是"乱动"乃至"动乱",不可避免地滑向"满堂

---

[1] 约翰·杜威.民主主义与教育[M].王承绪,译.北京:人民教育出版社,1990.

灌"的对立面——放任自流。说到底,"病态"互动生成的出现,根本原因是教师概念理解不清明、策略使用不恰当。

为此,我们对互动生成教学的内涵特点及操作路径进行了深层次的探讨与实践。

(一)"互动—生成"教学的内涵特点

互动是指教师与学生在平等合作氛围中为达成共同的学习目标而展开的相互作用、相互影响的教学方式。通常意义上,生成是指在教学过程中产生的超出教师预设方案、超越教材设定内容的有价值的新问题、新知识、新思想。我们认为,从教学的本质来看,生成最终应当体现为学生在学习中生成自己对知识的理解、产生新的思想感悟、形成新的能力和经验。

"互动—生成"教学究竟是个什么概念?还没有见到"公认或定论"的表述。我们综合各家意见,试着把它归纳为:"在师生互动、生本互动、生生互动的课堂教学过程中,三维教学目标得以达成;同时,课堂生成的教学资源得以为教学的继续互动和目标的再生服务。"

概念是比较抽象的,形象的说法则比较容易让人领会。叶澜教授的种种例举,很形象地告诉了我们什么是课堂的互动生成。她说:"当学生精神不振时,你能否使他们振作?当学生过度兴奋时,你能否使他们归于平静?当学生茫无头绪时,你能否给以启迪?当学生没有信心时,你能否唤起他们的力量?你能否从学生的眼睛里读出愿望?你能否听出学生回答中的创造?你能否觉察出学生细微的进步和变化?你能否让学生自己明白错误?你能否用不同的语言方式让学生感受关注?你能否使学生觉得你的精神脉搏与他们一起欢跳?你能否让学生的争论擦出思维的火花?你能否使学生在课堂上学会合作,感受和谐的欢愉、发现的惊喜?……也许,还可以再列出一百个这样的问题,但却不可能穷尽一个真正充满生命活力的课堂可能发生的一切。"这就告诉我们,互动生成并不神秘,当学生精神不振时,能使他们振作,这是互动生成;当学生过度兴奋时,能使他们归于平静,这也是互动生成;当学生茫无头绪时,能给以启迪,这还是互动生成……课堂互动生成的,不仅仅是知识与能力,更是方法,是情感、态度、价值观。

特级教师李明新对互动生成做了如下补充:"根据我的实践,我感到互动生成的教学,是从生命层面来关照课堂,关照师生的课堂生命历程与生命质量,是关照一个'整体的人'的发展,它包括人的认知、情感等各个方面。也就是说,学生在这个'特殊的认识'过程中,不只是经历着认知的发展,他的整个身心、他的整个生命都在经历一次全新的发展。这种发展应该是一种主动的发展,是在课堂互动、教学交往中的发展,是在思想与思想的对话、思维与思维的碰撞、心灵与心灵的沟通、情感与情感的交流中生成的。这才是比较全面理解叶澜教授的互动生成的认识。"站在这样的角度来看生成,就必须承认,在实际的教学中,生成既有预料中的,也会有预料外的,两方面都存在,必须全面认识。任何"节外生枝"的教学现象都是正常的,都可能发生在"这个"课堂上。实际上,我们很难预料的都是一些学生提出或暴露的具体的问题。教师的智慧恰恰在于凭借自身的教学底蕴及时进行教学诊断,并灵活地处理这些"事件",使之成为这些学生发展(甚至是全体学生发展)的教学资源。

一般来说,"互动—生成"教学具有以下三个特点。

一是弹性。课前强调精心预设,使教师在教学设计中就有"结构"意识和形成"弹性化"方案。思考师生活动的合理配置与目标,用多种不同的设计去支撑教学过程新的可能性建构。

二是多元。以教师、学生、文本、环境多元素之间多维度多层面的活动交往为教学形式,对生成的教学资源及时解读、提炼和点拨,推进教学过程,激发潜能,充盈课堂,分享智慧。

三是交互。互动是生成的基础,生成是互动的目标,有了互动才有生成。通过师生、生生的相互交流、相互沟通、相互启发,教师与学生分享彼此的思考、见解和经验,交流彼此的情感、认识与理念,丰富教学内容,求得新的发展,从而达成共识、共享、共进,最终实现教学相长和共同发展。

(二)"互动—生成"教学的操作路径

1. 预设弹性目标,知识、能力和情感三维融合

"互动—生成"的课堂教学目标分为基础性目标、生成性目标和发展性目标,其中生成性目标和发展性目标属于弹性目标。弹性目标的设置应该具有层次性,应该贴近各个不同层次学生的最近发展区;弹性目标设置应该具有包容性,留下弹性时空,使预设空间具有更大的兼容性和探究自由度;弹性目标设置应该具有拓展性,应考虑学生之间的差异,为学生个性化发展留有余地,

促使学生更好更优发展。弹性的目标预设是学生成功学习的基石,也为教师在学习材料的选择与进程推进上提供了可靠的保证。

比如,苏教版第三册课文《登鹳雀楼》这样设计弹性目标:基础性目标——学会本课8个生字,读准后鼻音"更",翘舌音"入",按笔画正确书写"雀、楼、欲、更",有感情地朗读和背诵课文;生成性目标——借助生活经验、依托想象,尝试用几句话说说登上鹳雀楼后诗人的所见、所思和所感,注意一定的条理性;发展性目标——用"诗画结合"的方法理解古诗,体会"只有站得高,才能看得远"的道理,学习诗人奋发向上、永不满足、积极进取的精神。学生认知结构、学习水平、动机意志等是有差异的,教学目标应自然而然地体现出这种差异。教师应该制定适合不同层次学生的教学目标,做到共同性目标和个性化目标的有机结合。

2. 优化教学过程,教师、学生和文本三者整合

教师的教学设计应该为互动生成而设计,尽可能多地考虑不确定因素,使教学资源尽可能生成在预设之内。教学过程是动态发展的,"互动—生成"的课堂教学,通过教师与学生、学生与学生、学生与文本之间的对话、沟通和合作等活动,产生交互影响,以动态生成的方式推进教学活动。

首先,创设情境,营造合作氛围。密切联系学生的生活实际,从生活经验出发,创设生动有趣的情境,唤起学生已有经验,引起共鸣,形成新旧知识的无缝对接;设计开放性问题,及时调整自己的教学设计,捕捉学生的精彩"生成点",使课堂教学始终处于动态的变化中,让学生始终处在探求新知的兴奋状态。

其次,优选策略,创新互动方式。交往是教学的本质,互动是交往的具体表现。在教学过程中,生与师、生与生、师生与教材、师生与环境多元互动,主动建构。

最后,拓展空间,开发生成资源。叶澜教授这样告诫我们:"课堂应是向未知方向挺进的旅程,随时都有可能发现意外的通道和美丽的图景,而不是一切都必须遵循固定路线而没有激情的行程。"诚然,课堂教学是一个动态随机多变的过程,教师应对再生性教学资源二度开发,及时分析、凝练和点拨,不断创造精彩,展现教育教学应有的魅力与张力。

3. 实现多元评价,目标、方法和效果三方密合

有效的评价推波助澜,使课堂良性发展。"互动—生成"的课堂教学是不断变化发展的,因此即时、有效的评价就显得更为重要。科学的评价应该是多元的:评价主体除了教师外,还有同伴;评价内容不能只局限于知识的掌握程度,目标、方法和效果要考虑在内,另外,意志、情感和能力等也要纳入评价的范畴。

其一,评价主体多元化。评价活动的主体可以由不同的人组成,应改变过去单独由教师评价学生的状态,提倡多主体参与评价,鼓励学生本人、同伴参与到评价中,建立以教师、学生共同参与的评价制度。建立主体多元化的评价体系,可以充分调动学生参与评价的积极性,促进学生的个性发展和潜能挖掘。

其二,评价内容全面化。评价的过程也是一个"互动—生成"的过程,教师对学生学习的评价既要面向每一个学生,又要面向学生的每一个方面,不仅关注学生学习的结果(会与不会),还要关注学生的学习过程,关注学习的主动性、创新性,以及良好行为习惯的养成和积极情感的体验等。

其三,评价形式多样化。课堂教学的互动既是学习活动的互动,又是情感的互动。热烈的掌声、赞许的目光、惊喜的表情、竖起的大拇指、频频的点头等细微的动作都是评价的方式。要丰富课堂评价的形式,包括语言评价和非语言评价。注意有针对性地评价,从而有利于学生获得积极的心理体验并感受到成功的满足。

第二节 未来展望:生命关怀下小学生人格养成教育的发展蓝图

一、思想:在人格养成教育中润泽

"自由主义基础在个人主义。"胡适自由思想的基础也是个人主义,并以易卜生的个人主义作为经典话语,提倡个性解放,弘扬自由主义。胡适认为:"所谓'个人主义',其实就是'自由主义'。"并且指出:"真正的个人主义就是个性主义,它的特性有两种:一是独立思想,不肯把别人的耳朵当耳朵,不肯把别人

的眼睛当眼睛,不肯把别人的脑力当自己的脑力。二是个人对于自己思想信仰的结果要负完全责任,不怕权威,不怕监禁,只认得真理,不认得个人的利害。"在胡适看来,中国被传统政治文化统治了两千多年,个人被彻底扼杀,乃至造成了中国的僵死和落后。而"一个新社会、新国家,总是一些爱自由、爱真理的人造成的,绝不是一班奴才造成的"。所以,中国的出路在倡导个人主义,充分发挥每个人的聪明才智,塑造自由独立的人格,造就爱自由、爱真理的人。在思想信仰上独立分析,独立评判,独立选择,不迷信权威,不崇拜教条,不固执成见,用"存疑"的眼光"重估一切价值",同时要敢于负责任。这就是胡适强调的"健全的个人主义"。胡适的个人主义突出个人的独立自主和敢于怀疑,实质是抨击中国传统文化对人的压抑,高扬人的尊严。

胡适的观点给了我们启发,同时也让我们找到了更高的研究起点。说白了,我们的人格养成教育的终极目标(或者说理想化状态)也无非是让师生拥有"独立之精神,自由之思想"。具体地说,就是让师生的人格从依附走向独立,走向思想的独立、语言的独立、行为的独立。一个思想不被人左右、语言不人云亦云、行为不亦步亦趋的人,才不至于"丢了魂儿",才称得上"最高贵的存在物"。

(一)独立型人格:人格演进的"中间地带"

人格是一个历史范畴,它必然随着社会历史条件的变化而相应地变化。作为由每个个人按照一定的社会关系结成的人的共同体,社会要延续和发展,就必须使生存于其中的个人养成一定的人格;同时,作为有自觉的自我意识的存在物,人类必然期望自身不断地实现自我超越,而这种自我超越的一个根本途径就是个人人格的建构。

人格并不是一成不变的,它是向着什么方向演进的呢?马克思考察了个人发展的历史进程,揭示出与社会发展进程相适应的个人发展的三个阶段:"人的依赖关系,是最初的社会形态,在这种形态下,人的生产能力只是在狭窄范围内和孤立的地点上发展着。以物的依赖性为基础的人的独立性,是第二大形态,在这种形态下,才形成普遍的社会物质变换,全面的关系,多方面的需求以及全面的能力的体系。建立在个人全面发展和他们共同的社会生产能力成为他们的社会财富这一基础上的自由个性,是第三阶段。第二个阶段为第三个阶段创造条件。"①这三个阶段体现了人格演进的基本进程。结合马克思的这一言论以及人格演进的实际历史来看,人格的演进历程可分为依附型人格阶段、独立型人格阶段和自由型人格阶段。这三个阶段的划分是以人的自由的扩展进程为标志的。根据马克思的观点,人的最根本的特性是自由,人的"类特性恰恰就是自由的自觉的活动","自由是全部精神存在的类的本质"。随着人类社会的发展,人的自由也不断扩展,"文化上的每一个进步,都是迈向自由的一步"。人的自由可表现在人与自然的关系、人与人的关系、人与自身的关系等方面。

在人格演进的不同阶段,人的自由的大小是不同的。在依附型人格阶段,人的自由空间总的来说很小。在独立型人格阶段,人的自由有较大的扩展。而到了自由型人格阶段,人的自由全面地扩展开来。此时,社会发展成为以"每个人的全面而自由的发展为基本原则的社会形式",个人不但不依附于群体,而且也不再受物的控制与支配。在上述人格演进的三个基本阶段中,与小学生最相关的是第二个阶段,即独立型人格。当然,这也必将成为我们进一步研究的方向与蓝图。

(二)向独立型人格转变的教育学意义探微

人格问题是教育中的一个根本问题。人格的养成要依靠全部的社会生活,而教育是实现人的身心发展、人格养成的主要途径。任何时代的教育都应该以养成一定的人格为根本宗旨,或者说,教育对人的发展的促进要以人格的养成为总的愿景。

中国传统教育中具有主导地位的人格,是一种依附型人格,它强调人的整体性,强调个人对群体、对他人的依附性与服从性,强调不同个人之间在身心品质和活动等方面的统一性、整齐划一性,而忽视个人的独立性,忽视个人的相对独立的存在和个人的独立思想、独立判断、独立活动。这种依附型人格观的表现是多方面的。例如,在教育目标和教育内容上,只重视群体精神或集体主义精神、服从品质的培养,而忽视独立思考能力、独立行动能力、独创精神等独立型人格品质的培养;在学与教的方法上,将学习活动变成教师教的活动的派生物、附属物,强调教师的控制,忽视和否定学生学习活动的独立性;在整个

---

① 马克思,恩格斯.马克思恩格斯全集[M].北京:人民出版社,1979.

教育活动的决策上,权利完全属于社会和代表社会的教师,而学生不能独立选择和决定。在教育改革进行得轰轰烈烈的当下,随着个人的逐渐独立化,人格教育虽然发生了一定的变化,但仍然具有较大的依附性。

向独立型人格转变具有极为重要的教育学意义。这可以从理论和实践两方面来验证。在教育理论上,最主要的是要进行独立型人格的建构。进行独立型人格的理论建构,本是当前多门学科的任务,但是教育学可以率先进行,因为教育在社会生活的各个领域中起着一定程度的先导作用。首先,要追求健康的独立型人格。其次,要综合多门学科的力量。在教育实践上,要以独立型人格的养成为根本宗旨,进行全面的教育改革。主要措施有:将培养学生的独立型人格品质,诸如独立意识、独特个性、独创精神、独立思考能力、共存意识、合作意识、宽容态度等作为教育的根本目标和内容的重要组成部分;在教育活动过程和方式上,重视学生的独立性,为学生提供充分的独立学习、独立探索的空间,消除对学生的种种不合理限制,使学生的独立个性在教育活动过程中得到充分发展;在师生关系上,逐渐消除学生对教师的依附性,走向真正的平等化;在学习评价上,进一步强调评价的自主性、发展性、个性化;在整个教育活动的决策上,保留学生较大范围的独立自主选择权。

在近20年的研究与探索中,我们已涉及了一点独立型人格的培养,但还很不够,还没有非常清晰明朗地将独立型人格的培养作为课题研究的最终目标。我们坚信,更加"幸福而完整"的教育科研肯定在美好的未来,在"明亮那方"。因此,在以后的教育教学实践中,我们需要向独立型人格培养无限地靠拢与接近,让我们的课题研究向着"独立之精神,自由之思想"旖旎前行。

二、素养:在人格养成教育中提升

英国哲学家怀特海说过一句话:什么是教育?教育就是把你在课堂上学的东西全部忘记了,把你为考试背的东西全部忘记了,剩下的东西就是教育。如果你什么都没剩下,就意味着你完全没有受过教育,白上了学。那剩下的可以被称为教育的东西是什么呢?就是学生的核心素养。让学生在课堂里学数学,目的不是让他成为数学家,因为这毕竟是极个别人的事。我们应该关注的是,毕业之后、踏上社会以后,作为一个公民,学过数学和没学过数学有什么差异,数学能留给他终身受用的东西是什么。

素养不是先天就有的,而是后天形成的,素养形成的过程,就是习得的过程。习得的过程不是一蹴而就的,而是经过多次培养、反复训练才能够完成的,是自身努力、环境影响的结果。由训练和实践而习得的思想、品性、知识、技巧和能力等,都称为素养。其中,尤其能促进学生的生命成长、人生发展,可提升、可进阶的就是最基本、最关键、最核心的素养,也就是国民教育基因改造的关键DNA。一个人的核心素养是经过一门一门学科的教学去实现的,而不是简单地增加一些"蹦蹦跳跳"的内容。因此,核心素养的培育与积淀反映在整个学校的教育教学之中,反映在课程中、教学中、课堂中、活动中,反映在学校的显性和隐性的文化中。

而我校多年来对小学生人格养成教育的研究与实践,让我们对核心素养有了更本质、更深刻的认识,也为核心素养的沉淀提供了最适宜涵养和生长的"温床"。

(一)背景:人格构成及发展研究的启示

基础教育的使命是奠定每一个儿童学力发展的基础和人格发展的基础,而人格发展的研究是首要的。

人格结构说主张人格由四层要素组成,形成金字塔结构:第一层是志向,包括冲动、愿望、兴趣、能力倾向、理想、世界观和信念等;第二层是经验,包括知识、技能和习惯等;第三层是反映,包括情绪、感觉、思考、体悟、感情、意志和记忆等;第四层是气质,包括性别特质、年龄特质、病理学变化和身体变化等。当然,也有把世界观、思想和道德的基本信念视为人格核心的人格学说。众多的人格学说为我们思考基础教育实践的指针提供了思想资料。我们对学校教育的期待是,从儿童人格成长的角度,不是局限于一门学科的知识,而是有长远的展望,寻求课程与教学的改进,思考学习方式的变革。

人格的结构与发展研究所引出的发展法则,为界定"核心素养"提供了基本视点:人格并不是个体心理机能与要素的简单总和,而是相互关联的内在条件的总体,这些要素交互作用,使得人格不断形成新的品质;人格并非单从个人自身之中就能求得,它是受自然的、社会的条件和具体的、历史的条件所制约的一种存在;人格并不是仅受周遭外在条件所制约的,而是能动地作用于自然与社会乃至个人自身,从而展开创造性变革的一种存在;人格并不是脱离社会集体的个体存在,唯有介入社会、集体的关系之中,才能作为社会的、集体的个人而存在。

看来,人格的发展过程,是受种种社会条件所规定、所制约的。在思考儿童的人格发展之际,重要的是要认识到,人格的发展不是先天预成的,也不是凭借适应主义、个人主义所能决定的。人格是儿童周遭的外部条件及其自身的内部条件交互作用的一个过程、一种结晶。其间的中介,无非就是儿童的主体性活动。人格在活动中并且唯有通过活动才能得到发展。①

(二)实践:促进教师参透核心素养是关键

教师是教学的具体实施者,在学生核心素养的发展过程中扮演着转化者的重要角色。比如,要想引入先进的教育教学理念,但如果对广大一线教师培训不够深入,其领会和理解势必就不够深刻,这样一来,教师就难以将这些理念贯彻到教育教学当中。同样,在核心素养指标体系确立后,要想真正将其落实到学校教育中,教师的转化作用是不容忽视的。为了将核心素养融入实际的教育教学过程中,需要加强对教师专业发展的引领。

1. 建立通用的教师能力和资格标准

教学是教与学的结合,是教师和学生组成的学习共同体。学生发展核心素养是顺应新的社会发展的产物,当然,这个学习共同体当中的教师应有的专业技能也必将发生一些变化。基于学生发展核心素养这一目标,研制相应的教师通用能力和资格标准,是促进教师专业发展,提高教学转化效率的重要举措。2005年,欧盟通过并发布通用的教师能力和资格标准,来支持国家或区域一级的决策者推动核心素养的落实。这里的通用教师能力,也可以认为是教师核心素养,包括学科素养、教学素养、数字化素养、学会学习、人际关系、跨文化和社会素养、公民素养、创业精神、文化表达。这也为我们建立通用的教师能力和资格标准提供了借鉴。

2. 研制基于核心素养的教师研修指南

配合学生发展核心素养,需要抓紧研制教师研修和专业发展指南。当前,在教师职业发展指南中加入核心素养已经具备一些国际经验。美国在指导和促进教师专业发展方面一共发布了三份报告,其中,《专业发展:21世纪核心素

---

① 钟启泉.核心素养的"核心"在哪里[N].中国教育报,2015-04-01.

养实施指南》用于指导具备评价策略的州领导、政策制定者或地区和学校领导推动21世纪核心素养的实施;《21世纪的教师专业发展》用于帮助教师或校长将21世纪核心素养整合进课程与教学;《职前教师的21世纪知识与技能》由美国师范教育学院协会与美国国家教育部联合美国在线时代华纳基金会、苹果、思科、戴尔、微软等大型企业,以及国家教育协会所组织成立的21世纪素养联盟协作发布,用于指导职前教师了解和养成21世纪核心素养。

可见,只有促进教师对核心素养的理解与感悟,才能将核心素养促进教学实践的功能真正发挥出来。当然,核心素养的培养途径和策略有很多,促进教师对核心素养的领悟与体会只是其中之一,不过我们认为这也是培育核心素养的"核心"。在此基础上,教师实施促进学生核心素养生成的教学方法及评价方式的改革才会成为可能。

(三)展望:核心素养在人格教育中提升

1. 善健体、会学习

善健体,主要指学生拥有生理和心理的健康。为此,每个学生要养成良好的生活习惯,至少有一项自己喜欢的体育活动,有较强的身体活动及协调能力、疾病抵抗能力、面对危险逃生自救的能力,还有就是个体在认识自我、发展身心、规划人生等方面要有积极表现。

会学习主要表现为个体在学习态度、方式、方法、进程等方面的选择、评估与调控。重点是有积极的学习态度和浓厚的学习兴趣,有良好的学习习惯,能自主学习,注重合作,树立终身学习的意识,具有信息意识、数字化生存能力,主动适应"互联网+"等社会信息化趋势。

2. 善独立、会内省

善独立是指培养独立人格。独立意识薄弱,独立精神稀缺,独立能力匮乏,心理脆弱,缺乏承受挫折的勇气,都与独立人格的缺失有关。

会内省重点是对自己的学习状态有清楚的了解,能够根据不同情境和自身实际,选择合理有效的学习策略和方法,另外就是要懂得反思,在反思中改变与改进。

3. 善共处、会探究

善共处是指学生认识到他人的能力,能与不同性格的个体进行互动,与他人建立良好的人际关系与合作关系,具有同理心,能设身处地地理解他人,从而消除彼此之间的隔阂、偏见与敌对情绪,能积极参与社会活动,具有团队合作精神,对自我和他人负责,履行公民义务,行使公民权利,维护社会公正等。

会探究的重点是有百折不挠的探索精神,能够提出问题、形成假设,并通过科学方法检验求证、得出结论等。

4. 善审美、会质疑

善审美主要是个体在艺术领域学习、体验、表达等方面的综合表现。重点是学习艺术知识、技能与方法,具有发现、感知、欣赏、评价美的意识和基本能力以及健康的审美价值取向,懂得珍惜美好事物,具有艺术表达和创意表现的兴趣,生成和创造美的能力,并能在生活中拓展和升华美,提升生活品质等。

会质疑是指善于发现和提出问题,有解决问题的兴趣和热情,能依据特定情境和具体条件,选择制定合理的解决方案,具有创新意识,能将创新理念生活化、实践化,具有好奇心和想象力,敢于质疑,善于提出新观点、新方法、新设想,并进行理性分析,做出独立判断等。

三、情感:在人格养成教育中催生

教育是培养人的活动,而人是理性与感性的统一体。关注学生内心的情感,培养学生健全的人格,这是对传统教育提出的一个挑战,也是对当前教育走向的一种畅想。在目前这种以文化素质为导向的教育教学模式中,认知占主导地位,情感则处于附属地位,其突出的特点就是以教育者为中心,而非以受教育者为中心。教育内容更多的是考虑知识、思想、政治、道德和规范,以至于教育流于形式化、表面化和简单化。其结果是既忽视了学生的存在,又忽视了学生的情感。

培养人格健全、情感和谐的人是教育的理想;关注学生的精神世界,让学生感受到幸福与满足是教育永恒的追求。要实现这一目标,就必须走出"智力至上"的误区,关注并培养学生良好的情绪、情感和意志等。可见,情感教育是针对教育中过度重视认知与理性、忽视情感与感性的现状提出来的。从心理教育的视角来审视,情感教育是心理教育的下位概念,是与人格教育、行为养成等相平行的概念。

其实,情感教育的本质是指教师在教育教学过程中有意识地以积极、正面的情感去影响、感染和鼓励学生,让学生产生积极、肯定的反应,从而达到教育的目的。情感既是人格教育的核心,又是人格教育的一个重要环节,始终贯穿于整个教育教学过程中。只有把教育与情感紧密地黏合起来,才会形成最有效的教育教学方法。正如苏联著名教育家赞科夫所言:"教学法一旦触及学生的情绪和意志领域,触及学生的精神需要,这种教学法就变得高度有效。"

小学阶段是学生情感品质和能力形成的关键时期,也是开展情感教育的最佳时期。因此,在以后的人格养成教育的研究与实践中,我们必须认真解读情感的内涵及具体的内容,了解情感与教育教学的关系,努力为学生营造宽松、民主、和谐的教育教学氛围,建立融洽的师生关系,激发学生的情感与兴趣。

(一)情感的概念特征及内容

1. 情感的概念特征

情感是人类特有的一种心理现象。它同人的意识、意志密切地联系着。在日常生活中,情绪与情感常被混用,或者看作是同义词。实际上,情绪是情感的外在表现,情感是情绪的本质内容,情绪和情感可以互相传递和转化。情感具有理智性、社会性和易变性。理智性是指人在智力活动中的情感体验,它是和学生的认识活动、求知欲望和对真理的探究相关联的;社会性是指人的情感往往受社会情境的制约,社会环境直接影响人们学习或生活的情绪;易变性是指情境容易使人的情感产生变化。我们常说的情感态度是指兴趣、动机、自信、意志和合作精神等影响学生学习过程和学习效果的相关因素,以及在学习过程中逐渐形成的国家意识和国际视野。

2. 情感的价值意义

情感对教育教学有着极大的促进作用。教育教学活动中,教师若能注重情感教育,就能使学生在学习过程中产生浓厚的兴趣,从而调动学生的主观能动性。例如,教师在教育过程中对学生的关心,对教学的责任感,都会使学生增强克服困难的信心,激发学生对学习的渴望。反之,如果教师不注重情感教育,只是一味地严苛要求,漠视学生的思想变化,教育教学过程异化成师生间的心理隔阂与对立,结果会造成学生被动消极甚至拒绝接受教育的现象。教育心理学的研究也很好地证明了这一点。比如,低年级的学生对某一学科的学习往往带有很强的情感性,他们不会以理智支配情感,而是以情感驱动理智。他们往往不会因为某一学科的重要性而去认真地学习它,却会因为喜欢某一学科的老师而专注于这一学科的学习。因此,教师要充分认识情感与教育教学的关系,以饱满的热情投入到教育教学中,尊重、信任每一位学生,保护他们的自尊心和积极性,使他们健康、自主、和谐地发展。

3. 情感的具体内容

(1) 情感的自我认知、表达、调控和自我激励能力。对小学生进行情感教育,主要是帮助他们学会认识和表达自己的情绪和情感,为感知他人的情绪和情感做准备。还有就是促使学生学会控制和调节自己的情绪,形成健全人格。为此,我们可以采取诸如放松训练、敏感性训练、自我觉知训练和自我表达训练等训练方法。

(2) 对他人情感的识别、理解能力和人际交往能力。提高学生对他人情感的识别、理解能力和人际交往能力,是为了促使其学会与人沟通、交流、合作和分享。并且,要通过对他人情绪、情感的识别与理解,建立良好的人际关系,学会正确处理人际互动中的各种问题,例如巧妙地解决冲突或矛盾,合理地竞争和多角度地合作等。同时,在沟通交流、解决问题的过程中培养交往技能,学习交往策略。

(3) 社会性高级情感。培养学生的社会性情感应被视为非常重要的任务,因为人毕竟是生活在社会当中的,人的崇高性也正体现在这里。社会性情感包括自尊心、同情心、自信心、期望、愧疚、羡慕等情感,以及理智感、道德感、美感等高级情感。这些方面最后都指向整个教育目标的达成,指向健全人格和人的幸福。相反,如果一个人的情感品质得不到发展,只停留在自然和习俗的水平上,那么,他就会渐渐失去求知的渴望、道德的良知和审美的情趣,更不用说获得劳动的欢欣和身心的健康了。所以,罗素先生说:"世界充满了悲欢离合、可歌可泣、光怪陆离的事。如果人生在世不去尽量地体验与欣赏,他便是放弃了人生给予的恩惠。"

(二) 情感的培养策略与方法

1. 聚焦情感,营造宽松和谐的教育教学氛围

把学生情感态度的培养渗透到日常的学习生活中,是在教育教学中实现情感态度目标的最主要的环节和过程。因此,我们不仅要把握教育教学中的

要点、重点,考虑到学生可能会出现的难点、疑点,也要分析教育活动的参与对象,教材内容中的人物角色的思想感情,并运用自己的生活经验,去努力体验蕴含其中的情感,以便真正把握内隐的情感因素。如,设置不同层次、不同类型的活动或问题,以调动暂时落后学生的积极性和主动性,就不至于产生"被遗忘的角落"。当然,教师还可以发挥"非语言"优势,用手势、眼神、微笑等无声的语言对有声语言进行恰如其分的补充、配合和修饰,就能使原本冷冰冰的教育教学要求易于被学生接受与内化。

2. 优化方法,激发积极的情感和浓厚的兴趣

在教育教学过程中,教师若采取灵活多样的教育教学形式,适宜、适时、适度地对学生进行情感的传递,就会收到意想不到的效果。比如,根据学生实际,结合教育教学内容,进行故事表演、儿童剧排练、才艺比拼、参观郊游等。需要强调的是,组织活动时应注意根据具体内容体现育人价值,使德与智互相渗透、完美融合。这样,不但可以增进师生的感情,激发学生学习的兴趣,同时能让学生得到良好情感的熏陶与感染。

3. 注重交流,建立亲密融洽的师生关系

教学不仅是教与学的关系,更是师生双方思想和情感的交流过程。师生关系直接影响和制约着学生的情感及学习的效果。首先,教师应注意进行角色的变换。新课程理念下教师应由知识的传授者转向学习的参与者、指导者和促进者。当学生在自主观察、思考、讨论或实践时,教师不能听之任之、无所事事,而应仔细地看,用心地听,真实地感受学生的所作所为、所思所悟,随时掌握课堂中的各种突发情况,考虑下一步该如何指导学生学习。其次,教师还应给学生心理上的支持。我们要努力创设一个接纳性的、宽容性的学习氛围,给予学生心理上的安全和精神上的鼓舞,使学生的思维更加活跃,学习更加深入,情感更加丰盈。

主要参考文献

[1] 乌申斯基. 人是教育的对象[M]. 李子卓,等译. 北京:科学出版社,1959.

[2] 马克思,恩格斯. 马克思恩格斯全集[M]. 北京:人民出版社,1979.

[3] 约翰·杜威. 民主主义与教育[M]. 王承绪,译. 北京:人民教育出版社,1990.

[4] 郭亨杰,宋月丽. 心理学教程[M]. 南京:南京师范大学出版社,1995.

[5] 阿伦·布洛克. 西方人文主义传统[M]. 董东山,译. 北京:生活·读书·新知三联书店,1997.

[6] O·F·博尔诺夫. 教育人类学[M]. 李其龙,等译. 上海:华东师范大学出版社,1999.

[7] 马克思. 1844年经济学哲学手稿[M]. 北京:人民出版社,2000.

[8] 叶澜. 教育理论与学校实践[M]. 北京:高等教育出版社,2000.

[9] 冯建军. 生命与教育[M]. 北京:教育科学出版社,2004.

[10] 孙建军. 生命课堂[M]. 北京:中国文史出版社,2006.

[11] 周国平. 周国平论教育[M]. 上海:华东师范大学出版社,2009.

[12] 朱家珑. 义务教育课程标准案例式解读(2011年版)[M]. 北京:教育科学出版社,2012.

[13] 李政涛. 重建教师的精神宇宙[M]. 上海:华东师范大学出版社,2014.

[14] 熊培云. 自由在高处[M]. 北京:新星出版社,2014.

[15] 许金声. 人格三因素论——一种关于健康人格问题的理论设想[J]. 学习与探索,1985(4).

[16] 姜颖健. 一个高中生的素质教育观[J]. 语文世界,2000(5).

[17] 方世南. 马克思的环境意识与当代发展观的转换[J]. 马克思主义研究,2002(3).

[18] 刘忠世."每个人"及其发展——马克思关于未来社会的"基本原则"释义之一[J].北方论丛,2003(2).

[19] 李振涛.教育学的生命之维[J].教育理论与实践,2004(9).

[20] 李家成.走向"关怀生命"的学校教育[J].人民教育,2004(21).

[21] 王荣山,高占山.论高等学校校园景观规划设计的主要特色[J].沈阳农业大学学报(社会科学版),2005(4).

[22] 卞敏.论马克思主义哲学的终极关怀功能[J].江苏社会科学,2006(5).

[23] 成尚荣.儿童立场:教育从这儿出发[J].人民教育,2007(23).

[24] 王奉君.让师生的生命活力在课堂教学中有效发挥[J].考试周刊,2008(12).

[25] 周一贯.课改:摆脱"高耗低效"的梦魇[J].小学语文教学·会刊,2011(4).

[26] 孟晓东.在学生的生命里种下一棵树[J].语文世界,2011(11).

[27] 张义兵.美国的"21世纪技能"内涵解读——兼析对我国基础教育改革的启示[J].比较教育研究,2012(5).

[28] 辛涛,姜宇,刘霞.我国义务教育阶段学生核心素养模型的构建[J].北京师范大学学报(社会科学版),2013(1).

[29] 施久铭.核心素养:为了培养"全面发展的人"[J].人民教育,2014(10).

[30] 柳夕浪.从"素质"到"核心素养"——关于"培养什么样的人"的进一步追问[J].教育科学研究,2014(3).

[31] 钟启泉.核心素养的"核心"在哪里[N].中国教育报,2015-04-01.

后 记

卢梭说:人生而自由,但无往不在枷锁之中。从事教育教学的我们,想说:教师生而自由,但无往不在枷锁之中。重重的枷锁,导致我们被动应付多,主动进取少;日常事务多,学习研修少;纸上谈兵多,躬身耕作少……

但我们清楚:教育科研,呼唤"生命自觉"。就像大家所熟知的一个故事:两个人同时到工地上搬砖,一个人一边搬砖一边想,每搬一块砖能得多少工钱;另一个人在搬砖过程中,想到的是,他在造一座美丽的大厦……多年后,专注于钱的人,还在工地上搬砖,继续为那点可怜的工钱流血流汗;憧憬着美丽大厦的人,则成了一个出类拔萃的建筑师。同样,一个教师整天想着上课批作业,而不胸怀梦想,憧憬科研,或许也可以在教育岗位上安身立命;但要想成为一个名师,一定得主动参与到教育科研中去。

我们明白:学习研修的时间是在8小时之外,每天花一两个小时学习专业书籍,有助于我们开阔教育视野,提升教科研素养。这样,我们就会达到处惊不乱、举重若轻的工作境界,从而享受到教育的幸福。因此,我们一起共勉:千万不要让自己泯灭于繁杂的日常事务之中。

我们懂得:教育科研,离开了鲜活的课堂,无疑会成为无源之水,无本之木。所以,我们必须得深深地扎进课堂这片广袤的田野,才能与教科研从相遇、知遇到道遇。

当我们的教育科研在教育与教学的夹缝中徘徊时,该如何冲出重围?迷茫中,我们在不断地思考:我们是谁?我们在哪里?我们擅长做什么?思来想去,我们逐渐明晰了自己的身份、位置与优势:在课题研究中,我们擅长做真研究。

知道了自己是谁,在哪里,擅长做什么,接下来就是如何让江苏省教育科学"十二五"重点课题——"生命关怀下小学生人格养成教育的整体建构研究"落地生根并走向深入,最终开花结果。五年的摸爬滚打,我们找到了一条捷径:与专项课题、科研培训、教学实践打通,课题深层化研究就能真正走出困境。

一、课题研究与专项课题打通,从"旁观其外"到"置身其中"

1. 通读,了解总课题

"十二五"重点课题开题以后,为了让老师们厘清课题核心概念,对总课题产生"好感",我们进行了分层指导:① 课题组老师努力将文献资料(理论)和课题(教育教学)结合起来,借助沙龙、论坛等形式展开多次深入的讨论,形成了自己的个性化解读。袁老师认为课题的核心是让每个受教育者都能够主动地、最大限度地发挥自己天赋的潜力,使其"内部灵性与可能性"得到充分的发展;孙老师认为教育过程首先是一个精神成长的过程,其次才成为科学获知过程的一部分,并列举了班里开展的"老师,我想对你说"的知心姐姐信箱活动,孙老师认为这一活动就很好地关注了学生内心的渴求;殷老师则从美术教育角度阐述了自己对"以人为本"的理解,就是要培养健康、善良的生命,活泼、智慧的头脑,丰富、高贵的灵魂……② 对40周岁及以下青年教师,则通过素养测试让他们谈自己对总课题的理解。记得2012年素养测试的理论题目是这样的:本学期,你肯定已经认真阅读了我校省"十二五"重点课题"生命关怀下小学生人格养成教育的整体建构研究"的实施方案。那么,请你谈谈何为"生命关怀",再联系你的教育或教学实际说说对"生命关怀"的理解。

老师们在思想与思想的碰撞中,在自我与课题的对话中,对核心概念有了更清晰的认识,更透彻的理解。

2. 设计,选择子课题

根据专家意见,经过多次论证,开题以后我们着重修改了课题研究目标和研究内容,形成了"'十二五'课题研究内容及子课题设计"方案,大概列出了四十几个子课题,供课题组成员及老师们选择、参考。同时,借无锡市、江阴市申报学科组课题、个人专项课题的契机,鼓励老师们从方案中选择自己喜欢或认为可行的课题进行研究。从2012年至今,我们已有7个专项课题在无锡市立项,有语文、数学、英语、美术等6个学科组课题,25个专项课题在江阴市立项,总计38个。其中,18个是总课题的子课题。当然,其他老师也有自己主攻的研究方向、专攻的研究内容,撰写了较为详尽的课题方案。至此,省重点课题—市级专项课题—教师校级课题的三级课题架构初露端倪。

实践证明,只有将总课题分解成一个个小课题(微型课题),让老师们拥有自己的课题,他们才会真正融入课题研究中来。

3. 实践,支撑总课题

课题立项后,老师们就进行了教育教学实践。有的发挥伙伴效应,几个人共同研究一个课题;有的发扬钉子精神,一个主题多角度研究……38个市级立项课题,已结题26个,其中1个被评为江阴市"十佳课题",3个荣获江阴市一等奖,5个荣获江阴市二等奖。

更可喜的是,在这些先行者的引领下,老师们逐渐舍得花时间与精力沉入课题,如鱼入水中,用自身的血液和每一个细胞感知教科研的冷暖。这不禁让我们想起了海德格尔《存在与时间》中的一句话:你以何种方式进入实践并最终沉入实践,首先取决于你以何种方式将自身的时间委身于它。

二、课题研究与科研培训打通,从"众人推车"到"发动引擎"

1. 读书交流,延展长度

为进一步提高教师的文化底蕴和理论功底,我们组织开展了"1+1"系列读书活动,即共读一本书,选读一本书。共读一本书,就是每学期读一本教科室推荐的教育教学方面的书籍。同时,考虑到教师的教育岗位、发展方向和阅读背景的差异,再请他们选读一本书。通过这样的读书活动,引领老师们朝着"有哲学的头脑,有学者的风范,有精湛的教艺,有愉悦的心境"这一目标不断迈进。

迄今为止,我们共读了佐藤学的《静悄悄的革命》,史怀泽的《敬畏生命》,雅斯贝尔斯的《什么是教育》,帕尔默的《教学勇气》,熊培云的《自由在高处》,王开岭的《精神明亮的人》,李泽厚的《美的历程》,刘仰东的《去趟民国》等近10本经典著作。读完进行现场交流或网上交流,并将优秀的读书笔记上传到校园网上供大家继续学习。

我们坚信,读书的视野与研究的深度是呈正相关的。所以,我们还会沉浸在书中,像朱光潜先生所说的那样"慢慢走,欣赏啊",让研究向书本深处漫溯。

2. 素养测试,拓展宽度

多年前,我校就会在年度末举行青年教师学科素养测试。2012年进行了相应的调整,一般在学期初的教科研计划中或期中前后,告知老师们本学期重点检测的教科研理论、方法以及学科素养有哪些,让老师们利用一定的时间好好学习、早做准备。以理论学习为例,2012年测试的是:① 对学校课题的了解程度(重点是核心概念与课题界定);② 学科素养积淀程度(重点是课标及相关的解读)。2013年测试的是当场撰写教育教学叙事。2014年测试的是案例分析。2015年测试的是对提供的材料"在教育自由与规范之间穿行"进行分析。

我们认为,测试不是目的,而是一种手段,更是一次特殊的培训。通过测试引领老师们进一步拓宽视野,这样我们的课题研究才能落到实处,并向纵深发展。

3. 专题讲述,增加高度

近几年,我校每学期都会开展一些教科研方面的讲座,讲座老师并不是什么专家,而是4位课题组组长或课题组成员。我们开展了如何撰写课题方案、结题报告,如何进行调查研究、案例研究、叙事研究、文献研究,如何确定论文主题、提炼论点、选择实例等讲座。目的是让更多的老师逐渐明晰如何选题,如何进行课题研究,如何呈现教科研成果。

我们觉得,很多老师并不是怕做课题、怕做研究,而是不知道该怎么做。所以,我们应该成为老师们教育科研路上的灯塔。这样,他们才能站得高、看得远。

套用海明威的话:课题研究好比一座冰山,冰山浮于水面上的"教科研成果",是我们肉眼能看到的,当然也是容易感受到的,但冰山沉在水下的"读书交流、理论学习"等部分,才是最深远的,亦是师生生命成长的力量与源泉。

三、课题研究与教学实践打通,从"密室研究"到"田野研究"

1. 主题式备课,打破界限

在很多学校实现抱团成长的大背景下,集体备课被提升到一个举足轻重的地位,它的效能亦被放大、放大、再放大。集体备课是一种"行动研究""校本研究",有利于发挥教师群体的智慧,弥补教师个体备课中的不足,实现资源共享,帮助教师取长补短,共同提高;有助于教师更深刻地吃透年段目标、教学目标,更准确地把握教学的重难点,更科学地设计教学环节,更灵活地实施教学方法,更有效地解决教学中遇到的疑难问题。但不知何时,集体备课陷入了"组长强于组员""拿来多于慎思""形式大于内涵"的泥潭。更可怕的是,集体备课好似也走进了"被标准答案统治的世界",不仅仅体现在最后形成的教学设计中,甚至包括研讨的过程,乃至组员的教育教学理念都很僵化。

针对这些现状,我们开展了"主题式集体备课":围绕教学过程中学生学习的实际情况,教师出现的共性问题,文本蕴含的核心价值,编者编写的想法意图,组织同一年段或同一年级的教师,通过理论学习、课例研究、连环跟进等方法进行研究。2013年以来,我们每门学科、每个年段都进行了展示。这些集体备课,都能从课堂教学中提炼出大小适切的主题,有很强的针对性。主讲人能学习相关理论,并结合自己的教学实践提出初步认识;组内老师不断质疑、思考、释疑,进一步扩充认识。我们也鼓励不同学科的老师互相参与对方的集体备课活动,从不同的角度探寻问题的更佳解决路径与策略方法。

2. 研究式磨课,打造风格

我们在微格教室开展"专项课题进课堂"活动。活动分三大板块:第一板块是承担市级专项课题的老师上课,上完课请老师们简单说说自己的课题名称、研究目标及研究内容,然后再谈谈这堂课的哪些板块与环节体现并达成了研究目标;第二板块是请课题组组长或成员围绕执教老师的课题进行简单评课;第三板块是执教者观看教学录像,根据评课意见进行反思,在成功处提升、失败处改进,努力打造自己的教学风格,并让它日益鲜活起来。

3. 专题式赛课,形成主张

利用10分钟晨会课时间,班主任老师进行校本课程"生活指导"赛课活动。经过讨论,达成了以下共识:生活指导课是10分钟的小课,应努力做到目标清楚、重点突出、效果明显(生活指导课不是空洞的说教,而应指导学生运用所学的方法或本领到学习、生活中去实践,去运用)。具体要求是:① 导入快(2分钟左右)。不要拖泥带水,要快速进入主题。② 讲解实(6分钟左右)。不要隔靴搔痒,要触动学生心灵。③ 拓展巧(2分钟左右)。不要照本宣科,要引领学生去做。通过多次实践,班主任老师逐渐形成了自己的教育主张。

李政涛老师说,如果教育科研从来没有在教育者和研究者的生活或内心里活过,从来没有在实践中被感悟过,死亡和衰败是必然的命运。因此,课题研究要走向深入,唯一的出路就是扎根在实践的"田野"中,即使要飞翔,也要贴近地面。

在本书的写作、出版过程中,我们得到了各位专家和领导的关心与支持。原江苏省教科所所长、著名教育专家、国家督学成尚荣先生欣然为本书作序。江苏省教育科学规划领导小组办公室蔡守龙主任不辞辛苦,多次就本书框架及具体内容提出中肯的修改意见。江阴市教科室许建国主任在百忙中为本书润色。在此,我们一并表示诚挚的感谢。另外,在本书的写作过程中,参考并引用了报刊、著作中的相关资料,限于篇幅,恕不一一注明,在此谨向相关作者表示真诚的感谢。

本书共有29位老师参与了撰写。徐顺湘、钱军伟撰写第一、二、八章;胡艳华、许秋娴、缪彩萍、李丽撰写第三章;何洁、袁祎、王丽萍、陈维撰写第四章;费敏伟、徐玉娟、倪丽华、孙秀君撰写第五章;徐萍、黄惠萍、柳剑莉、陆丽、刘冰、李淼、滕宁宁、盛毅、薛冰撰写第六章;费杏英、顾瑞华、刘英姿、陈英、吴云霞、曹丽英撰写第七章。为全面、深入地总结提炼自己的经验,老师们投入了大量的时间与精力、辛劳与智慧。当然,由于水平有限,本书仍有很多不足之处,恳请专家、同行、读者批评指正!

徐顺湘

2016年11月